广西民族大学中国古代文学创新团队培育与扶持经费资助

孟浩然研究论丛

（2018）

张震英　王辉斌　主编

人民出版社

目　录

孟浩然爽约事考

薛天纬

孟浩然爽韩朝宗之约事，首见于王士源《孟浩然集序》（录文据"四部备要"本《孟浩然集》，以下简称《集序》）。

> 山南采访使本郡守昌黎韩朝宗谓浩然间代清律，置诸周行，必咏穆如之颂，因入秦，与偕行，先杨（扬）于朝。与期约日引谒。及期，浩然会寮友，文酒讲好甚适。或曰："子与韩公预诺而怠之，无乃不可乎？"浩然叱曰："仆已饮矣，身行乐耳，遑恤其他！"遂毕席不赴。由是间罢，既而浩然亦不之悔也。其好乐忘名如此。

据此，孟浩然是与韩朝宗"偕行"至长安后，发生爽约之事的。次见于《新唐书·孟浩然传》：

> 采访使韩朝宗约浩然偕至京师，欲荐诸朝。会故人

至，剧饮欢甚。或曰："君与韩公有期。"浩然叱曰："业已饮，遑恤他！"卒不赴。朝宗怒，辞行，浩然不悔也。

据此，孟浩然应韩朝宗约"偕至京师"尚未成行，爽约事发生在襄阳。

今考《集序》所署为"宜城王士源撰"，宜城为襄州属县，因而一定程度上说，王士源可被视为孟浩然乡人。据《集序》的叙事，王士源与孟浩然为同时代人。但是，他们并无直接交往，而且在当时的交通与资讯条件下，王士源对孟浩然这位乡贤的事迹其实很隔膜。一个明显的事实是，孟浩然于开元二十八年（740）辞世，王士源直至天宝四载（745）应诏到长安后，"与冢臣入座讨论，山林之士麇至，始知浩然物故"，他是在六年后才得知孟浩然已不在人世的消息，而且不是在家乡襄阳，竟是在长安。《集序》又讲述了编集孟浩然诗的情况：

嗟哉！未禄于代，史不必书，安可哲踪妙韵从此而绝？故详问文者，随述所论美行嘉闻，十不纪一。浩然凡所属缀，就辄毁弃，无复编录，常自叹为文不逮意也。流落既多，篇章散逸乡里，购采不有其半。敷求四方，往往而获。既无他事，为之传次，遂使海内衣冠缙绅经襄阳思睹其文，盖有不备见而去惜哉？①

————————

① 按，《集序》的传世文本文字不尽相同。上海古籍出版社 2000 年出版的"中国古典文学丛书"中佟培基笺注《孟浩然诗集笺注》所附《集序》与"四部备要"本即多有异文。但异文对于理解《集序》的基本含意并无大碍。

由此可知，王士源是在由"乡里"至"四方"收集孟浩然诗作的同时，收集记录了诗人的"美行嘉闻"。《集序》关于孟浩然事迹的记载既然是王士源在孟浩然身后收集所得，因而并不具有第一手资料的原始性质。这些资料显然是可以辨析讨论的。

须辨析讨论的关键问题，是孟浩然爽约是否发生在与韩朝宗"偕行"至长安后。王辉斌先生早在 20 世纪 80 年代就已撰文指出：

> 王《序》所云韩朝宗"因入秦，与偕行"，并非既成事实，故《新唐书》将"与"改成了"约"。假若孟浩然是真的偕朝宗到了长安，韩朝宗又为之疏通荐引于玄宗，孟浩然是时"毕席不赴"，放良机任自流，那岂不和他平时的极强用世之心相悖？那他此行长安究竟是为了什么呢？这一切只能说明：孟浩然是次并未至长安。①

这里并不需要考据——没有新材料的发现也无从考据——而只要按照常理推断就是了，因为任谁行事，常理是不能违背的，孟浩然也不例外。因此，我们完全可以作如下合理的推断：孟浩然爽约事是存在的，但在乡里流传的过程中却部分地走了样，原本是爽约于襄阳，变成了爽约于长安。试想，到了天子脚下，居然放弃步入朝堂的机会，这般行事无疑更具有浪漫性，更能凸显诗人不受羁束、不慕荣利、珍重友情的美好品质，也更为乡里人所乐道。王士源所采撷的，正是这个失真的、有悖常理的"口传版本"。我们还

---

① 王辉斌：《孟浩然入京新考》，《长沙水电师范学院学报》1988 年第 1 期。

可以推断，《新唐书·孟浩然传》的作者宋祁是在并无新的材料依据的情况下，将产生于前代的《集序》文字作了适度改写，使之比较符合常理，能够为人理解和接受。

基于《集序》及《新唐书》对于爽约事的不同记载，当今研究者亦持两种意见，一种意见以《集序》为据，认为爽约于长安；另一种意见以《新唐书·孟浩然传》为据，认为爽约于襄阳。兹就两种意见各举一家为代表，略作评议。

前者的代表是《唐才子传校笺》（中华书局1987年版）之《孟浩然传》（陈铁民先生校笺，以下简称"陈笺"）。"陈笺"立足于韩朝宗偕浩然入京的基本判断，考曰："山南东道采访使（按，《集序》作"山南采访使"，微误，"陈笺"有辨正）之设置，实始于开元二十一年版，朝宗之'兼山南东道'，亦在是年"，"据《通鉴》卷二一四载，玄宗自开元二十二年正月至二十四年十月居于洛阳，因此，朝宗偕浩然入朝之时间，必在二十二年正月玄宗由长安至洛阳前。浩然（第二次）赴长安，当在开元二十一年。此次长安之行返抵襄阳之时间，则大抵应在开元二十二年或二十三年仲夏（按，考证过程有省略）"。这段考证针脚颇为细密，但仅停留于技术层面而忽略了一个大前提，即浩然既爽韩朝宗之约，在朝宗为他铺平了道路（先扬于朝）、确定了日期（与期约日）的情况下，故意不赴约，这表明浩然实无意于仕途，但是，"陈笺"定为浩然此次由京返襄阳所作，《仲夏归南园寄京邑旧游》诗却写道："中年废丘壑，上国旅风尘。忠欲事明主，孝思侍老亲。归来冒炎暑，耕稼不及春。"诗中所述，显然是抱着入仕的目的来京，甚至对入京而耽误了耕稼不无遗憾，这些抒写都是十分真切可信的。既然如此，"忠欲事明主"的浩然为何要因爽约而放弃入仕的机会呢? 再说, 即使将浩然离京的时间定为开元二十二年仲夏, 他于爽约之后仍在京城滞留了半年, 若非求仕, 为何滞留? 假如将浩然离京的时间定为开元二十三年仲夏, 其在长安滞留达一年半以上, 如此执着地求仕, 却在此前白白放弃入仕的良机, 其行为为何矛盾如此? 由此可见, 以《集序》为据对孟浩然入京所做的叙事, 因违背常理实不能自圆其说。这里事实上涉及一个方法论的问题。传统考证, 是将相关材料罗列起来以形式逻辑的思维方法(如初等数学的推理)加以排比分析, 从中得出必要的结论, 这样的考证即使做得十分严密, 但如果忽略了与所考问题相关的内容(包括常理、常情等), 考证的结果就未必可信。

后者的代表是王辉斌《孟浩然"平生重交结"略议——兼及其人格魅力的诸种表现》一文(以下简称《略议》, 载《孟浩然新论》, 武汉大学出版社 2017 年版)。关于爽约事, 王辉斌在前引《孟浩然入京新考》一文中, 已有明确表述: "韩朝宗约孟浩然进京相荐这一史实, 只能发生在开元二十三年春以后。因为这一年据《旧唐书·玄宗纪》所载, 唐玄宗曾于是年春正月下诏: '(其才有霸王之略、学究天人之际、及堪将帅牧宰者)令五品以上清官及刺史各举一人。'韩朝宗是时身兼荆、襄二史, 又是山南东道采访处置使, 自然可举孟浩然入京。但孟浩然终因与'寮友'(按, "寮友"系《集序》用语, 宜用《新唐书·孟浩然传》"故人")相聚而'卒不赴'。"

《略议》回顾了研究这个问题的过程, 写道: "据拙著《孟浩然研究》第二章第二节'孟李过从'之所考, 与孟浩然在襄阳'剧饮欢甚'的这位'故人'并非为他人, 而是写'吾爱孟夫子, 风流天下闻'的李白。"将孟浩然为之倾情倒意、"剧饮欢甚"以致耽误了一生前程的"故人"锁定为李白，是令人解颐的说法。回看"陈笺"，并未道出《集序》所谓"寮友"为何人，不能不说是又一缺憾。《略议》将事情发生时间定为开元二十三年早春，考曰："李白在这一年的早春之所以来到襄阳，主要是因唐玄宗于是年正月'大赦天下'所致。唐玄宗这一次的大赦天下，其内容主要表现在三个方面，其中之一者，即为上引《旧唐书·玄宗纪》之'其才有霸王之略、学究天人之际、及堪将帅牧宰者，令五品以上清官及刺史各举一人'云云……李白的此次襄阳之行……即其希望时任山南东道采访使兼襄州刺史的韩朝宗，能依据这一'赦文'内容而将其推荐给朝廷，对此，其集中的《与韩荆州》一文，已是将其说得非常清楚。但韩朝宗却未能荐李白于朝廷，故李白在由襄阳到江夏后，于《暮春江夏送张祖监丞之东都序》一文中，将在襄阳求助韩朝宗无成之事，借送'张祖监丞'之名义，乃发泄无余：'误学书剑，薄游人间。紫微九重，碧山万里。有才无命，甘于后时。刘表不用于祢衡，暂来江夏。'将韩朝宗比作'不用于祢衡'的刘表，其愤懑之情，藉之即可见一斑。"这段文字考察了李白此次来游襄阳的经历，与学界关于李白研究的相关结论是符合的。兹将我自己所认同的李白相关事迹简述如下：

李白于开元十八年"初入长安"，欲以干谒求仕进而不果，十九年出京，五月游梁园，冬在洛阳，二十年秋返至安陆家中。嗣后有襄阳之行。安旗师主编《李白全集编年笺注》（中华书局2015年版）所附之《李白简谱》（笔者分工所撰），将李白出游襄阳定为开元二十二年事。笔者所撰《李白诗选》（人民文学出版社2017年出版）做了微调，推后至开元二十三年。李白来游襄阳的直接目的，是干谒韩朝宗。然而干谒未果。拙撰《李白诗选》在李白此期诗作《襄阳歌》下有"题解"曰："当时天下有'生不用封万户侯，但愿一识韩荆州'之说，李白来谒韩朝宗，作有《与韩荆州书》，书云：'君侯何惜阶前盈尺之地，不使白扬眉吐气，激昂青云耶？'"书上不报，干谒失利，乃作《襄阳歌》以宣泄胸中郁闷。著名的《赠孟浩然》诗亦此期所作：

> 吾爱孟夫子，风流天下闻。红颜弃轩冕，白首卧松云。醉月频中圣，迷花不事君。高山安可仰？徒此揖清芬。

数年前我在襄阳参加孟浩然研讨会，曾提交题为《重读〈孟浩然〉》的论文，文中指出："'醉月'一联即指孟浩然因沉醉而爽韩朝宗约事。'风流'，也应指孟浩然夫子这种鄙弃功名的潇洒之举。"而王辉斌教授干脆说"会故人至，剧饮欢甚"的"故人"就是李白。在没有更具说服力的文献资料发现之前，我觉得这是有可能性的，甚至是最佳答案。试想，除了李白这位天才诗人，还有谁能使孟浩然如此倾倒，如此不顾一切、不惜代价地与之"剧饮欢甚"呢？况且李白恰好在这时来到了襄阳！

有趣的是，顺着王辉斌教授的结论说下去，事情的原委就应该是这样的：开元二十三年正月，朝廷举人诏下，作为山南东道采访使兼襄州刺史的韩朝宗肯定首先属意于襄州籍的孟浩然，并"约浩然偕至京师，欲荐诸朝"。浩然也是答应了的。等到李白来游襄阳，递上《与韩荆州书》请求引荐时，无论韩朝宗对李白持何种评价及何种态度，事实上已不可能举荐他，因为朝廷诏书明确说"各举一人"，这个仅为"一人"的名额已经被孟浩然占用了。况且李白当时家居安州（安陆），安州属淮南道，不在韩朝宗任职之山南东道的范围。因此，李白干谒无果是注定了的。然而，当韩朝宗约孟浩然登途时，我们不妨想象，事情出现了戏剧性的一幕：浩然当时正与李白"剧饮欢甚"，刺史韩大人通知他"出发的时间到了"，他一想，自己一个人去长安，好友李白却没有这样的机会，于是犯了贾宝玉一样的脾气（宝玉当着黛玉的面，要摔掉"通灵宝玉"这个"劳什子"，浩然也不愿丢下李白去做"劳什子"官），毫不犹豫地说："业已饮，遑恤他！"硬是背弃了与韩朝宗的约定。李白肯定被感动得一塌糊涂，于是当场挥笔写下了《赠孟浩然》。如果这样的想象能够成立，那么，这首诗就有了"本事"。诗的开头和结尾表达对孟浩然极度崇敬的心情，中间两联浓墨重彩地渲染浩然鄙弃功名的品节。"醉月频中圣，迷花不事君"二句，即眼前发生的浩然因剧饮而爽约事。"中圣"用三国时徐邈故事写酣饮；"迷花"也是写酣饮，李白同期所作《襄阳歌》开篇"落日欲没岘山西，倒著接篱花下迷。襄阳小儿齐拍手，拦街争唱《白铜鞮》。旁人借问笑何事？笑杀山公醉似泥"数句写山公醉态，"花下迷"即"醉似泥"的样子，"迷花"与"花下迷"意同。我们还可以想象，李白当时反思自己：前几年刚有"初入长安"求仕的经历，虽然遭遇了挫折，但用世之心并未消减。这次专程由安陆来襄阳谒见韩朝宗，献上《与韩朝宗书》，希求汲引的心情那样迫切，较之孟浩然爽约之举，一正一反之间，反差是何等巨大！所以，李白由衷地感叹："高山安可仰，徒此揖清芬！"自己面对孟浩然，实在学不来（故曰"徒此"），而只能发一番"高山仰止"的赞美，实在是惭愧得紧！

就这样，属于韩朝宗的这个推荐名额白白地作废了。孟浩然也失去了最后一次出仕的机会，从此安心地在襄阳做布衣，直到五年后终老。

（薛天纬，中国人民大学）

孟浩然与襄阳张氏考论

王辉斌

据宋蜀刻本《孟浩然诗集》可知，孟浩然一生曾与近二十位张姓人物交往，且多为襄阳张氏，这一实况表明，孟浩然与襄阳张氏的关系是相当密切的。这些涉及张氏人物的孟诗，具体为：《冬至后过吴张二子檀溪别业》、《陪张丞相登当阳城楼》、《寻白鹤岩张子容（容）颜处士》、《从张丞相游纪南城猎戏赠裴迥（迪）张参军》、《陪张丞相祠紫盖山述（途）经玉泉寺》、《寻梅道士张逸人》、《秋登张明府海亭》、《夏日浮舟过张逸人别业》、《与张折冲游耆阇寺》、《陪张丞相登荆州城楼同寄荆州张史（使）君》、《京还赠张淮》、《秋登兰山寄张五》、《荆门上张丞相》、《和张丞相春朝对雪》（以上卷上）、《和张明府登六（鹿）门作》、《晚春卧病寄张八》、《同张明府碧溪答》、《和张二自穰县还途中遇雪》、《上张吏部》、《和张判官登万山亭因赠洪府都督》、《永嘉上浦馆送张子容》、《除夜乐城逢张少府作》、《送张子容进士举》、《送张参明府举兼向泾川觐省》、《送张祥之房陵》、《适越留别谯县张主薄申屠少府》、《岘山送张去非游巴东》、《送新安张少府归秦中》（以上卷中）、《卢明府九日宴袁使君张郎中崔员外》、《奉先张明府休沐还乡海亭宴集探得阶字》、《临涣裴明府席遇张十一房六》、《卢明府早秋宴张郎中海园即事得秋字》、《宴张记室宅》、《寒食张明府宅宴》、《寻张五回夜于园作》、《同卢明府饯张郎中除义王府司马就张海亭（园）作》、《陪张丞相登嵩（当）阳楼》、《登岘亭寄晋阳张少府》（以上卷下），计38首①。其中，除去7首诗题中的"张丞相"，以及《京还赠张淮》（此诗题正确者为《京还赠王维》）之张淮、《上张吏部》之张吏部（此张吏部为张说子张均）外，其余诗中之张姓人物，几乎皆属襄阳张氏。在数以千计的唐代诗人中，诗人与自己家乡同一姓氏人物交往且如此频繁者，孟浩然应乃第一人。鉴于此，本文特就孟浩然生平中这种特殊的交游实况，进行一次较为具体的考察与论述。

一、襄阳张氏与张柬之家族

张柬之，《旧唐书》卷九十一、《新唐书》卷一二〇均有传。《旧唐书·张柬之传》云："张柬之，字孟将，襄州襄阳人也。……进士擢第，累补青城丞。永昌元年，以贤良徵试，同时策中者千余人，柬之独为当时第一，擢拜监察御史。圣历初，累迁凤阁舍

---

① 本文以下所引孟诗，除特殊者注明集名、版本、卷次等外，余则皆据此而引，不再予以注明，特此说明。

人。……后累拜荆州大都督府长史。长安中，召为司勋少卿，迁秋官侍郎。……寻同凤阁鸾台平章事（即宰相）。……中宗即位，以功擢拜天官尚书、凤阁兰台三品，封汉阳郡公。……其年（指中宗即位的神龙元年——引者注）秋，柬之表请归襄阳养疾，许之，仍特授襄州刺史，又拜其子漪为著作郎，令随父之任。……寻为武三思所构，贬授新州司马。柬之至新州，愤懑而卒，年八十余。"①《新唐书》本传则云："张柬之字孟将，襄州襄阳人。……俄及贬，又流泷州，忧愤卒，年八十二。景元元年，赠中书令，谥曰文贞，授一子官。"②据《旧唐书》卷七《中宗纪》，张柬之贬新州司马在神龙二年六月，其又"流泷州"后"忧愤卒"者，当即在是年。合勘之，知张柬之生于唐高祖武德八年（公元625年），卒于唐中宗神龙二年（公元706年），享年82岁。

上引《旧唐书》卷九十一、《新唐书》卷一二〇张柬之本传，虽然均载张柬之为"襄州襄阳人"，但据《旧唐书》卷七十二下《宰相世系表二下》（以下简称《世系表》）可知，张柬之家族并非襄阳土著，而属客籍者。《世系表》云：

> 张氏出姬姓。……平生良，字子房，汉留文成侯。良生不疑。不疑生典。典生默。默生大司马金。金生阳陵公乘千秋，字万雅。千秋生嵩。嵩五子：壮、赞、彭、陆、述。壮生胤。胤生皓……皓生宇……宇孙肥如侯孟成。孟

---

① 刘昫等：《旧唐书》卷九十一《张柬之传》，中华书局1975年版，第2936—2942页。
② （宋）欧阳修、宋祁等撰：《新唐书》卷一二〇《张柬之传》，中华书局1975年版，第4321—4323页。

成生平……平生华……二子：祎、趧。祎……舆……（舆）
生次惠，宋濮城太守。二子：穆之、安之。安之之族，徙
居襄阳。①

此则表明，襄阳张氏为汉留成侯张良后裔，其自张安之始，乃
"徙居襄阳"。正因此，《世系表》于张安之之后，即如是写道："（子）
弘策（崔归美《大唐谷城县令张府君（曤）墓志》作"策"，无"弘"字）
字真简，梁卫尉卿、洮阳闵侯。（弘策生）纴，后周宣纳上士，隋
巴州录事参军。（纴生）则，沣阳令。（则生）玄弼，益府功曹参军。
（玄弼）生柬之字孟将，相武后、中宗。"据此，知张安之"徙居襄
阳"者，乃始于齐、梁之际，由张安之而张柬之，其间凡五代（崔
归美《大唐谷城县令张府君（曤）墓志》载此世系则为：张策生张玠，
张玠生张则，张则生张玄弼，张玄弼生张柬之，即张柬之的曾祖父
为张玠，而非张纴。又，张愿《唐故秀士张君（点）墓志并序》作
"六代策"，与崔归美《大唐谷城县令张府君（曤）墓志》所载为异）。

据《世系表》所载，张柬之有子三人，即张漪、张峄、张琪。
其中，张漪为著作郎；张琪为晋州刺史；张峄无职官。且张峄、张
琪皆无子嗣。张漪则有六子，其依序为：张愿，吴郡太守，兼江东
采访使；张毖，左补阙；张虩，荆府仓曹参军；张轸，河南参军；张
某，户部郎中；张异，大理评事。另，张愿有子张熙，殿中侍御
史。但《世系表》之此载，核之周绍良主编《唐代墓志汇编》所收

---

① （宋）欧阳修、宋祁等撰：《新唐书》卷七十二下《宰相世系表二下》，中华书局
1975年版，第2675页。

录有关张柬之子嗣的墓志铭，可知二者多有差异。这些墓志铭主要有：

1. 张愿《唐故秀士张君（点）墓志并序》（编号：开元三八〇）。

2. 张愿《唐故著作郎张公（漪）墓志》（编号：开元三八一）。

3. 吕岩说《唐故河南府参军范阳张府君（轸）墓志铭并序》（编号：三八二）。

4. 丁凤《唐故河南府参军张君（轸）墓志铭并序》（编号：天宝一一一）。

5. 崔归美《大唐谷城县令张府君（瞒）墓志》（编号：元和〇六七）。

合勘这 5 篇墓志，可知《世系表》之所载，除了张柬之的祖辈与张氏"徙居襄阳"的具体人名、世系有问题外，还表现在对张柬之子嗣的录载等多方面错误。为便于认识，兹将有关张柬之子嗣的部分罗列如下，以供参考：

1. 据张愿《唐故著作郎张公（漪）墓志》可知，张愿非张漪长子，而是张漪侄子，因为《唐故著作郎张公（漪）墓志》中有张愿自称"侄子愿述"之载。

2. 据张愿《唐故秀士张君（点）墓志并序》所载，张柬之第二子张峄（《大唐谷城县令张府君（瞒）墓志》作张绎），终生未仕，有二子，长子张愿，任驾部郎中，张愿凡八子，曾任谷城县令的张瞒即为张愿第八子。张点早卒。

3. 张愿《唐故著作郎张公（漪）墓志》载张漪凡四子而非六子，依序为：张孚、张毖、张巍、张轸。张轸三子：张繟、张绍、张缙（具体参见丁凤《唐故河南府参军张君（轸）墓志铭并序》、吕岩说

《唐故河南府参军范阳张府君（轸）墓志铭并序》二文）。

4.上述 5 篇墓志均无张琪其人，则张柬之是否有第三子张琪尚待考察。

以上是将 5 篇墓志与《世系表》合勘所得。其既然存在着如许之错误，则考察孟浩然与襄阳张柬之家族的关系，以及孟浩然与张柬之子嗣的交游之况，就只能以《唐代墓志汇编》之 5 篇墓志铭所载为依据了。所以，以下的考察在史料的引用方面，即以此 5 篇墓志铭为准。

二、孟诗所涉张氏子嗣举要

据以上考述可知，张柬之卒于唐中宗神龙二年，也即公元 706 年，是年，孟浩然 18 岁[①]，这一年岁表明，孟浩然在襄阳不可能与张柬之直接交往，即其诗中所涉襄阳张氏，应主要为张柬之子嗣。而事实也正是如此。下面择其要者进行具体考察。

（一）张峄

孟集有《夏日浮舟过张逸人别业》、《寻梅道士张逸人》二诗，诗题中的"张逸人"，当为张柬之二子张峄。《寻梅道士张逸人》诗有云："彭泽先生柳，山阴道士鹅。我来从此好，停策汉阴多。重

---

① 关于孟浩然的生卒年及其是年之年龄，具体参见王辉斌《孟浩然新论》之《孟浩然年谱》，武汉大学出版社 2017 年版，第 7—74 页。

以窥鱼乐，因之鼓枻歌。崔徐迹未朽，千载挹清波。"第一句"彭泽先生柳"，所喻者虽为诗题中的"张逸人"，但其表明的则是这位"张逸人"在未为"逸人"前，乃如当年的陶渊明一样，即在归隐之前，仍曾入仕为官。而崔归美《大唐谷城县令张府君（曈）墓志》载张柬之二子张峄"高道不仕"者，即正是这样的一位"逸人"。据张愿《唐故著作郎张公（漪）墓志》所载，张漪开元间卒时47岁，张峄为其弟，神龙二年（公元706年），武三思"构"张柬之"贬授新州司马"时，张峄当在30岁，如此，则其此前曾随张柬之在长安任职，当无可怀疑。待至张柬之受打击贬新州（今广东新州县）时，张峄即还归襄阳，以"高道不仕"终生。所以，孟浩然才在《寻梅道士张逸人》诗中以"彭泽先生柳"喻称张峄，其用典之贴切，实堪称道。

（二）张愿、张子容

据张愿《唐故秀士张君（点）墓志并序》所载，张愿与张点皆张柬之二子张峄之子（张愿为兄，张点为弟），而"并序"之末有"君之兄驾部郎中愿"云云，表明张愿在"开元二十一年十月十六日"张点"改殡于安养县西"之前，曾任驾部郎中。又，据崔归美《大唐谷城县令张府君（曈）墓志》所载可知，张愿先后曾任"曹、婺等州刺史，吴郡太守，兼江南东道二十四州采访使"，张愿既曾任驾部郎中，则上所列举《卢明府九日宴袁使君张郎中崔员外》、《卢明府早宴张郎中海园即事得秋字》、《同卢明府饯张郎中除义王府司马就张海亭（园）作》诗中之"张郎中"，乃皆为张愿无疑。又，王溥《唐会要》卷七十《关内道·新升赤县》有云："奉先县，开元十七年十一月十日升，以奉陵寝，以张愿为县令。"①据此，知张愿在任驾部郎中前，乃为奉先县令。

据两《唐书》《张柬之传》所载，张柬之"为武三思所构"后，唐睿宗李旦即帝位伊始，便于"景元元年，赠中书令，谥曰文贞，授一子官"，虽然进行了平冤，但对其子孙仅为"授一子官"，所授官者当为长子张漪。如此，则二子张峄终生"高道不仕"，也就足可理解了。即是说，终生"高道不仕"的张峄长子张愿之步入仕林，应是因参加科举考试的缘故，而上所列举孟诗之涉襄阳张氏者，又恰有一首《送张子容进士举》诗，这样看来，可知张子容当即张愿，即"子容"应为张愿之字。对此，以下诸材料又可为之佐证：

其一，张愿《唐故秀士张君（点）墓志并序》有云："君讳点，字子敬。"弟张点字子敬，与兄张愿字子容，结构乃完全一致，毫无轩轾可言。

其二，据上所列举之孟诗，以及辛文房《唐才子传》卷一、徐松《登科记考》卷五等可知，张子容先天元年（即景云三年）进士及第后，曾任晋陵尉，并由晋陵（今江苏常州）贬乐城（今浙江乐清），之后于开元十五年春秩满北还长安（参见王辉斌《孟浩然新论》上编"孟浩然年谱"，以下简称"孟浩然年谱"），其开元十七年任奉先县之县令者，在时间上与此正相接。

其三，上引《唐会要》卷十七《关内道·新升赤县》之"以奉陵寝"，颇值得注意。所谓"以奉陵寝"，是指唐玄宗于开元十七年"新缮九庙"之事，对此，《旧唐书·玄宗纪》有专载："十一月庚申，

---

① 王溥：《唐会要》卷七十，中华书局 1955 年版，第 1233 页。

新飨九庙。辛卯，发京师。丙申，谒桥陵。上望陵涕哭，左右并哀感。制奉先县同赤县，以所管三百户供陵，三府兵马供宿卫。"《旧唐书·玄宗纪》之此载，主要是据唐玄宗《谒陵大赦文》（《全唐文》卷三十九）而为。是文有云："自开元十七年十一月二十二日昧爽已前，大辟罪已下，罪无轻重，以发觉未发觉，已结正未结正，系囚常赦所不免者，咸赦除之。"（宋敏求《唐大诏令集》、王钦若《册府元龟》所引此文，均与《全唐文》存在着文字上的差异）张柬之的子孙，即因此次大赦而全部获免，并"量加收录"。《旧唐书·张柬之传》虽载张柬之在景云元年"宜加宠赠……可赠中书令，封汉阳郡公"，但其在当时并未恩及整个张氏家族，而只是"授一子官"。张愿在是年之所以能任"制同赤县"的奉先县令，即与此相关。

其四，遍考现所存见之有关张子容与张愿的生平材料，可以确知的是：（1）张子容开元十五年以后的生平事迹与宦历无载；（2）张愿开元十七年以前的生平事迹与宦历无载。合勘之，则此二者之所载正可互为补充。

根据以上之所考，当可肯定张子容即张愿。兹将张子容(张愿)生平作如是之归纳：张子容开元十七年前，因祖父张柬之"为武三思所构"，而与其"高道不仕"之父张峰同隐襄阳，并以字行，先天元年进士及第后，曾任晋陵尉，并由晋陵贬乐城，开元十五年秩满北还长安。开元十七年，因唐玄宗"谒陵大赦"，张柬之子孙得以彻底平反，张子容即因此而擢任为"制同赤县"的奉先县令，并以张愿之名行世。孟浩然集中的《冬至后过吴张二子檀溪别业》之"张子"、《登岘亭寄晋阳张少府》之"张少府"、《除夜乐城逢张少府作》之"张少府"、《秋登张明府海亭》之"张明府"，以及《卢明府九日宴袁使君张郎中崔员外》、《卢明府早秋宴张郎中海园即事得秋字》、《同卢明府饯张郎中除义王府司马就张海亭（园）作》诗中之"张郎中"，乃皆为张愿（张子容）。

（三）张瑰

孟集有《从张丞相游纪南城猎戏赠裴迪张参军》一诗，此"张丞相"为张说，诗作于开元五年(参见"孟浩然年谱")。诗题末之"张参军"，据张愿《唐故著作郎张公（漪）墓志》之所载，知其乃张柬之长子张漪第三子张瑰。其云："子孚、愍、瑰、轸；瑰历荆府仓曹。"所谓"荆府仓曹"，即荆州大都督府仓曹参军，"从七品上"（《旧唐书·百官志四下》），故孟浩然于诗题中乃称张瑰为"张参军"。

（四）张愍

孟集有《宴张记室宅》一诗，云："甲第金张馆，门庭车骑多。家封汉阳郡，文会楚材过。曲岛浮觞酌，前山入咏歌。妓堂花映发，书阁柳逶迤。玉拍调筝柱，金泥饰舞罗。宁知书剑者，岁月独蹉跎。"诗题中的"张记室"，或认为即任荆府仓曹参军的张瑰，乃误，原因是记室参军为王府属官而非地方之官。考《新唐书》卷四十九下《百官四下》于"王府官"有云："记室参军二人，掌表启书疏，录事参军一人，皆从六品上。"[1] 而此诗有"家封汉阳郡"云云，所指这位"张记室"为张柬之之子嗣者，即可肯定。上引张

---

① （宋）欧阳修、宋祁等撰：《新唐书》卷四十九下《百官四下》，中华书局 1975年版，第 1306 页。

愿《唐故著作郎张公（漪）墓志》有云："子孚、毖、毗、轸；毖历荆府仓曹……毖邠王府掾。"所谓"邠王府掾"者，即指张毖斯时所任之邠王府记室，所以，"宴张记室宅"者，其实就是指孟浩然宴饮于张漪第二子张毖之宅。

以上之所举要者，虽然只有 4 人，但除张峄外，余 3 人均为襄阳张柬之家族中的孙辈一类的人物，张柬之"为武三思所构"后，包括张峄在内的张家各色人等，都曾受到了不同程度的打击，对此，张柬之长子张漪第四子张轸"年九岁，以母氏宿愿，固请为沙门，自削发缁流"①的实况，又可为之佐证。"年九岁"出家的张轸，后来之所以能"游太学"而"以进士甲科"者，则其显然与朝廷对张柬之事件的平反及大赦相关。

三、孟浩然与张氏交游述论

与张氏家族一样，襄阳孟氏也属客籍，对此，孟浩然在《书怀贻京邑故人》一诗中已曾言及："维先自邹鲁，家世重儒风。"正因为张、孟两家均为襄阳的"外来户"，故习凿齿《襄阳耆旧记》乃无张、孟先世之载。虽然如此，但孟、张两家之关系，却甚为殷密，这从孟浩然多次应张氏子嗣之邀参加各种宴饮（如《宴张记室宅》、《奉先张明府休沐还乡海亭宴集探得阶字》、《寒食张明府宅

---

① （唐）吕岩说：《唐故河南府参军范阳张府君（轸）墓志铭并序》，载周绍良主编：《唐代墓志汇编》，上海古籍出版社 1992 年版，第 1421 页。

宴》），以及多次与"张明府"、"张郎中"唱和（如《同张明府碧溪答》、《和张明府登六（鹿）门作》）等，即略可获知。而事实上，张、孟两家"外来户"在长久的襄阳之居与交往期间，已结为了通家之好，对此，孟浩然《岁除夜会乐城张少府宅》一诗已有所记载："畴昔通家好，相知无间然。续明催画烛，守岁接长筵。旧曲梅花唱，新正柏酒传。客行随处落，不见度年年。"（《四部丛刊》本《孟浩然诗集》卷三）既为"通家好"，则张愿（张子容）之父张峄在张柬之受打击后，还襄阳"高道不仕"者，当与孟浩然之父终生未仕不无关系。

关于孟浩然的父亲，由于材料奇缺，后人知其生平者甚微。而孟浩然《书怀贻京邑故人》等诗所透露出之信息，也只能表明孟父为一位终生不仕之儒绅，开元十五年孟浩然 39 岁时，尚健在于世（参见"孟浩然年谱"），余皆不详。以襄阳在汉唐时期之隐逸风气与地理环境推之，孟父之终生未仕，当与隐逸相关。若这种认识不误，则与孟浩然家有着"通家好"的张峄父子之隐居襄阳，当主要是受孟父隐逸之影响所致。而此，也应是孟浩然与张柬之家族中之张子容（张愿）关系最为密切的原因所在。而待到张柬之家族于开元十七年彻底平反后，孟浩然与张愿（张子容）的交往就更为殷密了，这从孟浩然《秋登张明府海亭》、《和张明府登六（鹿）门作》、《同张明府碧溪答》、《寒食张明府宅宴》、《卢明府九日宴袁使君张郎中崔员外》、《奉先张明府休沐还乡海亭宴集探得阶字》、《卢明府早宴张郎中海园即事得秋字》、《同卢明府饯张郎中除义王府司马就张海亭（园）作》等诗中，即可准确获知。

就现所存见的材料可知，孟浩然的父辈与祖辈并无入仕者，其中原因不得而知，但从孟浩然在诗中自称"朝端乏亲故"（《田园作》）言，孟家几代人皆与仕宦无缘者，则可肯定。正因此，孟家的父辈们，便将希望寄托在孟浩然这一代的身上。虽然青少年时期的孟浩然也曾与其弟等"少小学书剑"（《伤岘山云表观》），"昼夜常自强，词翰亦颇工"（《书怀贻京邑故人》），孟浩然并曾以诗干谒过时任岳州刺史的张说（参见《孟浩然新论·孟浩然评传》第二章），且还曾进京参加过科举考试，但这一切均以失败而告终。尽管如此，孟浩然这一连串努力反映出，他在青年时期具有极强的仕进之心与功名思想。所以，为了能尽快地步入仕林，孟浩然即希望张柬之的子嗣特别是张子容能有所帮助，而此，也是他自襄阳千里迢迢到今浙江乐清寻访张子容的原因所在（具体参见拙著《孟浩然研究》第一章第五节）。但张子容的仕途也并不顺畅。据《全唐诗》卷一一六《张子容诗集》、辛文房《唐才子传》卷一等材料可知，张子容进士及第后，未久即贬晋陵，并再由晋陵贬乐城，其集中的《贬乐城尉日作》等诗，即可为证。而且，据《赠司勋萧郎中》一诗还可知，张子容贬乐城尉后，还曾以诗求"萧郎中"为其在京师斡旋，以便尽早调离乐城，诗末所谓"今将投知己，相感勿吾欺"云云，即是就此而言。在这种情况下，张子容自身都难保，显然是无力襄助孟浩然的。

张子容（张愿）后来虽然入朝为官，但他也仍然无力荐孟浩然于朝廷。其中原因，主要有三。第一，在孟浩然的生平中，存在着一件任何人都无法解决的"隐痛"，此即王谠《唐摭言》卷十一所言之"因命放归南山"。当时的情况是：开元十一年冬十一月，孟浩然因张说之荐，而为唐玄宗诏令入京，此于孟浩然而言，本为一件好事，但在唐玄宗"令诵所作"时，孟浩然因"乃诵北阙休上书，南山归敝庐。不才明主弃，多病故人疏"一诗，而得罪了唐玄宗，最后被"因是故弃"（具体参见《孟浩然年谱·开元十一年》）。对于一个当面得罪了皇帝的普通士子，无论有多大本事，也无论多么具有才华，都是很难将其荐举于朝廷的。第二，据杜佑《通典》、宋敏求《唐大诏令集》、王溥《唐会要》等之所载可知，唐制规定，只有"五品以上清官、地方刺史"，才有资格向朝廷荐举人才，张愿后来虽然由奉先县令擢升为驾部郎中，但也只是一个"从五品上"（《旧唐书》卷二十三《职官志三》）的品阶，即与"五品以上"还存在着一定的差距，因之，张愿不具备荐举孟浩然的资格，即用甚明。正因此，与孟浩然家有着"通家好"的张愿（张子容），也只能是在回襄阳休沐期间，和孟浩然周旋于山水与酒宴之间，《孟浩然集》中之所以多与"张明府"、"张郎中"（即张愿）唱和之作者，原因即在于此。第三，据《旧唐书·职官志》、《新唐书·百官志》等所载还可知，唐代从中央到地方的各级各类机构，对官员的品阶、人数都有极严格之规定，任何人都不得随意突破，即增员、减员都需得到有司批准，这成为张愿（张子容）始终未能荐举孟浩然的又一个原因。

据"孟浩然年谱"所考，孟浩然与张柬之子孙、特别是与张愿（张子容）的交往，以张愿"除义王府司马"而宣告结束。"义王"即唐玄宗第二十四子李珹，其一生两封为义王，第一次在开元十三年，第二次在开元二十三年。张愿由驾部郎中（从五品上）"除"义王府司马（从四品上），为正常之升迁，时间则在开元二十四年七月。是时，张愿正在襄阳与孟浩然等人交往，孟集中《同卢明府饯张郎中除义王府司马就张海亭（园）作》一诗，即是专就此事而言。未久，张愿还长安，孟浩然赋《送张郎中迁京》诗以送之："碧溪常共尝，朱邸忽迁荣。预有相思意，闻君琴上声。"自此诗之后，孟浩然既不曾与张愿过从，也不曾与襄阳张氏家族中的其他人交往，此即孟浩然与襄阳张氏交往的历史真实。

　　大约 130 年后，曾隐居鹿门山近 5 年的皮日休，于寓居苏州期间，写了一首诗题近 80 字的长诗，即《鲁望读襄阳耆旧传见赠五百言过褒庸材靡有称是然襄阳囊事历历在目夫耆旧传所未载者汉阳王则宗杜元勋孟浩然则文章大匠予次而赞之因而寄答亦诗人无言不酬之义也次韵》。在诗题中，皮日休将张柬之喻比为"宗杜元勋"，把孟浩然称为"文章大匠"，并于诗中说："予生二贤末，得作升木狄。兼济与独善，俱敢怀其臭。江汉称炳灵，克明嗣清昼。继彼欲为三，如醨和醇酎。"①此则表明，襄阳的这两位历史人物，在皮日休心目中是占有相当重要的地位的，以至于他要"继彼欲为三"！

（王辉斌，湖北文理学院文学院）

---

　　① （唐）皮日休：《鲁望读襄阳耆旧传见赠五百言过褒庸材靡有称是然襄阳囊事历历在目夫耆旧传所未载者汉阳王则宗杜元勋孟浩然则文章大匠予次而赞之因而寄答亦诗人无言不酬之义也次韵》，《全唐诗》卷六〇九，中华书局 1960 年版，第 7023 页。

从影响与接受的视角讨论孟襄阳与白香山

陈才智

位于汉江中游的襄阳，是名人辈出的山水人文胜地；盛唐时期的襄阳人孟浩然，一向被视为这一胜地的代表，人称"孟襄阳"。确实，若无孟浩然，文化意义上的襄阳，多半只是楚汉三国文化的重要发源地；而若无襄阳，孟浩然的诗世界则绝然别样。这就像洛阳之于白居易，乃是由白乐天衍为白香山道路上无法省略的一环。即从盛唐到中唐，便下襄阳向洛阳，七百多里的距离，杜子美用平生第一快诗穿越。这位一代诗圣驾鹤而去的隔一年，一代诗豪白居易诞生。襄阳夫子孟浩然（689—740），是盛唐田园诗派的代表。香山居士白居易（772—846），是中唐诗坛的宗主。一百年的时差，隔代诗人的对话，会碰撞出怎样的火花？诗歌发展史上，在盛唐到中唐的这两位大诗人这里，会有什么彼此影响与接受的痕迹？

一

不妨从白居易的《游襄阳怀孟浩然》说起，诗云：

> 楚山碧岩岩，汉水碧汤汤。秀气结成象，孟氏之文章。今我讽遗文，思人至其乡。清风无人继，日暮空襄阳。南望鹿门山，蔼若有馀芳。旧隐不知处，云深树苍苍。①

宋陈振孙编《白氏文公年谱》载，贞元十年甲戌，"五月，襄州府君卒于襄阳官舍。府君自徐徙佐衢，又徙襄。公有《游襄阳怀孟浩然》诗，或是随侍时作。"②襄州府君，指白居易的父亲白季庚（729—794），字子申，巩县县令白锽长子，华州下邽（今陕西渭南东北）人，祖籍同州韩城（今属陕西）。天宝末，明经出身，解褐，授萧山县尉，历左武卫兵曹参军、宋州司户参军。

对作家而言，幼年、童年以至青年的经历，尤其是所处的家庭环境，对其性格发展、人生道路有着根深蒂固的重大影响，这种影响往往潜移默化入其文学创作中，任何其他因素都无法替代、难以抵消。遗憾的是，一方面，这时还很少有人会有意识地去记录这些

---

① （唐）白居易著，朱金城注：《白居易集笺校》第一册，上海古籍出版社1988年版，第498页。碧汤汤，金泽本作"清汤汤"。

② （清）汪立名：《白香山诗集》卷首，《文渊阁四库全书》本。

影响的痕迹；另一方面，相对有限的记录中，往往掺杂有难以据信的夸饰或歪曲。谢思炜先生《白居易的家世与早年生活》(收入其《白居易集综论》下编)，继陈寅恪先生《白乐天之先祖及后嗣》(收入其《元白诗笺证稿》附论) 之后，曾就父母对白居易的影响给予深入具体的分析，足堪参考。

据白居易《襄州别驾府君事状》，德宗建中元年庚申 (780)，白居易九岁时，其父白季庚授徐州彭城县令。建中二年 (781) 正月，唐发军讨成德节度使李惟岳、魏博节度使田悦。二月，讨襄阳节度使梁崇义。八月，崇义伏诛。平卢留后李纳以军助田悦。九月，讨李纳。李纳将王温攻徐州。白季庚与徐州刺史李洧坚守徐州城池，拒李纳，亲当矢石，昼夜攻拒，凡四十二日，而诸道救兵方至，以功自朝散郎超授朝散大夫，擢拜徐州别驾，赐绯鱼袋，仍充徐泗观察判官。徐州之战十分惨烈，朔方军建功尤多。白季庚说动李洧，颇有权谋；复能聚众坚守，刚韧有加。其名虽不大著，亦不失为佼俊之士，在白氏家族史中更是彪炳光耀。白季庚抗击藩镇、尊王忠君的义勇行为，对儿子白居易政治立场、道德品质的塑造有持久而积极的影响。

建中三年 (782)，白居易从父赴任徐州，举家移居符离。贞元元年 (785)，朝廷追念前功，加授白季庚检校大理寺少卿，依前徐州别驾、当道团练判官，仍知州事。贞元四年 (788)，秩满，改除大理寺少卿兼衢州别驾。17 岁的白居易从父任往衢州，途经苏、杭二郡，高雅闲澹的苏州刺史韦应物，令他心生艳羡。[1] 贞元五年

---

① 　贞元四年（788）至贞元六年（790），韦应物由左司郎中补苏州刺史。

（789）18 岁前后，又得机谒见著作佐郎顾况。① 顾况是当时享有盛名的诗人、宰相李泌的挚友，拜访他的人极多，能得到他赞誉的却很少。起初，顾况对这个初出茅庐的少年很不以为然，见他姓名中有"居易"二字，便调侃说："长安米贵，居住不易呀！"但等读到《赋得古原草送别》中的前两联时，不禁大为赞赏，随即改口说："有才如此，居亦容易！"这是一则广为流传的逸话，以至成为著名的白居不易传奇。

贞元八年（792），白季庚秩满，因观察使皇甫政以政绩闻荐，又除检校大理少卿兼襄州别驾。襄州治所在襄阳，据《旧唐书·地理志二·山南东道》载："襄州紧上 隋襄阳郡。武德四年，平王世充，改为襄州，因隋旧名。领襄阳、安养、汉南、义清、南漳、常平六县。州置山南道行台……上元二年，置襄州节度使，领襄、邓、均、房、金、商等州，自后为山南东道节度使治所。"贞元十年（794）五月二十八日，白季庚卒于襄州襄阳官舍，年 66 岁，权窆于襄阳县东津乡南原，白居易时年 23 岁。至元和六年（811）十月八日，方迁护于下邽县义津乡北原，从巩县府君宅兆而合 。

襄阳这座古城，因为父亲的关系，与白居易产生了重要的联系。这种联系直接引生出《游襄阳怀孟浩然》一诗。据上述资料，

---

① 据唐张固《幽闲鼓吹》和五代王定保《唐摭言》，白居易一到长安，就带着诗作去拜谒顾况，以求赏识。今人有关此事之考证，详见傅璇琮《唐代诗人丛考·顾况考》（中华书局 1980 年版，第 397—400 页）、赵昌平撰《唐才子传校笺》第一册"顾况"条（中华书局 1987 年版，第 652—654 页）、许大畅《白居易未仕前经历浅探》（《西南师范大学学报》1993 年第 3 期）、蒋寅《大历诗人研究》（中华书局 1995 年版，第 382、396 页）、谢思炜《白居易的家世与早年生活》（《白居易集综论》下编，中国社会科学出版社 1997 年版，第 184 页）、周桂峰《白居易事迹辩说三则》（《淮阴师范学院学报》1998 年第 4 期）。

此诗应该作于贞元八年（792）至贞元十年（794）之间，也即白居易21—23岁间，正是青年人在父母之外，需要树立自己榜样的年纪。在上述顾况（725？—814？）、韦应物（737—792）之外，孟浩然作为襄阳的文学家代表进入了白居易的视野。白居易出生时，孟浩然已经去世三十二年。当年诗仙眼中"风流天下闻"（李白《赠孟浩然》）的孟夫子，在他的同代人殷璠眼中，已经衍为怀才未遇的高才隐士，尽管文才绵茂而高雅。① 在史书中，也主要是一位隐居鹿门山、以诗自适的隐士形象。② 唯有慧眼独具的白居易，才接续了诗仙李白对孟夫子的独特定位，重塑起一个以秀气清风而知名的孟襄阳形象。

白居易《游襄阳怀孟浩然》，先从孟浩然诗歌的生长环境着笔。楚山汉水的灵气，凝结成孟浩然笔下的艺术形象。简洁的画面，揭示出产生孟浩然山水诗的生态环境。孟浩然是唐代第一个倾大力写作山水诗的。今存其诗两百余首，除了在漫游途中写下的山水行旅诗，大部分是登临游览家乡一带的万山、岘山和鹿门山时所写的遣兴之作。楚山连绵，碧色不断。汉水蜿蜒，清波浩荡。山青青，水碧碧。来到孟浩然的故乡襄阳，对已故诗人的敬仰之情油然而生，追念之情，正像这楚山碧水，长绿不枯，绵流难断。"岩岩"，显出山之险峻挺拔，虽不高而秀雅，"汤汤"，写出水之奔流浩荡，虽不

---

① 《河岳英灵集》卷中评价云："余尝谓祢衡不遇，赵壹无禄，其过在人也。及观襄阳孟浩然馨折谦退，才名日高，天下籍甚，竟沦落明代，终于布衣，悲夫！浩然诗，文彩𦶟茸，经纬绵密，半遵雅调，全削凡体。"

② 《旧唐书·文苑传下》云："孟浩然，隐鹿门山，以诗自适。年四十来游京师，应进士不第，还襄阳。张九龄镇荆州，署为从事，与之唱和。不达而卒。"

深而澄清。加之地不广而平坦，林不大而茂盛，襄阳山水地貌的独特气势，可谓铺绘而出，赋中含兴。不管怎样思其人而至其乡，那里依然"楚山碧岩岩，汉水碧汤汤"，可是再没有人能像"孟氏之文章"那样，把"秀气结成象"了！

接着，写诵读孟诗，而感怀其人，由感怀其人，而至其家乡，点明题中"游襄阳"的原由。游其乡，居其境，怀其人，慕其风。"清风无人继，日暮空襄阳"，在具体场景中抒发对孟浩然的怀念之情。显然，怀念之情，来自白居易对孟浩然人的品格、诗的风格的赞赏有加。《文心雕龙·徵圣》所谓"精理为文，秀气成采"，一个"秀"字，一个"清"字，概括出白居易心目中孟浩然其人其诗的风格特点。一个"结"字，又道出文学与地域之间相互支撑、彼此成就的密切关系，也即前云孟浩然与襄阳之间缺一不可的联系。

人事有代谢，乐天复登临。白居易来到襄阳，除了"秀气"与"清风"，孟襄阳对他的其他启迪何在？第四联的答案似乎令人有些意外："空"！这既是对孟襄阳之后再继无人的怅惘愁叹，也暗含有对孟襄阳挚友王维诗意的认同，王维《哭孟浩然》诗云："故人不可见，汉水日东流。借问襄阳老，江山空蔡州。"① 末句"江山空蔡州"对白诗"日暮空襄阳"的启迪，望眼可见。确实，再也没有谁的作品能如孟襄阳诗歌那般，自然散发出清淡畅逸之气。这样的心境，有些苍凉，有些无望，就像日暮时分，面对夕阳带给我们的感

① 此诗《唐诗纪事》作王维诗，别本又作白居易诗，不同。王象之《舆地纪胜》卷八十三"京西南路·襄阳府"按语云：诗中有"故人不可见"之语，则是作诗之人与浩然相识也。浩然与王维同生于玄宗之世。按，两《唐书》王维过襄阳，曾画浩然之像于亭上，则故人今不见之语，必王维所作也。（《续修四库全书》影印北图藏清影宋抄本）

觉一般；如今的诗坛，也像夕阳中空荡荡的襄阳城一样清冷。"清风无人继"写出当下之感怀，"日暮空襄阳"以眼前带有空凉之气的日暮景色，烘托出当下之心境。开篇前三联阔大的气象，由此顿时跌入慨叹无限的情绪中。孟夫子斯人已没，清风随之难以复睹，落日中只剩下空荡荡的襄阳城。

如何平复如何缓和这落差呢？不妨远望吧！向南，再向东南，越过襄阳城墙，远方草木郁郁，云树苍苍，鹿门山就是孟浩然昔日隐居、今日归葬之地，当年隐者留下的风致，馀韵似乎犹可想象。于是，心中又生起几分喜慰。而遗踪杳杳，旧居毕竟已不可寻。留下的是望不到边的林木郁郁葱葱，一片苍茫，心中不免再次升起淡淡的惆怅。末句"云深树苍苍"，既是赋笔实写，也含有以实写虚的比兴之意——触目所见，林木莽莽，而心中所感，也是"旧隐不知处"而"清风无人继"的空空荡荡，苍苍莽莽。

白居易青年时代的这首《游襄阳怀孟浩然》，以青春之笔，追踪盛唐气象，虽略含惆怅之意，却全无萧瑟之态。诗中满含对孟浩然的景仰之意，音节响亮，气韵潇洒，兼备兴象，而文字清淡简朴，铮铮然有盛唐之音，正是追踪孟浩然诗风的神似之作。清人黄培芳《粤岳草堂诗话》云："诗贵清真，尤在气味。如孟襄阳、白太傅，俱不着一字，而襄阳则气逸而味腴，太傅则气和而味厚。若无气味，徒语清真，恐流于卑率浅薄，一览无馀耳。"① 这首《游襄

---

① 《粤岳草堂诗话》卷一，《清诗话三编》，上海古籍出版社 2015 年版，第 2781 页。黄培芳（1778—1859，一说 1779—1859），字子实，一字香石，晚号粤岳山人。广东香山人。嘉庆九年（1804）副贡。历官内阁中书，陵水、大埔县儒学教谕，肇庆府学训导。后主讲学海堂。与谭敬昭、张维屏并称"粤东三子"，著书数十种，有《岭海楼诗钞》。

阳怀孟浩然》虽然作于白居易早年，但亦无愧"气和而味厚"之评。如果比较相关相似主题前后之作，则更为明晰。例如其前，杜甫《解闷十二首》："复忆襄阳孟浩然，清诗句句尽堪传。即今耆旧无新语，漫钓槎头缩颈鳊。"所言"清诗句句尽堪传"七字，与李白《赠孟浩然》诗中的"风流"、"清芬"四字一样，皆为孟浩然定评，亦为白居易《游襄阳怀孟浩然》所承继。

白居易之后，施肩吾《登岘亭怀孟生》："岘山自高水自绿，后辈词人心眼俗。鹿门才子不再生，怪景幽奇无管属。"罗隐《孟浩然墓》："数步荒榛接旧蹊，寒江漠漠草凄凄。鹿门黄土无多少，恰到书生家便低。"唐彦谦《忆孟浩然》："郊外凌兢西复东，雪晴驴背兴无穷。句搜明月梨花内，趣入春风柳絮中。"又《过浩然先生墓》："人间万卷庞眉老，眼见堂堂入草莱。行客须当下马过，故交谁复裹鸡来。山花不语如听讲，溪水无情自荐哀。犹胜黄金买碑碣，百年名字已烟埃。"张蠙《吊孟浩然》："每每樵家说，孤坟亦夜吟。若重生此世，应更苦前心。名与襄阳远，诗同汉水深。亲栽鹿门树，犹盖石床阴。"落笔侧重和诗歌风格不尽相同，而兴慨与感叹，与白居易《游襄阳怀孟浩然》一脉相承。

二

贞元年间，白居易旅次襄阳，还撰有《旅次景空寺宿幽上人院》，诗云："不与人境接，寺门开向山。暮钟鸣鸟聚，秋雨病僧闲。月隐云树外，萤飞廊宇间。幸投花界宿，暂得静心颜。"朱金城注《白居易集笺校》认为，或作于贞元十六年（800），谢思炜《白居易诗集校注》则认为，当为贞元十年（794）在襄州作。后者可从。诗题"旅次"，《文苑英华》作"旅泊"；"鸣鸟"，《文苑英华》汪立名本作"寒鸟"。景空寺，在襄州。张说《襄州景空寺题融上人兰若》："高名出汉阴，禅阁跨香岑。"孟浩然《游景空寺兰若》："龙象经行处，山腰度石关。"末联之"花界"，原意为莲花界，这里代指寺院。沈佺期《奉和圣制同皇太子游慈恩寺应制》："肃肃莲花界，荧荧贝叶宫。"韦应物《游琅琊山寺》："填壑跻花界，迭石构云房。"襄阳景空寺今已难觅踪迹，但融上人院的花界，当日却给白居易留下能够"暂得静心颜"的难忘印象；这印象中的诗意书写，运用的正是当年孟襄阳最擅长的五律。而清雅之笔致，和厚之意境，神似孟襄阳之处，也可见仿佛。

从贞元步入元和时期以后，经历朝廷为官、执掌制诰，以至主盟元和诗坛，白居易对孟浩然的理解和定位，又有了新的变化和发展。元和三年（806）至元和六年（811）期间，白居易在长安作有《读邓鲂诗》，其中提到："诗人多蹇厄，近日诚有之。京兆杜子美，犹得一拾遗。襄阳孟浩然，亦闻鬓成丝。"感慨于襄阳孟浩然蹇厄未遇的坎坷命运，将其与京兆杜子美相提并论，引出诗人例来蹇厄的恻恻叹息，并感叹"天不与爵寿，唯与好文词"。前面提到，殷璠《河岳英灵集》卷中谈到对孟浩然的评价，也是将其与前代的"祢衡不遇，赵壹无禄"相提并论。这一认识，即古来文士与诗人往往数奇或命薄，时见前人诗文，例如陆云《失题》云："安得达人，顾予命薄。"卢照邻《悲才难》云："若乃贾长沙之数奇，崔亭伯之不偶。"杜甫《天末怀李白》云："文章憎命达，魑魅喜人过。"又《丹青引》云："但看古来盛名下，终日坎壈缠其身。"宋之问《祭杜学士审言文》更有详细阐述，中云："辞业备而官成，名声高而命薄。屈原不终于楚相，扬雄自投于汉阁。代生人而岂无，人违代而咸若。运钟唐庆，崇文宠儒；国求至宝，家献灵珠。后复有王杨卢骆，继之以子跃云衢。王也才参卿于西陕，杨也终远宰于东吴；卢则哀其栖山而卧疾，骆则不能保族而全躯。由运然也，莫以福寿自卫？将神忌也，不得华实斯俱？惟灵昭昭，庶越诸子。言必得俊，意常通理。其含润也，若和风浴曙，摇露气于春林；其秉艳也，似凉雨半晴，悬日光于秋水。众辙同遵者摈落，群心不际者探拟。人也不幸而则亡，名兮可大而不死。君之栖遑，自昔迷方。逢时泰兮欲达，闻数奇兮自伤。"但是，白居易《读邓鲂诗》对孟浩然的感慨，还只是由他人生发的，尽管也是密切相关的好友，但与其早年《李白墓》"但是诗人多薄命，就中沦落不过君"的感慨大体相近。而到了元和十年（815），当44岁的白居易身经了人生中最沉重的打击，内心充满愤慨和忧伤，思想上也不免矛盾和彷徨时，收到通州司马、好友元稹寄来的《叙诗寄乐天书》，乃思前想后，有感而发，在寒冬腊月的偏僻小城里，写下《与元九书》。这封内容丰富、感情真挚的长信，不仅是白居易深思熟虑的产物，同时也是元白两人之间长期以来思想交流的结晶。《旧唐书·白居易传》收录此信第二段以下的全部内容，并介绍说："文士以为信然。"在信里，白居易对文士数奇、诗人命薄开始有了新的认知、切身的体验。这时，他再次想起孟浩然，并更加广泛地联系与之有着相似命运的前代诗人、身边的例证。他说：

况诗人多蹇，如陈子昂、杜甫，各授一拾遗，而迍剥
至死。李白、孟浩然辈不及一命，穷悴终身。近日孟郊
六十，终试协律。张籍五十，未离一太祝。

又云：

何有志于诗者，不利若此之甚耶？①

经过十多年的宦海风波，白居易对孟浩然穷悴终身的命运，增
添了感同身受的认知。这种认知是在《与元九书》全面评价《诗
经》以来历代诗歌创作倾向的基础上得来，也是在全面总结自己半
生经历和创作经验的基础上得来，与白居易早期只是欣赏孟浩然其
诗之清秀，为人之风流，已经迥然有别。对这一认知，白居易在其
他场合又有所论说，例如《答刘和州禹锡》云："不教才展休明代，
为罚诗争造化功。"又《文柏床》云："方知自残者，为有好文章。"
又《赠杨秘书巨源》云："不用更教诗过好，折君官职是声名。"又
《诗酒琴人例多薄命予酷好三事雅当此科而所得已多为幸斯甚偶成
狂咏聊写愧怀》云："爱琴爱酒爱诗客，多贱多穷多苦辛。中散步
兵终不贵，孟郊张籍过于贫。一之已叹关于命，三者何堪并在身。"
《序洛诗》文中更总结感慨道："世所谓文士多数奇，诗人尤命薄，
于斯见矣。"当然韩愈、孟郊等，亦有相似相近言论，经反复申说，

---

① （唐）白居易著，朱金城注：《白居易集笺校》第 5 册，上海古籍出版社 1988 年
版，第 2789 页。

诗能穷人、穷而后工乃由一时说辞，成为诗坛千古未磨的重要命题。宋人葛胜仲（1072—1144）《陈去非诗集序》即云："世言诗能穷人。唐李太白号谪仙，然以乐府忤妃子，卒厄穷不振；刘梦得坐种桃句，黜刺连州；白乐天坐新井篇，黜佐溢浦；孟浩然、贾阆仙辈俱有能诗声，然以诗忤明皇、宣宗，终坎壈州县，故言诗能穷人者，取是为左验。"①

三

除了正面评说孟浩然之外，白居易诗文中也时见孟浩然影响之迹。例如元和十一年（816），白居易在江州所作《百花亭》诗云："朱槛在空虚，凉风八月初。山形如岘首，江色似桐庐。佛寺乘船入，人家枕水居。高亭仍有月，今夜宿何如？"颔联之岘首，即岘山。孟浩然《送元公之鄂渚寻观主张骖鸾》诗云："岘首辞蛟浦，江中问鹤楼。"白居易站在江州百花亭，看到九江视野中的山形，联想起青年时期去过的襄阳，孟襄阳的诗句自然会映入脑海。

何况，此前元和十年（815）秋，白居易由长安至江州途中，还曾路过襄阳，并写下《再到襄阳访问旧居》："昔到襄阳日，髻髦初有髭。今过襄阳日，髭鬓半成丝。旧游都似梦，乍到忽如归。东郭蓬蒿宅，荒凉今属谁？故知多零落，闾井亦迁移。独有秋江水，

---

① 《丹阳集》卷八，《文渊阁四库全书》本。

烟波似旧时。"① 来到襄阳城东廓自家曾居住的宅院，只见蓬蒿一片，满目荒凉。因不知旧居现在的主人是谁，他没有进去。拜访故旧，可大多数人家已经迁走，有的甚至闾井亦已迁移，即使见着的也身衰体弱，境况不好。去从前经常到的几处街巷看了看，一切都变了模样，恍惚如在梦中。时过境迁，物是人非，令人不胜感慨。唯有眼前的汉江水，还是那样清澈，烟波荡漾。从襄阳到江州将要行经的一千七百六十多里路程，全是水驿，故又有《襄阳舟夜》，诗云："下马襄阳郭，移舟汉阴驿。秋风截江起，寒浪连天白。本是多愁人，复此风波夕。"末句可谓催人泪下。

过了一年，元和十一年（816）秋，白居易见庐山而爱之，春有锦绣谷花，夏有石门涧云，秋有虎溪月，冬有炉峰雪，若远行客过故乡，恋恋不能去。因面峰腋寺，作为庐山草堂。元和十二年（817）春三月二十七日，始入住草堂新居。四月九日，与河南元集虚，范阳张允中，南阳张深之，东西二林长老凑、朗、满、晦、坚等，凡二十有二人，具斋施茶果以落之，并撰《庐山草堂记》，开篇云："匡庐奇秀甲天下山。山北峰曰香炉，峰北寺曰遗爱寺。"所言庐山西北的香炉峰，当年也是孟襄阳笔下的重要美景，其《晚泊浔阳望庐山》就曾写道："挂席数千里，好山都未逢。舣舟寻阳郭，始见香炉峰。"王右丞爱孟襄阳吟哦风度，绘图瓻之，即世传郢州亭子浚仪桥素本，画孟浩然像，正是受此妙句传播的启迪。孟襄阳《彭蠡湖中望庐山》又云："中流见匡阜，势压九江雄。……香炉初

---

① 魏平柱的《白居易与襄阳》认为，很可能是孟浩然五十一岁出任杭州刺史再过襄阳时所写（收入其《临汉文史考析》，中国人事出版社1999年版，第182页），殆误。

上日，瀑布喷成虹。"白居易庐山草堂的营建，以及尽早退隐于此以终老的愿景，恐怕也与孟襄阳昔日对庐山的赞美有关，和孟襄阳归隐鹿门山亦一脉相承。

同年，元和十二年（817），白居易在江州又作有《山居》："山斋方独往，尘事莫相仍。蓝舆辞鞍马，缁徒换友朋。朝餐唯药菜，夜伴只纱灯。除却青衫在，其馀便是僧。"所谓山居，应该也是指庐山草堂之居所。山居尽日激清湍，未许人间俗客看。山居是隐世脱俗的，来客自然也要与之相匹配。颔联之篮舆，指蓝色的登山小轿，缁徒所指代的僧侣，也让人联想起孟浩然《陪张丞相祠紫盖山途经玉泉寺》中"皂盖依松憩，缁徒拥锡迎"的诗句，"丞相"，即张九龄，开元二十五年（737），张九龄贬荆州刺史，孟浩然应辟入幕，诗写孟浩然随张九龄由紫盖山（在湖北当阳南五十里）归当阳途中至玉泉山，天下名山僧占多，不论出行还是隐居，缁徒恐怕都是触目难以无视的吧。

元和十三年（818），白居易仍在江州，所作《蔷薇正开春酒初熟因招刘十九张大崔二十四同饮》诗云："瓮头竹叶经春熟，阶底蔷薇入夏开。似火浅深红压架，如饧气味绿粘台。试将诗句相招去，倘有风情或可来。明日早花应更好，心期同醉卯时杯。"诗题之刘十九，即同年所作著名的《问刘十九》"绿蚁新醅酒，红泥小火炉。晚来天欲雪，能饮一杯无"的邀请对象，两首诗歌虽体式有别，而诗意正相关联。七律那首的首联所谓瓮头，指刚刚酿就初熟的酒。让人联想起孟浩然《戏赠主人》那首短诗："客醉眠未起，主人呼解醒。已言鸡黍熟，复道瓮头清。"客人醉眠，忽听主人呼喊解酒。刚说过饭菜已熟，可以吃，又说刚酿制的酒很清澈，可以喝了。同样是热情邀酒的主题，同样是诙谐谐笑的口吻，用语之平易如话，信手拈来，乘兴而作，甚至也很接近。末联的"明日早花应更好"，更令人不免想起孟襄阳名作《过故人庄》的结尾"待到重阳日，还来就菊花"！

在江州，白居易不仅留下对孟襄阳的无限怀思，也留下供后人凭吊的琵琶亭。清代大诗人袁枚（1716—1798）路过此地，曾写下《琵琶亭吊唐蜗寄榷使》：

> 一曲琵琶白傅赏，千秋过者犹闻响。远望孤亭枕大江，诗人来去都停桨。蜗寄先生抱古欢，来持英蕩守江关。洒浙谚台留古迹，多增朵殿对庐山。老去风情尤娓娓，八墨三儒来者喜。懒征商税爱征诗，满亭铺遍研光纸。一纸诗投两手迎，敲残铜钵几多声。姓名分向牙牌记，宾主重申缟纻情。酒赋琴歌听不足，风警晨乌夜秉烛，才子高擎鹦鹉杯，侍儿争进防风粥。贱子当年系短桡，也曾援笔赋鹢鶒。东方兽锦筵前夺，平一宫花鬓上标。身世悠悠五十载，黄垆白社人谁在。侍史屏风草尽生，碧纱笼壁风吹坏。非关台榭有凋荒，可奈骚坛少主张。岘首碑移羊叔子，鹿门亭毁孟襄阳。落日凭栏一白头，荻花风里再来游。关心别有山阳恨，不听琵琶泪亦流。①

诗题中的唐蜗寄榷使，是一位适与白乐天同寿的清代九江关督——

---

① 《小仓山房诗集》卷三十，周本淳标校本《小仓山房诗文集》第2册，第842—843页。

沈阳人唐英，他不仅捐俸重葺琵琶亭，自撰大量琵琶亭诗，还在琵琶亭壁间左右皆悬诗板、置笔砚，以征游人过客题咏，后辑为《辑刻琵琶亭诗》一卷，可谓风雅长留。乾隆八年（1743）琵琶亭修成，唐英喜撰《春游琵琶新亭唱和》，序云："琵琶亭，唐白香山遗迹也。在九江榷署之左，相距不里许。历久倾圮，间有古今题咏碑碣，半沦没于寒烟蔓草中，孤亭攲仄，且晚莫支。予司榷江州，数至其地，不忍古迹荒落，因捐俸，新其亭，更创小楼三楹以供登眺。以冬春雨雪，未遽竣工。癸亥二月九日，始得明霁，而楼宇适成，爰偕同事诸君子，泛舟一游，凭栏远瞩，兴会勃然，率成俚语二章，诸君属和。"情绪已经超然于前代琵琶亭诗的悲欢，语调轻松明朗，袁枚《琵琶亭吊唐蜗寄榷使》对这位"懒征商税爱征诗"的官员兼诗人加以凭吊和追慕。其中提到"鹿门亭毁孟襄阳"，袁枚原注云："前供香山遗像，拆去，改立戏台。"看来在袁枚心目中，白香山之于江州琵琶亭，正如同孟浩然之于襄阳鹿门亭，都是不可替代的文化符号。

元曲大家马致远（1250？—1321？）在杂剧《江州司马青衫泪》里，专门设置了一位虚构的翰林院编修孟浩然，让他与剧中的所谓吏部侍郎白居易同朝为官，闲暇时候，一起去访教坊司妓女裴兴奴。第一折中〔滚绣球〕还写道："你文章胜贾浪仙，诗篇压孟浩然。"[1] 这既与他曾写过《风雪骑驴孟浩然》杂剧有关，恐怕也源自马致远心目中，白香山与孟襄阳颇多相似与关联之处。持同样认识

---

[1]　见明万历刻本《元曲选》第 3 册，中华书局 1958 年版；《全元戏曲》第二卷，人民文学出版社 1999 年版。按，白居易盖由中书舍人贬江州司马，既未为侍郎，亦未尝为吏部。孟浩然为开元、天宝时人，相去悬绝。此为杂剧家之虚构。

的，除上引清人黄培芳《粤岳草堂诗话》所云"孟襄阳、白太傅俱不着一字"之外，还有曾国藩（1811—1872）在其《家书》论"古人风范"中云："以诗言之，必先有豁达光明之识，而后有恬淡冲融之趣；如李太白、韩退之、杜牧之，则豁达处多，陶渊明、孟浩然、白香山，则冲淡处多。"①

确实，白香山对孟襄阳的接受，不在诗文中一词一句的点化或模仿，主要是在风格气度的学习。孟襄阳诗洗脱凡近，"语淡而味终不薄"②，表现出很高的艺术功力。这也正是白居易及其白体诗所追求的至境。在这一点上，孟浩然的同乡、晚唐著名诗人皮日休（834？—883？）最有发言权，因为他同时也是白居易的粉丝。其《七爱诗》序云："皮子之志，常以真纯自许。……为名臣者，必有真才，以白太傅为真才焉。"《七爱诗》第一首即《白太傅》，诗云："吾爱白乐天，逸才生自然。谁谓辞翰器，乃是经纶贤。欻从浮艳诗，作得典诰篇。立身百行足，为文六艺全。清望逸内署，直声惊谏垣。所刺必有思，所临必可传。忘形任诗酒，寄傲遍林泉。所望标文柄，所希持化权。何期遇訾毁，中道多左迁。天下皆汲汲，乐天独怡然。天下皆闷闷，乐天独舍旃。高吟辞两掖，清啸罢三川。处世似孤鹤，遗荣同脱蝉。仕若不得志，可为龟镜焉。"③皮日休早年隐居襄阳鹿门山，曾撰有《郢州孟亭记》，其中称孟浩然："遇景

---

① 《同治三年三月二十四日致沅弟》，《曾国藩全集·家书》（修订本），岳麓书社2011年版，第958页。

② （清）沈德潜：《唐诗别裁集》卷一。

③ 《皮子文薮》卷十，萧涤非、郑庆笃整理本，上海古籍出版社1981年版，第106页。

入咏，不拘奇抉异，令龌龊束人口者，涵涵然有干霄之兴。"①白居易从孟襄阳那里学到的，正是这种风范，在白描中见锤炼之致，经纬绵密处却似不经意道出。

元诗大家虞集还曾提到，有人甚至难辨某句诗究竟是孟浩然之作，还是白居易之作。虞集《梦旧游诸友》序云："三月三日午后，隐几梦馆阁，诸旧游存没参坐（半），陈众仲举杯相向曰：'旅甚思公亦知公之深思旅，但不得见尔。记得有诗六首，其末句云：万死起俄忽，只是一思忆。是孟浩然作为？是白居易？'予曰：'殆是孟诗，但不记得。'感动而觉，是年夏，闻陈亡。"②清代诗歌里，也有将白乐天、孟浩然二人捉对并提者，如华亭（今上海松江）人徐基《贺汪钧笙六十双寿》诗云："能诗能酒白乐天，无慕无怀孟浩然。"③高要（今属广东肇庆）人彭泰来（1790—1866）《湖上望庐山醉歌》亦云："吟诗吾怜孟浩然，草堂亦爱白乐天。"④

孟浩然诗于清秀清芬之外，亦有艳丽的一面。如《美人分香》：

> 艳色本倾城，分香更有情。鬓鬟垂欲解，眉黛拂能轻。舞学平阳态，歌翻子夜声。春风狭斜道，含笑待逢迎。

---

① 见《全唐文》卷七五九。所谓孟亭，据《新唐书》卷二〇三《文艺传》下《孟浩然传》载："初，王维过郢州，画浩然像于刺史亭，因曰'浩然亭'。咸通中，刺史郑诚谓贤者名不可斥，更署曰'孟亭'。"

② 《道园遗稿》卷一，《文渊阁四库全书》本。

③ 《十峰集》卷二，《四库全书存目丛书》影印清康熙刻本。

④ 《晚晴簃诗汇》卷一百二十九。

这里的分香，并非用曹操分香卖履之典。① 是用其原意，指用手把香炷掰开。古代手工制香，香条多粘连一起，干燥之后需要一支一支分开。这事多由妇女去做。诗写一位美艳倾城的女子，可以摹习《子夜》曲调之歌喉，身怀平阳公主歌舞之妙技，站在春风里，站在狭斜道上，含带笑意待逢迎，而分香令其更觉有情。这位以清淡闻名于世的山水田园诗人，也有艳丽风流的一面，难怪他的晚辈李白《赠孟浩然》曾云："吾爱孟夫子，风流天下闻。……高山安可仰，徒此揖清芬。"后来白居易与其好友元稹一道，写有大量艳情诗，仅《才调集》所选白诗就有27首，元诗更多达57首，成为元白体重要的题材，推动了艳情之风在中唐诗坛的独成一支一流，以致晚唐李戡有"纤艳不逞"的指责。② 是真名士自风流，在这一点上，白香山与孟襄阳不无相仿之处。此外，白居易在香道文化方面的独特贡献，此不赘述。

四

综而述之，孟襄阳之于白香山，从彼此区别、相互比较的角度看，代表着盛唐与中唐诗人的不同风范，而从影响与接受的角度

① 东汉末，曹操造铜雀台，临终时吩咐诸妾："汝等时时登铜雀台，望吾西陵墓田。"又云："余香可分与诸夫人。诸舍中无为，学作履组卖也。"《文选》卷六十陆士衡（机）《吊魏武帝文序》："而见魏武帝《遗令》……又曰：'吾婕好妓人，皆著铜爵台……'又云：'余香可分与诸夫人，诸舍中无所为，学作履组卖也。'"后以"分香卖履"喻临死不忘妻妾。

② 详见陈才智：《元白诗派研究》，社会科学文献出版社2007年版，第六章第二节"元白体创作分析"。

看，却有着千丝万缕的联系。嘉庆年间熊荣《谭诗管见》提出：

> 学律诗者必以唐为宗主，于唐又必以盛唐为师法。初唐如张曲江、陈拾遗、魏郑公，以及王杨卢骆，气象裔皇，规模壮阔，实开一代之风气，然以律体衡之，不如乱头粗服之讥。盛唐则春容大雅，细意熨帖，不独李太白、杜少陵、孟襄阳、岑嘉州、王摩诘、高达夫等，卓然千古，其馀亦俱有温润和平，晶融严密之致。盖一时之气运使之然也。中唐钱刘、韩柳、元白，整赡高华，不亚盛唐，但其气味微嫌薄弱，不能如李杜、高岑、王孟之深厚耳。晚唐如李义山、杜牧之，力追工部，非不树词坛之帜，登大雅之堂，然饾饤末学，虽极繁富，终乏骨力。自桧以下，更无讥焉。①

如果仅就诗歌史发展而言，这位新建（今属江西）处士的上述评说，不能不说是颇中肯綮。不过，在以上述评说为代表的四唐范畴笼罩下的唐诗史评论里，往往遮蔽或忽视了前辈与后辈、大家与名家之间的互动联系，也即以上提到的彼此影响与接受的视角。当然，在孟襄阳之于白香山之外，还有很多例子。本文只能算是微意初发，离洞庭始波还远，但希望可以得到大家的留意。

（陈才智，中国社会科学院文学研究所）

---

① 张寅彭选辑，吴忱、杨焄点校：《清诗话三编》，上海古籍出版社2014年版，第2233页。

盛唐襄阳山水田园诗派

高新伟

文学流派的形成有两种情况，一是当事人有明确的文学主张，有明确的结社意识，公开宣称结成的文学流派；二是当事人根本没有意识到他们就是一个文学流派，只是后人在研究这一时期或这些作家的时候，发现他们的创作内容和表现方法相近，就将他们归纳总结成一个流派，这种情况在中国文学史上大量存在。

既然文学流派可能是后人总结归纳界定出来的，那么我们认为在盛唐时期的襄阳，以孟浩然为首的一批襄阳籍作家，在创作题材和风格上有一定的相似性，我们不妨称之为襄阳山水田园诗派。这个诗人群体展示了唐代襄阳的诗性文化氛围，显现了襄阳人的笃学好文。

一、襄阳山水田园诗派的代表作家作品

以《全唐诗》文本为基础，参照新旧《唐书》、《唐才子传》、《唐诗纪事》等史料，结合孟浩然生平交游的考证，我们可以考证出盛唐襄阳山水田园诗派有以下代表作家：孟浩然、张子容、王迥、丁凤、辛之谔、王士源、袁瓘、张轸等。

这个流派无疑是以孟浩然为核心人物的。孟浩然是盛唐诗坛年辈较长的一位诗人，他比王维、李白、杜甫、高适、岑参都要大。孟浩然的人品诗品很受时人赞誉，李白《赠孟浩然》云："吾爱孟夫子，风流天下闻。"杜甫《解闷十二首其六》云："复忆襄阳孟浩然，清诗句句尽堪传。"《全唐诗》收孟浩然诗两卷[1]，《全唐诗补编·补全唐诗》补录一首[2]，《补逸》复出一首，《续拾》补六句。孟浩然对唐诗的贡献有二，其一是开创了盛唐山水田园诗派，陶渊明开田园诗之先，谢灵运肇山水诗之始，至孟浩然则将二者有机融入一体，并和王维等诗人一起，使山水田园诗派在盛唐足可与边塞诗抗衡，而成为唐诗史上一个重要的诗歌流派。其二，孟浩然山水田园诗以优美的意境丰富了唐诗的审美内涵，为唐诗追求意境美积累了丰富经验，孟浩然诗固然有雄浑、壮逸之作，然而其主体风格是清幽淡雅，质朴自然，其写景很少设色敷彩，浓妆艳抹，大都以素淡出之，清幽闲淡，其语言多用平常

---

[1] （清）彭定求编：《全唐诗》，中华书局 1960 年版。

[2] 陈尚君编：《全唐诗补编》，中华书局 1992 年版。

语，没有华丽的辞藻，"语淡而味终不薄"①，其情感清高脱俗，多含方外之情，却无半点宗教气息，禅林道观与自然山水融为一体，清静空灵，淡雅素朴，具有很高的审美价值。此外，孟浩然以其轻灵妙笔描绘了"襄阳美会稽"的秀美风光，展现了醇厚清新的农村气息，他是襄阳人的骄傲，也是襄阳风光民俗的有力宣传者。

张子容，襄阳人，与孟浩然有通家之好。生卒年不详，行八，孟浩然有诗《晚春卧病寄张八子容》、《永嘉上浦馆逢张八子容》。早年隐于白鹤山，孟浩然有诗《寻白鹤岩张子容隐居》。后又与孟浩然一同隐居鹿门山。景云三年，进士及第，孟浩然有诗《送张子容进士赴举》。开元中任晋陵尉，孟浩然有诗《登岘山亭寄晋陵张少府》，后贬为乐城尉，孟浩然漫游越中，两人相与酬唱，孟浩然有诗《登岘山亭寄晋陵张少府》、《除夜乐城逢张少府》、《岁除夜会乐城张少府宅》、《越中送张少府归秦中》、《永嘉别张子容》。张子容后弃官归乡隐居，孟浩然有诗《同卢明府饯张郎中除义王府司马海园作》、《卢明府早秋宴张郎中海园即事得秋字》、《同卢明府早秋宴张郎中海亭》、《张郎中梅园作》、《同张明府碧溪赠答》、《秋登张明府海亭》、《和张明府登鹿门山作》、《寒夜张明府宅宴》。安史之乱时，张子容尚在人世。张子容善五言律，"兴趣高远，略去凡近，当时哲匠，咸称道焉"②（《唐才子传》卷一），诗风与孟浩然相近。芮挺章《国秀集》选录其诗二首。③《唐才子传》云"有诗集"，然

---

① （清）沈德潜编：《唐诗别裁集》，上海古籍出版社1979年版。

② 傅璇琮编：《唐才子传校笺》，中华书局2002年版。

③ （唐）令狐楚等选编：《唐人选唐诗·国秀集》，昆仑出版社2006年版。

《新唐书·艺文志》及宋人书目均无著录。《全唐诗》卷一一六编其诗为一卷，《全唐诗补编·续拾》卷一一补诗一首。生平事迹见《唐诗纪事》卷二三^①、《唐才子传》卷一。

王迥，襄阳人，生平不详，行九，号白云先生，别号巢居子，故又称王九、王白云。曾隐于鹿门山，与孟浩然友善，往来甚密，《孟浩然集》中以下诗都提及王迥，《登江中孤屿赠白云先生王迥》、《白云先生王迥见访》、《上巳洛中寄王九迥》、《鹦鹉洲送王九之江左》、《同王九题就师山房》、《春中喜王九相寻》、《赠王九》、《游精思观回王白云在后》。《襄阳府志》卷二十六《耆旧》有传。^②《全唐诗》存其诗一首。

丁凤，姓丁名凤，排行老大，故又称丁大或丁大凤。襄阳人，乡贡进士，孟浩然好友，生平不详，事迹见于王辉斌《孟浩然研究》。孟浩然有诗《宿业师山房待丁大不至》、《送丁大凤进士赴举呈张九龄》。丁凤存文一篇，即《唐文拾遗》卷二十一著录的《唐故河南府参军张君墓志并序》^③，是其为张柬之的孙子张轸所写墓志。

辛之谔，一作辛谔、辛鄂、辛之鄂，均误。字灵仲，行大，襄阳人，生平不详，曾隐于襄阳汉水之西，也曾入京应举，无果。他是孟浩然的好友，孟浩然有诗《西山寻辛谔》、《都下送辛大之谔》、《送辛大之鄂渚不及》、《夏日南亭怀辛大》、《都下辛大之谔》、《张七及辛大见寻南京醉作》。两《唐书》无其传记，《全

---

① （宋）计有功辑撰：《唐诗纪事》，上海古籍出版社 2008 年版。
② 乾隆襄阳府志点校整理本工作委员会：《襄阳府志》，湖北人民出版社 2009 年版。
③ （清）陆心源：《唐文拾遗》，中华书局 1983 年版。

唐诗》、《全唐文》亦无其作，唯《新唐书·艺文志》著录其《叙训》二卷①，徐松《登科记考》卷七，据之考订辛之谔开元十七年（729）因上《叙训》二卷而授长社尉。②清《襄阳县志》引《南雍州记》云："辛居士，字灵仲，隐居于襄阳汉水之西，结庐竹林中。"③事迹见于《襄阳县志》、《孟浩然研究》。

王士源，宜城人，幼好名山，十八岁后，游恒山、苏门、太行、王屋、终南等山，采药习隐，不问世事。天宝九年，玄宗下诏求《庚桑子》不获，时王士源隐于终南山，乃取诸子文义相类者补其亡，成《亢仓子》九篇。四载应诏入京，讨论《亢仓子》，始知故友孟浩然去世，乃敷求四方，得其遗诗，编成《孟浩然集》四卷。《全唐文》存其文一篇，即其为《孟浩然集》所写的序，是孟浩然生平研究的重要资料。

袁瓘，生卒年不详，行三，祖籍襄阳，迁居宋州（河南商丘），与孟浩然、储日曦友善。玄宗时，曾任左拾遗，故又称袁拾遗。孟浩然曾到洛阳寻访袁瓘，而袁瓘已贬官岭南，孟浩然写诗《洛中访袁拾遗不遇》，后来孟浩然又到岭南寻访，而袁瓘又遇赦而归授太祝之职，孟浩然写诗《南还舟中寄袁太祝》。开元十一年（723），孟浩然在长安与袁瓘重逢，不久，袁瓘调任赣县尉，孟浩然写诗《送袁太祝尉豫章》。开元十四年（726），惠文太子薨，袁瓘撰有挽词。事迹见于《元和姓纂》卷四、《唐诗纪事》卷二十、《全唐诗》小传、王辉斌《孟浩然研究》。《全唐诗》存其诗二首。

---

① （宋）欧阳修、宋祁著：《新唐书》，中华书局 1999 年版。
② （清）徐松撰：《登科记考》，中华书局 1984 年版。
③ （清）杨宗时原修：《襄阳县志》（同治版），影印本。

张轸，张柬之孙，能文，襄阳同乡丁凤称其"变风雅之篇什，禀江山之清润"。有集三卷，今佚。《全唐诗》存其诗一首。

孟浩然诗集中还记载有袁十、朱去非、孟洗然、孟邕、张漪、张飈等襄阳人，但是一无作品传世，二无文事活动的记载，只能认定他们与孟浩然有交往，但不一定就是这一文学流派中的人，这里就不多议。

再有就是，贾昇开元前后任襄阳主簿，孟浩然有诗《和贾主簿昇九日登岘山》、《送贾昇主簿之荆府》，但贾昇无作品传世。卢僎，曾任襄阳县尉、襄阳县令，与孟浩然为忘形之交，曾与孟浩然一起为襄州刺史韩思复立碑于岘山，孟浩然有诗《和卢明府送郑十三还京兼寄之什》、《陪卢明府泛舟回作》、《卢明府九日岘山宴袁使君张郎中崔员外》、《同卢明府饯张郎中除义王府司马海园作》、《卢明府早秋宴张郎中海园即事得秋字》、《同卢明府早秋宴张郎中海亭》，这六首涉及的卢明府，均指卢僎。[1] 卢僎擅诗，《国秀集》收其诗十三首，为入选诗人之冠，但观其十四首存诗，似乎都不是在襄阳期间创作。故而此二人亦不计入。

综上所述，有作品传世或有文事记载的文人有孟浩然、张子容、王迥、丁凤、辛之谔、王士源、袁瓘、张轸八人，这大概就是这个流派的成员。

---

[1]　王辉斌：《孟浩然研究》，甘肃人民出版社2002年版，第75页。

二、襄阳山水田园诗派诗歌的共同特点

解读这些作家的作品，考证这些作家的生平，发现盛唐襄阳山水田园诗派有以下特点。

（一）大都有过隐居的经历

上述考证出的这一流派的八人中，孟浩然布衣终身，自不必说。张子容虽做过官，但早年隐于白鹤山，后又与孟浩然一同隐居鹿门山，最后弃官归乡隐居。王迥号白云先生，别号巢居子，从名字看就知道是个隐士，而他确实也与孟浩然一起隐于鹿门山。清《襄阳县志》引《南雍州记》载辛之谔"隐居于襄阳汉水之西，结庐竹林中"①。给孟浩然编纂诗集的王士源曾隐于终南山。八个人中，有五人有确切记载曾经隐居过，余下三人丁凤、袁瓘、张轸只是生平不详而已，不排除也曾有过隐居的经历。真所谓物以类聚，人以群分，这些人大都有过隐居的经历。这种经历必然会影响到他们的审美趣味和创作倾向，而这正是他们成为一派的客观基础。

（二）作品以山水田园诗为主，也有散文著作

上述考证出的这一流派的八人中，孟浩然存诗二百六十首左右，张子容存诗十九首，王迥存诗一首，丁凤存文一篇，王士源存《亢仓子》九篇和一篇《孟浩然集序》，《新唐书·艺文志》著录辛

---

① （清）杨宗时原修：《襄阳县志》（同治版），影印本。

之谔《叙训》二卷，袁瓘存诗二首，张钤存诗一首。

这其中，王士源的《亢仓子》，以论道为中心，分为《全道》、《用道》、《政道》、《君道》、《臣道》、《贤道》、《训道》、《农道》、《兵道》九篇，多方发挥老子思想。辛之谔的《叙训》失传，但《新唐书·艺文志》将其放在子书中，可以断定并非文学作品。除此之外，是二百八十多首诗歌，两篇散文，这大概就是这个流派现存的全部作品，显而易见是以诗歌为主。

（三）艺术水平不一，以孟浩然和张子容成就最高

单从作品数量上看，孟浩然和张子容无疑是这个流派中作品最多的，而在艺术成就方面，两人的艺术成就也是最高的，孟浩然"五言诗，天下称其尽美矣"（王士源《孟浩然集序》）[①]，张子容被评为"兴趣高远，略去凡近，当时哲匠，咸称道焉"（《唐才子传》卷一）。其他的，王迥的《同孟浩然宴赋》写道"屈宋英声今已止，江山继嗣多才子。作者于今尽相似，聚宴王家其乐矣。共赋新诗发宫徵，书于屋壁彰厥美"，这是一首宴饮诗，写宴饮的雅兴，并不见新奇。袁瓘的两首诗，《惠文太子挽歌》是首挽歌，难见真情；《鸿门行》是首边塞诗，深刻地揭露了军队的黑暗与藩镇的危害，有较大的意义，遗憾的是数量有限，难见其诗歌水平。

（四）题材上以山水诗、田园诗和酬赠诗为主

孟浩然二百六十首诗歌中除了部分言志诗外，大致可分为两大

---

① （清）董诰：《全唐文》卷三七八。

类：山水诗和田园诗。孟浩然诗歌中数量最多的是山水诗，他的山水诗善于表现大自然清幽的景象，如《宿业师山房待丁大不至》、《夜归鹿门山歌》等；也有雄浑壮阔的一面，如《临洞庭湖赠张丞相》中描写洞庭湖"气蒸云梦泽，波撼岳阳城"，《彭蠡湖中望庐山》中描写飞峙大江边的庐山，《与颜钱塘登樟亭望潮作》中描写的潮水，《下赣石》中描写的赣石，等等。孟浩然的田园诗数量远远少于山水诗，但也很有特色，体现在三个方面：一是善于描写清新秀丽的田园风光，如《过故人庄》；二是有意学习陶渊明的做法，抒写了诗人和农民共同劳动、相互交往的情景，如《采樵作》、《田家元日》；三是在田园风光中融入自己的隐居生活，如《东坡遇雨率尔贻谢南池》。

张子容的十九首诗歌，题材内容上可以分为两类：山水诗和酬赠诗。与孟浩然既有山水诗，又有田园诗不同，张子容只有山水诗，而没有田园诗；再者，可能是因为诗歌总量有限，也可能是个人审美偏好所致，张子容山水诗并没有孟浩然山水诗壮逸的一面，而都是描写清幽境界，如《春江花月夜二首》、《泛永嘉江日暮回舟》、《永嘉作》、《璧池望秋月》，等等。张子容在他的山水诗中还时不时地发泄他被贬的苦闷，如《永嘉作》写永嘉偏荒、多雨、炎瘴的恶劣环境，寄托着自己被贬的悲苦之感。张子容的酬赠诗有一个值得注意的地方就是有四首是写给孟浩然的，几乎占了他的酬赠诗的一半；我们知道孟浩然的诗集中也有数首写给张子容的诗歌，足见张子容和孟浩然关系的亲密。张子容在他的诗歌中将孟浩然比作孟嘉（《除夜乐城逢孟浩然》"高才得孟嘉"），比作习凿齿（《乐城岁日赠孟浩然》"更逢习凿齿"），足见张子容对孟浩然才华的钦佩，张子容还表达了与孟浩然一起归隐的愿望（《送孟八浩然归襄阳》"因怀故园意，归与孟家邻"），最终他也确实回到故乡襄阳与孟浩然比邻而居。

（五）风格清旷淡雅，语言清新

孟浩然的诗歌虽然有壮逸的一面，但还是以清空淡雅为主要艺术风格，他善于用朴素的语言描写平淡的景物，创造出了一个高远清幽的境界，表达一种淡然的情感和诗意，体现出清空淡雅的风格。孟浩然诗歌的语言没有王维诗那样色泽鲜丽、精致秀润，却有朴素自然、闲淡疏朗的韵致，他多用白描手法，以求保持诗歌的本色。

张子容的诗歌同样以清空淡雅为主要风格，我们以《璧池望秋月》为例来看看张子容诗歌的特色："凉夜窥清沼，池空水月秋。满轮沉玉镜，半魄落银钩。蟾影摇轻浪，菱花渡浅流。漏移光渐洁，云敛色偏浮。似璧悲三献，疑珠怯再投。能持千里意，来照楚乡愁。"该诗写秋夜时分，学宫前璧池中的月影，首先写水中月的静景，月圆时如玉镜，月缺时如银钩；接着写动景，月影在轻浪中晃动，波浪像在镜面上流过，夜深了月影更加亮洁，浮云掠过时月色变暗；再后由光洁的水中月想到了珍贵的和氏璧和随侯珠；最后沉浸在思乡愁绪之中，诗歌用铺叙的手法多角度描写水中月的美景，意境空灵，诗思飘渺，情景交融，代表着张子容山水诗的特点。

综上所述，在盛唐时期的襄阳，存在着以孟浩然、张子容为代表的一群襄阳诗人，他们大都有过隐居的经历，相互交流唱和，写下了一批山水田园诗歌，风格清旷淡雅，语言清新，为唐代诗坛作出了贡献，也彰显了襄阳的人文魅力，我们不妨称之为襄阳山水田园诗派。

（高新伟，湖北文理学院文学院）

孟浩然诗歌的内在情韵及其经典化历程

吴振华

孟浩然是盛唐山水田园诗派的重要代表，也是古代隐逸诗人的典范，他在文学史上的影响是双重的，即一方面他的作品中那股清绝的气象和那种冲澹的风格赢得后人的钦佩与模仿；另一方面他为人处世的高雅闲静又深受人们的景仰，他的为人与诗歌达到了高度且完美的统一，以致闻一多先生无限感慨地说："这与其说是孟浩然的诗，不如说是诗的孟浩然"（《唐诗杂论·孟浩然》），即认为孟诗是一种带有无可移易的孟浩然独特标志性的东西。这种人与诗的相融，既是人们追求的最高境界，也是文学史上的独特现象，因为很多人的人品与作品是割裂的，像潘岳能写出高情千古的《闲居赋》，却因热衷功名利禄而谄媚权贵以至于去"拜路尘"，当然受人诟病。那么孟浩然其人其诗到底是靠什么东西吸引人们敬仰的目光和沉醉的心灵呢？我认为这就是孟浩然及其诗歌的内在情韵，即为人追求雅韵、为诗追求真情。

一、孟浩然为人追求古雅清韵

孟浩然虽然是盛唐诗人，但激荡奋进的时代精神却似乎并没有在他身上发挥明显的作用，反而让他追求一种闲静古雅的韵味。他生活在当代，却常常遥思古人，他的行为举止也多以古人为准，尽管红尘繁杂纷扰，他却心存古念。他的同乡王士源这样描述他的为人："骨貌淑清，风神散朗。救患释纷，以立义表，灌蔬艺竹，以全高尚。交游之中，通脱倾盖，机警无匿。学不为儒，务掇菁藻；文不按古，匠心独妙。"（《孟浩然集序》）这段话的意思是说，孟浩然这个人从形貌到精神都给人风清骨峻、闲静明澈的感觉，有一种爽朗旷达、洒脱不羁的风韵；他一方面救济他人的患难，乐于解决乡邻之间的纠纷，树立崇尚道义的标格，颇有当年鲁仲连救人急难却不求回报的战国策士风采；另一方面他又隐居独处，以灌溉田园、种菜修竹来培养自己高尚的操守。在交游方面，他与朋友交往是白头如新、倾盖如故，既感情真挚永不改变，又不存机心，襟怀坦荡，更无拘无束，无所欲求。在学问方面也实践这种通脱自在的风格，既不为儒学一家思想所羁绊，又务求汲取各种古代文化的精华；在创作方面也不受传统的束缚，而是一任内心独诣的率性本真的自由发挥。如果联系宋人葛立方《韵语阳秋》中记载的王维给孟浩然画像的赞语"襄阳之状，顾而长，峭而瘦，衣白袍，靴帽重戴，乘款段马，一童总角，提书籍，负琴而从，风仪落落，凛然如生"，则更加强化了孟浩然给人"骨貌淑清，风神散朗"的印象。这种印象用一个词来概括就是颇具"雅韵"。

孟浩然的一生没有经历过宦海沉浮的大风大浪，也没有经历过安史之乱那般血雨腥风的天荒地变，他在四十岁之前主要在家乡隐居读书，采樵垂钓，或与知音好友弹琴赋诗，悠游山水。他的《寻白鹤岩张子容隐居》说："白鹤青岩畔，幽人有隐居。阶庭空水石，林壑罢樵渔。岁月青松老，风霜苦竹疏。睹兹怀旧业，携策返吾庐。"写的就是一时真实的情境和真切的感受，一方面刻画好友张子容隐居地的幽静闲寂的景象：白鹤岩的青岩边，幽人居处前的河水与钓台空寂无人，山林涧壑也没有打柴钓鱼者的身影，庭院里高耸入云的青松在孤寂的岁月中逐渐变得苍老，那片丛生的、几经风霜欺凌的苦竹因缺少主人的照料而变得荒凉稀疏，一切都呈现出人去物衰的苍凉况味。对孟浩然来说，从前与好友隐居山林、弹琴赋诗、躬耕渔樵、笑傲烟霞的日子已经随着友人的离去永远消逝了。另一方面则抒发了自从好友从宦之后，自己依然不愿追求功名而甘心隐居遁世的人生理想。孟浩然这种怀抱"经济策"却依然"返吾庐"的选择，来自他对襄阳隐逸名流庞德公人生归趣的追慕，他的《登鹿门山怀古》云：

> 昔闻庞德公，采药遂不返。金涧养芝术，石床卧苔藓。纷吾感耆旧，结缆事攀践。隐迹今尚存，高风邈已远。白云何时去，丹桂空偃蹇。探讨意未穷，回舻夕阳晚。

据《后汉书》载，这位庞德公是东汉襄阳人，尝隐居岘山，不入城市，与司马徽、诸葛亮为友，刘表几次以礼延引，皆不就，后携妻子入鹿门山采药，遂不返。庞德公的归隐不仕，是由于生当乱世，既不能有所作为又不愿身染尘世的污泥浊水，遂隐遁避世以保全性命姑且保持高洁的操守。而孟浩然则不同，他出生在一个和平稳定并逐渐走向昌明鼎盛的年代，沐浴着盛世的雨露阳光，受到蒸蒸日上气象的熏陶，照理说应该激发出干一番事业的宏伟愿望，而他在一次参加进士应举落榜后便再次选择归隐，用闻一多先生的话来说是"为了一个渊默的理想"而隐居，或许就是人们理解的"以全高尚"吧。在盛唐时期流行隐逸之风的背景下，孟浩然的归隐就有了一种澹然超旷的风韵。

再来看孟浩然的交游，除了上面提到的张子容之外，尚有故乡的辛大（辛谔）、丁大（丁凤）等近乎隐士的朋友，也有朝中的官员"丞相范阳张九龄、侍御史京兆王维、尚书侍郎河东裴础、范阳卢撰、大理评事河东裴总、华阴太守荥阳郑倩之、太守河东独孤册，率与浩然为忘形之交"（王士源《孟浩然集序》）。其中有些名流现在无从考索，但另一些贤达与孟浩然的交往却留下美妙的传说。如对辛大，孟浩然在隐居散发纳凉的夜晚，在欲取鸣琴弹一曲《高山流水》的时候，就油然生发这位知音不在现场的遗憾，以至于"中宵劳梦想"；对丁大，他们曾约定到业师的山房同宿，但丁大没有按时践约，孟浩然就在烟霏弥漫的松萝小径，一面倾听欣赏明月青松下的清峻壮阔的阵阵松涛，一面很耐心地抱着古琴静静地等待，这里都包含着清旷超逸的透脱胸襟。对张九龄，孟浩然一面充满敬仰感激，向他投诗请求推荐，说"欲济无舟楫，端居耻圣明。坐观垂钓者，徒有羡鱼情"，一面又任随本性毅然辞幕归隐，告别官场；对王维，更有藏匿床下巧遇玄宗却不幸被放归的故事①，表现他率真不虚饰的个性；对王昌龄，更是宁可丢掉从宦的前程也不愿放弃与友人的举杯酣饮②，则恰好表现孟浩然的"好乐忘名"。

最后来看看孟浩然平日的生活实况。其《田园作》云："弊庐隔尘喧，惟先养恬素。卜邻近三径，植果盈千树。粤余任推迁，三十犹未遇。书剑时将晚，丘园日已暮。晨兴自多怀，昼坐常寡悟。冲天羡鸿鹄，争食羞鸡鹜。望断金马门，劳歌采樵路。乡曲无知己，朝端乏亲故。谁能为扬雄，一荐甘泉赋。"诗中展现了孟浩然三十岁时隐居田园的境况及慨叹无人引荐的苦衷，尽管居住环境类似于陶渊明的《归园田居》，幽静恬美，果木成荫，但他不甘心只是幽居"养恬素"，因为不遇于世，晨兴昼坐故多感慨，既不能像鸿鹄冲天一般肆志，又不愿像鸡鸭争食那样猥琐，钩心斗角。然而乡曲无知音，朝廷无亲故，即使自己有扬雄那样的才华，也没有人向朝廷推荐啊！由此可见，闭门读书的孟浩然也有年轻人该有的宏大志向，只是苦于没有机会罢了。当然，隐居期间更多是潇洒旷

---

① 《唐才子传》载：维待诏金銮，一旦私邀入，商较风雅。俄报玄宗临幸，浩然错愕，伏匿床下。维不敢隐，因奏闻。帝喜曰："朕素闻其人，而未见也。"诏出，再拜。帝问曰："卿将诗来耶？"对曰："偶不斋。"即命吟近作。诵至"不才明主弃，多病故人疏"之句，帝慨然曰："卿不求仕，朕何尝弃卿，奈何诬我？"因命放还南山。吴按：这则颇富传奇色彩的故事，很多细节都经不起推敲，带有虚构的成分，但表现了孟浩然率真不善矫饰的个性。

② 据王士源《孟浩然集序》：山南采访使本郡守昌黎韩朝宗，谓浩然间代清律，真诸周行，必咏穆如之颂。因入秦，与偕行，先扬于朝。与期，约日引谒。及期，浩然会寮友文酒讲好甚适。或曰："子与韩公预诺而怠之，无乃不可乎？"浩然叱曰："仆已饮矣，身行乐耳，遑恤其他！"遂毕席不赴，由是间罢。既而浩然亦不之悔也。其好乐忘名如此。吴按，据《新唐书·文艺传》这位与孟浩然畅饮的正是故人（王昌龄），这次畅饮后，孟浩然即将痊愈的背疽复发，竟溘然长逝。

逸的情趣，如《洗然弟竹亭》云："吾与二三子，平生结交深。俱怀鸿鹄志，共有鹡鸰心。逸气假毫翰，清风在竹林。达是酒中趣，琴上偶然音。"这是四十岁前隐居时的情景：他与志同道合的几个兄弟，在一起隐居读书，志向高远，情怀高雅，遇兴则欣然赋诗，酣饮畅游，像竹林名士那样，时常随意弹琴作乐，展现的是一种风怀澹荡、率性适意的隐士生活情调。又如《题终南翠微寺空上人房》云："翠微终南里，雨后宜返照。闭关久沉冥，杖策一登眺。遂造幽人室，始知静者妙。儒道虽异门，云林颇同调。两心相喜得，毕景共谈笑。暝还高窗眠，时见远山烧。缅怀赤城标，更忆临海峤。风泉有清音，何必苏门啸。"这是他应举失败隐居终南山时的景象及心情：在长久闭关之后的一个黄昏雨后，杖策登览终南山的翠微寺，体味到道家静处的微妙，感受到儒道在面对自然山水的时候有相同的爱好，在两心相悦、谈笑畅怀之后，展开了对越地名山天台山的向往。最后说享受这大自然的山水清音就很好了，不必学阮籍那样学凤凰鸣叫的长啸，即是说无须刻意做作，一任率真就够了。再加上孟浩然"仟兴而作"的创作方式和他那些具有"清绝"格调的作品，于是孟浩然便成为人们心中的一个韵味十足的雅人形象。

"（神）韵"是一种人生的风度，又是一种审美的况味。

"韵"或"神韵"最早用来论声音的余味，后用来论画中人物的风度，最后拓展到论述一切艺术作品的本质特征。明人陆时雍《诗镜总论》中说：

　　诗被于乐，声之也。声微而韵，悠然长逝者，声之

> 所不得留也。一击而立尽者，瓦缶也。诗之饶韵者，其
> 钲磬乎？①

他认为像瓦缶那样一击而立尽的声音，就没有钲磬那种细微而渺远的余音袅袅的韵味。刘义庆《世说新语》中记载的顾恺之画人物，"或数年不点目睛，人问其故，顾曰：'四体妍蚩，本无关乎妙处，传神写照，正在阿堵中。'"说明眼神对人物精神风貌的重要性，为了传神写照，有时候还要抓住人物最有特色的细节，如"颊上三毫"的典故就是如此。这种既生动形象又带有令人咀嚼、回味不尽的只可意会却难以言说的情态，就是所谓的"韵"。由绘画所写生的人物之"韵"而推向诗歌的"神韵"，就是这种审美倾向的自然延伸。钱锺书先生有《论"神韵"》一篇，认为："谈艺之拈'神韵'，实自（谢）赫始；品画言'神韵'，盖远在说诗之先。"②即是说在以"神韵"论诗之前，"神韵"一词主要是用来论画，且主要用来品评画中的人物是否具有"气韵生动"的特点。钱先生在搜罗大量文献资料后，得出结论说："画之写景物，不尚工细，诗之道情事，不贵详尽，皆须留有余地，耐人玩味，俾由所写之景物而冥观未写之景物，据所道之情事而默会未道之情事。取之象外，得于言表，'韵'之谓也。"③中国古代艺术皆追求这种"神韵"，因此有"取之象外"、"略于形色"、"含蓄"、"隐"、"景外之景"、"余音异味"、"言近意远"、"味外之味"等说法，而"神韵"不外乎情事有不落言筌者，

---

① （明）陆时雍：《诗镜》，任文京、赵东岚点校，河北大学出版社2010年版，第5页。
② 舒展选编：《钱锺书论学文选》第三册，花城出版社1990年版，第120页。
③ 舒展选编：《钱锺书论学文选》第三册，花城出版社1990年版，第125页。

景物有不着痕迹者，只隐约于纸上，俾揣摩于心中。以不画出、不说出示画不出、说不出，犹"禅"之有"机"而待"参"然。故取象如远眺而非逼视，用笔宁疏略而毋细密。①

孟浩然其人有古雅余味，其诗有清逸余蕴，可以说"韵"既是孟浩然个人的本色，也是其诗歌的主要特征。

二、孟浩然诗歌内蕴浑朴真诚

中国古典诗歌向有"言志"与"缘情"两说。以最古老的《诗经》为例，本来古人创作《诗经》文本的时候，是因为内心情感的激荡才诉诸吟咏的，但经过汉儒的政教解释后，诗言情的本质内涵却被掩盖起来。如《毛诗大序》云："诗者，志之所之也，在心为志，发言为诗。情动于中而形于言，言之不足，故嗟叹之，嗟叹之不足，故永歌之，永歌之不足，不知手之舞之，足之蹈之也。"②尽管除了开头谈"诗言志"之外，大部分内容都讲诗是由于内心情感强烈需要通过语言及肢体动作来表达，但人们还是肢解误读了古人的意思，过分强调《诗经》的政治教化功能，还说体现了"温柔敦厚"的诗教。到了初唐，由于统一思想的需要，统治者意欲恢复儒家思想的正统地位，孔颖达遂编《五经正义》，并认为："夫《诗》者，论功颂德之歌，止僻防邪之训，虽无为而自发，乃有益于生灵。六

---

① 舒展选编：《钱锺书论学文选》第三册，花城出版社 1990 年版，第 126 页。

② 孔颖达：《毛诗正义序》，李学勤主编：《十三经注疏（标点本）·毛诗正义（上）》，北京大学出版社 1999 年版，第 6 页。

情静于中，百物荡于外，情缘物动，物感情迁。若政遇醇和，则欢娱被于朝野，时当惨黩，亦怨刺形于咏歌。作之者所以畅怀舒愤，闻之者足以塞违从正。发诸情性，谐于律吕，故曰'感天地，动鬼神，莫近于《诗》'。"① 经过整个唐代的固化，诗经的儒家经典地位遂难以撼动，诗经的文学性逐渐被政教性所掩盖，到了北宋时期，终于出现一批疑经的学者，像欧阳修就撰写《诗本义》，凿开了一扇大门，到南宋朱熹终于彻底恢复了《诗经》的本来面目。他在《诗集传·序》中借回答《诗》何为而作时说："人生而静，天之性也；感于物而动，性之欲也。夫既有欲矣，则不能无思；既有思矣，则不能无言；既有言矣，则言之所不能尽而发于咨嗟咏叹之余者，必有自然之音响节奏而不能已焉。"② 实际上是恢复了《虞书》"诗言志，歌永言，声依永，律和声"③ 对诗歌本质的正确认识。朱熹对解释《诗经》的重要贡献，在于勇敢打破盛行了千年的"诗序"以政教说诗的束缚，确立了从诗篇本身探求本意的解诗思路和原则，因为汉儒解诗，认为"诗序"是孔子、子夏等圣贤所作，因而成为理解诗歌意旨的依据，造成"未读经文先读诗序，序乃有似诗人所命之题，而诗文反若因序而作"（吴徵语《经义考》）的本末倒置现象，由于经典固化带来的思维僵化的影响，《诗经》渐渐从鲜活的创作，变成了某种政治寓意的图解，也变成只能接受、不能批评的教条，

---

① 李学勤主编：《十三经注疏（标点本）·毛诗正义（上）》，北京大学出版社 1999 年版，第 3 页。

② （宋）朱熹：《诗集传》，凤凰出版社 2007 年版，第 1 页。

③ 《诗谱序》所引，孔颖达：《毛诗正义序》，李学勤主编：《十三经注疏（标点本）·毛诗正义（上）》，北京大学出版社 1999 年版，第 5 页。

宋代郑樵首先剥除"诗序"的神秘色彩，指出它不过是经师们解诗时的一种解说。朱熹进一步考证辨析"诗序"得失，第一个彻底摒弃依从"诗序"解诗的传统，恢复《诗经》的文学性本来面目，确立了"情性"为《诗经》主要精神内核，实际上还原了《诗经》最初的抒情本质。

如果将孟浩然放在上述的诗学背景里加以考察的话，显然他不属于言志派系列的，由于其人生经历比较单一平淡，没什么大起大落、大喜大悲的情感起伏，故其诗的内在情感大多处于一种淡雅幽微的状态。那么孟浩然诗歌的情感到底如何呢？

翻开《孟浩然诗集》，我们发现其诗歌题目，除了一部分参与宴聚的送别诗，其余大都是描写田园隐居或旅途的境况，自己有了感慨需要抒发或寄给朋友分享，很少因朋友赠诗而相互唱和，即他的创作具有原发性特征，不是被动性的写作。这些作品中也包含了较为丰富充实的情感，梳理了一下，大致如下。

（一）幽居的孤寂

孟浩然长期隐居读书，其实并不像我们想象的那样潇洒自在，由于受儒家读书入仕、兼济天下思想的影响，他也会在品味孤寂况味的同时，悲叹命运的不偶。如《书怀贻京邑同好》云："维先自邹鲁，家世重儒风。诗礼袭遗训，趋庭沾末躬。昼夜常自强，词翰颇亦工。三十既成立，吁嗟命不通。慈亲向羸老，喜惧在深衷。甘脆朝不足，箪瓢夕屡空。执鞭慕夫子，捧檄怀毛公。感激遂弹冠，安能守固穷。当途诉知己，投刺匪求蒙。秦楚邈离异，翻飞何日同。"他的远祖来自邹鲁的孟子，世代受到儒家思想的影响，饱读诗书，接受庭训，自强不息，工于词翰，但已过而立之年，却命途舛误一事无成，面对双亲日渐衰老，心里很不是滋味，加上自己过着衣食不足、箪瓢屡空的困苦生活，因此不愿固守这种窘况，想干谒求达，希望长安旧友们能够提供帮助，让我能跟你们一起振翮翻飞。诗中回顾了自己的家世和境况，表达了干谒出仕的愿望，但更多还是隐居孤寂难耐的况味。又如《晚春卧疾寄张八子容》：

> 南陌春将晚，北窗犹卧病。林园久不游，草木一何盛。狭逐花障迷，闲庭竹扫净。翠羽戏兰苕，赪鳞动荷柄。念我平生好，江乡远从政。云山阻梦思，衾枕劳歌咏。歌咏复何为，同心恨别离。世途皆自媚，流俗寡相知。贾谊才空逸，安仁鬓欲丝。遥情每东注，奔晷复西驰。常恐填沟壑，无由振羽仪。穷通若有命，欲向论中推。

隐居的孤寂，如果加上疾病的折磨，就会更加难耐。这首诗是寄给好友张子容的，此时子容已经出仕从政了，只有孟浩然还在家乡寂寞隐居，南陌春天将尽，而自己依然北窗卧病，园林草木茂盛，花鸟虫鱼自得其乐，而诗人则只能遥想故友，吟哦别离的诗句。一想到仕途都是"自媚"欺世盗名，而自己孤傲高洁却没有人理解，就不得不悲叹自己空有贾谊的才华，却只能空老山林、双鬓如丝的命运，一腔奔涌的情怀付诸东流，岁月时光飞驰而过，更担心身死名灭，理想无法实现，而这诸般苦况除了对知己倾诉，又能怎样呢？从诗句的字里行间，我们品味到在孟浩然的隐居生涯中，其实包含了对命途不通的深深忧虑，并不是"孤寂"二字能够概括的。也许这才是真正的孟浩然，他的隐居或许是一种无可奈何的选择。

（二）旅居的乡愁

今存孟诗很多是自京洛东游吴越及返回故乡襄阳的作品，由于这类作品是在孟浩然仕进失利又向往归隐的背景下创作的，尽管充满对吴越山水佳境及道教名山的神往，但更多的是对故乡亲人的思念及对隐居故山的怀想。其间充满淡淡却深绵的乡愁。如《宿建德江》：

> 移舟泊烟渚，日暮客愁新。野旷天低树，江清月
> 近人。

旅行免不了餐风宿露，孟浩然东游吴越大部分都是乘船而往，故他的舟行诗特别多，尤其日暮时分，夕阳西下，牛羊入圈，农人归家，正是一天将尽、举家团聚的温馨时刻，也是游子最思念家乡的时候，所以当他在烟岚弥漫的江边沙洲停泊住宿的时候，笼罩在四周的正是绵绵缠绕的乡愁，自己就像旷远原野上的树木，面对高迥无垠的天空，显得如此的孤独渺小，只有江边的一轮明月似乎还是故乡的样子，多少从它身上找到一点故乡的温存。这里的"客愁"是一种笼罩性的普泛性的乡愁。

引起乡愁的缘由很多，有的是独特的月夜行舟的体验。如《宿桐庐江寄广陵旧游》：

　　　　山暝闻猿愁，沧江急夜流。风鸣两岸叶，月照一孤舟。

　　　　建德非吾土，维扬忆旧游。还将两行泪，遥寄海西头。

　　地点还是建德江，时间依然是薄暮，依然有明月相随，但情境由于有猿鸣的渲染，又有风急浪高的惊险，遂有"风鸣两岸叶，月照一孤舟"的独特况味，于是产生了当年王粲登楼时"虽信美而非吾土兮"的感慨，因此要将夺眶而出的两行热泪寄到遥远的"海西头"的朋友，仿佛在朋友们的一番唏嘘感叹中，诗人也寻求到一种虚幻缥缈的慰藉。有时候是独特的时间节点，如《除夜》：

　　　　迢递三巴路，羁危万里身。乱山残雪夜，孤烛异乡人。

　　　　渐与骨肉远，转于僮仆亲。那堪正飘泊，来日岁华新。

　　除夕是中国人的大节日，在举国团聚的时候，诗人却还在三峡漂泊，遂有"羁危万里身"这样的惊人之句。面对乱山残雪的夜晚，与骨肉亲人远隔天涯，只得跟僮仆亲近，那种异乡漂泊的孤独感非常强烈，尤其想到"来日岁华新"的又一元开始，则更添时光流逝、岁月蹉跎的喟叹。

　　有时候是季节寒暖的变换也产生远离家乡的不适感。如《早寒江上有怀》：

　　　　木落雁南度，北风江上寒。我家襄水曲，遥隔楚云端。

　　　　乡泪客中尽，孤帆天际看。迷津欲有问，平海夕漫漫。

深秋的清晨，诗人行舟江上，见黄叶飘落，大雁南飞的景象，忽然体会到北风的寒冷，于是情不自禁地思念家乡，而襄阳的山水却远隔在空阔无际的楚云之外，旅居作客他乡，思乡之泪似乎已经流尽了，而自己所乘的一叶孤帆依然在天边漂荡，更加惨沮的是自己还是像当年的孔子那样不知津渡何在，前途依然是一片迷茫，就像眼前的大海一般茫无涯际。这种乡愁中融入了孟浩然追求仕途的失意，遂显得深沉。

有时候久雪遇晴，也会产生乡愁。如《途中遇晴》：

已失巴陵雨，犹逢蜀坂泥。天开斜景遍，山出晚云低。

馀湿犹沾草，残流尚入溪。今宵有明月，乡思远凄凄。

这首诗大概是孟浩然游蜀时的作品，旅途难免遭遇风霜雨雪的困扰，刚刚经历巴陵峡的绵绵苦雨纠缠，谁知又遭遇蜀道的泥泞难行，好容易云散天开，夕阳露出久违的笑脸，在霞光的映照下，山峰从云堆里探出头来，此时身边的花草还沾染着雨水的潮湿，气势减弱的山洪依然奔流不息，今晚的明月将会升上天空，则诗人的思乡之情依然凄切难耐。

这种乡愁除了与旧游友人分享，还需要与亲人们分享。如《入峡寄舍弟》云："吾昔与尔辈，读书常闭门。未尝冒湍险，岂顾垂堂言。自此历江湖，辛勤难具论。往来行旅弊，开凿禹功存。壁立千峰峻，潈流万壑奔。我来凡几宿，无夕不闻猿。浦上思归恋，舟中失梦魂。泪沾明月峡，心断鹡鸰原。离阔星难聚，秋深露已繁。"孟浩然年轻时期生活较为惬意，跟兄弟们闭门读书，从未出远门进行过冒险的活动，但一旦踏入江湖，那种艰辛就难以言表，在三峡的旅行就经历了这种况味，所见的景象是千峰耸立、万壑奔流，几天几夜都能闻到凄厉的猿鸣，引发思乡的归恋，却乡梦难成，遥想兄弟们天各一方，星散难聚，加上深秋的露珠寒冷侵袭肌肤，更是苦不堪言！

（三）仕进的失意

孟浩然闭门隐居也有求仕的愿望，也许在张子容、王昌龄、储光羲等友人的劝说下，终于赴长安应举，干谒贤达，甚至亲见过皇帝，但都以失败告终，尽管没有真正踏上仕途，却对仕进的失意体味很深。如《岁暮过南山》：

> 北阙休上书，南山归敝庐。不才明主弃，多病故人疏。白发催年老，青阳逼岁除。永怀愁不寐，松月夜窗虚。

这是孟浩然开元十六年应举且干谒失败后归隐终南山时的名作，诗中以"北阙（即朝廷）"与"南山（隐居地）"为两极，展开仕进与归隐的矛盾冲突，意欲进取入仕一展怀抱，却因"不才"遭遇明主的抛弃，因"多病"受到朋友的疏远。然而白发日增在催人衰老，又时当年末，真是五情交杂，百感丛生，所以长夜漫漫难以成眠，颇对不起旧山的青松明月，依旧殷勤地空照窗棂，虚吟清澈的松韵。这首诗中包含驰突激荡的情绪，却多以直语、反语、内疚语表达，显得比较含蓄蕴藉。又如《留别王维》："寂寂竟何待，朝朝空自归。欲寻芳草去，惜与故人违。当路谁相假，知音世所稀。只应守寂寞，还掩故园扉。"这是展现归隐与惜别之间的难堪，干谒无果，朝朝空手而归，难耐寂寞，故欲追寻芳草而归去来，又难以割舍与老朋友的深情厚谊，转念一想当今朝廷当道者没有意愿帮助，世间又缺少同道的知音，因此别无选择，只有掩闭柴门姑且忍耐寂寞吧。因为欲突破寂寞的包围而求仕，到最后竟条条路绝不得不回归寂寞，可以看出孟浩然内心深处沉重的愤懑与幽怨。这种情绪在告别京城故交踏上归途的诗作中有更多的表现，如《京还留别新丰诸友》云："吾道昧所适，驱车还向东。主人开旧馆，留客醉新丰。树绕温泉绿，尘遮晚日红。拂衣从此去，高步蹑华嵩。"在"吾道"无法实现的情境下，要拂衣而去归隐嵩山。当风雪阻碍归途时，又高唱："我行滞宛许，日夕望京豫。旷野莽茫茫，乡山在何处。孤烟村际起，归雁天边去。积雪覆平皋，饥鹰捉寒兔。少年弄文墨，属意在章句。十上耻还家，徘徊守归路"(《南阳北阻雪》)，大雪载途、原野苍莽、乡关何在的迷茫感和无颜见江东父老的羞耻感交织在一起，颇见歧路徘徊无所适从的落魄情状。回到家中似乎迫不及待就要发表一份彻底归隐的宣言，这就是《仲夏归汉南园寄京邑旧游》：

尝读高士传，最嘉陶徵君。日耽田园趣，自谓羲皇人。余复何为者，栖栖徒问津。中年废丘壑，上国旅风尘。忠欲事明主，孝思侍老亲。归来当炎夏，耕稼不及春。扇枕北窗下，采芝南涧滨。因声谢同列，吾慕颍阳真。

前四句树立陶徵君作为自己追慕的对象，要做一个沉醉田园乐趣的"羲皇人"，接下来四句忽然一转，说不知为何竟然栖栖遑遑去上国京城追求功名利禄，"忠欲事明主，孝思侍老亲"两句表现忠孝难以两全的矛盾，实际上忠君路绝，也只有回家孝亲了。最后四句声明要扇枕北窗、采芝南涧，追慕许由躬耕田园隐居的淳真。

孟浩然并没有立即实现自己的诺言，而是再次出发，北上洛阳，然后东游吴越。在《自洛之越》中说："遑遑三十载，书剑两无成。山水寻吴越，风尘厌洛京。扁舟泛湖海，长揖谢公卿。且乐杯中物，谁论世上名。"面对三十载书剑无成的不遇境况，要长揖谢公卿，去吴越山水胜境中漫游，学习范蠡扁舟泛湖海，追寻酒中真趣，不再刻意追求什么名利了。实际上诗中还是表现那种难以释怀的政治愤懑。

（四）交游的真诚

孟浩然与朋友交往，注重一个"真"字，展现真性情，抒发真情感，袒露真襟怀，总之以真诚为本，绝不虚饰狡猾、心机难测，给人爽朗豪迈、胸襟坦荡的感受。如名作《过故人庄》：

> 故人具鸡黍，邀我至田家。绿树村边合，青山郭外斜。开轩面场圃，把酒话桑麻。待到重阳日，还来就菊花。

这是最能表现孟浩然平淡真淳风格的作品，题材只是一次平凡的应邀赴宴，而且是普通农家的一顿简朴的鸡黍宴，农家坐落在城郊，四面绿树环合，一抹青山斜斜地依偎在远处的城郭旁边，浓淡相间，相映成趣，农家也是同样的简朴，酒席上除了谈谈农活，更没有什么深奥难测的情事，一切都那么自然随便，洋溢着和平宁静的田园氛围，最后竟然声称重阳节将不请自来地欣赏菊花。平淡真朴的话语中，将诗人与朋友之间毫不虚伪、绝去矫糅的情感表现出来，如一股清澈透明的山泉，默默滋润着人们的心田。在充满机心、尔虞我诈的浊世，这是多么难得的珍贵高雅的情感，也许只有在孟浩然所处的时代才会出现这种"人间有味是清欢"的真诚情感。又如《夏日南亭怀辛大》：

> 山光忽西落，池月渐东上。散发乘夕凉，开轩卧闲敞。荷风送香气，竹露滴清响。欲取鸣琴弹，恨无知音赏。感此怀故人，中宵劳梦想。

这首诗写在一个夏日明月清风的良夜难眠的时候，想念隐居万山的同道好友辛谔的情怀。不过是日常生活中最平常的经历与情感体验，但是孟浩然那看似率然挥洒、毫不经意的描写，却具有耐人咀嚼的味道，那清澈透明的心境与洁净清绝的大自然完美融合，达到了难以言说的诗歌化境。尤其"荷风送香气，竹露滴清响"两句颇有清绝的韵味：夏天的夜晚，水池旁高轩闲敞，沐浴之后高卧凉榻之上，清风徐来，水波不兴，映着月色的荷塘传来阵阵清香，四周是苍翠的凤尾竹，竹叶上的露珠滴落石级上，发出清脆的响声，月光、凉风、荷香、翠竹、清露、脆响，构成一个何等凉爽洁净、清纯高雅的境界。在这般纯净清澈的境界里弹一曲《高山流水》也许最适合孟浩然此时的心境，但缺少知音的鉴赏又是一种难以释怀的遗憾，因此只有诉诸梦境了。且不说朋友收到此诗的感受，单就我们普通读者来说，已经在享受一番心灵圣泉的洗礼了。追求知音的境界，就是孟浩然最具有神韵的体现。

孟浩然的真诚还在送别友人的诗中有生动表现，如《岘山送萧员外之荆州》：

> 岘山江岸曲，郢水郭门前。自古登临处，非今独黯
> 然。亭楼明落照，井邑秀通川。涧竹生幽兴，林风入管
> 弦。再飞鹏激水，一举鹤冲天。伫立三荆使，看君驷
> 马旋。

前四句点明送别的地点及情感特征，暗用江淹《别赋》中"黯然销魂者，唯别而已矣"的典故。接下来四句转入眼前的景象描写：亭台楼阁沐浴在落照的余晖中，田野村庄静静躺在清澈透明的汉水边呈现出秀美的姿容；山风吹来有如管弦奏出美妙的清音，竹林间顿时生发出无限的幽兴。最后四句慰藉行者，祝愿他像鲲鹏展翅那样一飞冲天，而自己则真诚期待朋友再次归来。送别的安慰最忌讳虚词诳语，孟浩然的祝福给人真淳的感觉。

再如《游精思观回王白云在后》云：

> 出谷未亭午，至家已夕曛。回瞻下山路，但见牛羊群。
> 樵子暗相失，草虫寒不闻。衡门犹未掩，伫立待夫君。

这首诗中的王白云当是孟浩然的同道好友，一同游览精思观，孟浩然先回家，却一路在等待他，先是感受到时间的变化，走出山谷的时候还是正午，到家就是黄昏时分，回看下山路上只有归圈的成群牛羊，就是不见友人的踪影，后来连樵人都回家了，甚至草虫也沉静不鸣，进入了夜晚，诗人只能虚掩着柴门，伫立门前翘首等待迟归的朋友，足见何等深情！

总之，孟浩然的诗歌内蕴精诚，像一壶甜润醇厚的老酒，品味起来确实有一股沁人心脾的力量，并带着淡淡的清香和绵长的滋味。

为了应和上述情感状态的表达，孟浩然出人意料地不在构思技巧方面过分用力，反而采取了最简单的线性展开结构，他喜欢运用赋体的叙述、描写和抒情，给人单纯简洁的感受，孟诗靠内蕴的真诚感人。

（1）线性展开的结构

古人说"文似看山不喜平"。作文为诗应该追求结构的波澜起伏、前后呼应、开篇的先声夺人、结尾的袅袅余韵等。其中线性直叙的铺陈展开是最忌讳的，因为缺少艺术化的开合变化。但孟浩然诗歌似乎颠覆了这条艺术的规则，他采用最简单的结构，依然取得了神奇的艺术效果。如《过故人庄》就以接到邀请—赴约途中—把酒话桑麻—最后不请自来的线性结构，来表达没有任何机心的真诚淳朴的友谊，在世态炎凉人心浇薄的环境中，只有这种毫无遮蔽毫不做作的真情才是温暖滋润人心的清泉，诠释了"粗茶淡饭有真味"，"平平淡淡才是真"的至理。又如《宿业师山房待丁大不至》：

夕阳度西岭，群壑倏已暝。松月生夜凉，风泉满清
听。樵人归欲尽，烟鸟栖初定。之子期宿来，孤琴候
萝径。

这首诗抓住一个最富于包孕的时刻，沿着时间的步履缓缓推
进：夕阳西下，群壑昏暗，松间明月送来阵阵清凉，山风吟唱飞瀑
流泉的清歌，让人沉浸在山水的清音中不能自已；接着推进到樵人
与烟鸟，或归家团聚或栖息暖巢，山间的一切都显得那么温馨曼
妙；最后写抱琴在松萝小径上等待知音的践约同宿，这静静的等待
中看不见焦虑与急躁，有的是诗意的期盼和美好的向往，产生余味
隽永的神韵。

还有像《西山寻辛谔》："漾舟寻水便，因访故人居。落日清川
里，谁言独羡鱼。石潭窥洞彻，沙岸历纡徐。竹屿见垂钓，茅斋闻
读书。款言忘景夕，清兴属凉初。回也一瓢饮，贤哉常晏如。"这
首诗写乘船访问好友辛谔的经过，也是按照移步换景的线性结构展
开，面对落日清川的景致，遂生临渊羡鱼的怀想，虚处传神；穿越
石潭的洞穴和弯曲的沙岸之后，忽然出现竹林掩映的岛屿上持竿垂
钓的身影，靠近茅斋又听到了琅琅的诵读声，一个闲适雅致的隐
逸者形象凸显眼前；终于见到了友人遂相与谈笑竟忘记了时间的流
逝，不知不觉就到了傍晚，最后称赞辛谔是像颜回那样的居住陋
巷、箪食瓢饮却不改其乐的安贫乐道者。全诗既充满探寻的乐趣，
又展现了隐者的人格精神境界。有铺垫映衬，有惊疑羡慕，更有高
情逸致，平直的单线展开并没有局限人们诗意的联想。

再如《夜归鹿门歌》："山寺钟鸣昼已昏，渔梁渡头争渡喧。人

随沙路向江村，余亦乘舟归鹿门。鹿门月照开烟树，忽到庞公栖隐处。岩扉松径长寂寥，惟有幽人自来去。"也是按照时间流逝的先后顺序展开，从山寺钟鸣的黄昏景象开篇，描写远处渡口争渡的喧闹和农人沿着沙路归家的景象，来衬托自己乘舟归隐鹿门山的境况，带着一种远离喧嚣尘杂的清旷超逸的气象，接着写鹿门山在明月照耀下，烟霏消散露出本真的面目，再写忽然到了当年庞德公隐居的处所，遂展开伸进远古的历史想象，最后以幽人独自来往于清幽静寂结束，顿生袅袅不尽的余韵。还有前引的《登鹿门山怀古》也是"乘流而来，结缆而登，回舻而返，作针线"①，即按照线性顺序展开，这类例子特别多，《万山潭作》、《题终南山翠微寺空上人房》、《寻香山湛上人》、《登江中孤屿赠白云先生王迥》、《秋登万山寄张五》等，都是运用最简洁最经济的结构，由于内涵至情，遂于平澹中依然能够品尝出隽永的真味。

(2) 多描写远景和虚境

孟浩然诗歌的冲淡格调也与他多喜欢描写远景和虚境有关。孟诗最擅长描写清迥的境界，他的登高临远诗或江行探奇诗，都有这种远景和虚境的描写，使他的诗歌具有真切实景和虚渺幻境相互交融的特色。如《与杭州薛司户登樟亭楼作》：

> 水楼一登眺，半出青云高。帘幕英僚敞，芳筵下客叨。
> 山藏伯禹穴，城压伍胥涛。今日观溟涨，垂纶鱼钓鳌。

---

① 汪洪度评语，见周兴陆辑著：《唐贤三昧集汇评》，凤凰出版社2016年版，第161页。

首联就是远眺之景，写樟亭楼高耸入云的气势，第三联则转入虚境——大禹治水留下的洞穴和翻滚着伍子胥尸骸的波涛，因为两位历史人物的嵌入，遂生虚幻的色彩。孟诗带有"远"、"遥"、"迥"字的诗句很多，如：

> 挂席东南望，青山水国遥。……坐看霞色晓，疑是赤城标。
>
> ——《舟中晓望》
>
> 歇马凭云宿，扬帆截海行。高高翠微里，遥见石梁横。
>
> ——《寻天台山》
>
> 众山遥对酒，孤屿共题诗。僻宇邻蛟室，人烟接岛夷。
>
> ——《永嘉上浦馆逢张八子容》
>
> 照日秋云迥，浮天渤澥宽。
>
> ——《与颜钱塘登障楼望潮作》
>
> 樯出江中树，波连海上山。风帆明日远，何处更追攀。
>
> ——《广陵别薛八》
>
> 天边树若荠，江畔洲如月。
>
> ——《秋登万山寄张五》
>
> 晴明试登陟，目极无端倪。云梦掌中小，武陵花处迷。
>
> ——《登望楚山最高顶》

这些表现眺望的视野中远处的景象，出现在诗中的位置不是很固定，但都对诗歌的意蕴产生深远的影响，有的是烘托渲染气氛，有的是拓展诗歌的意境，有的是展开诗意的联想，总之，这些遥远的景象对孟浩然诗歌清远的意境具有重要的作用，也是所谓"神韵"

的表征。

而虚境则往往产生空灵隽永的韵味，如《晚泊浔阳望庐山》：

> 挂席几千里，名山都未逢。泊舟浔阳郭，始见香炉峰。尝读远公传，永怀尘外踪。东林精舍近，日暮空闻钟。

沈德潜赞美此诗曰："此天籁也。已近远公精舍，而但闻钟声，写'望'字意，悠然远神。"① 洵为的评。从挂席几千里迤逦而来，在泊舟浔阳郭时，终于望见了闻名遐迩的名山——庐山那气势雄伟的香炉峰，这里便是西晋高僧慧远习道隐居的圣地，也是孟浩然灵魂栖息的精神家园，一种凌空飞越的渺远意蕴洋溢在诗句之外，真所谓得"韵外之致"、"景外之景"者也。孟浩然另一首描写庐山的诗说："中流见匡阜，势压九江雄。黯黮凝黛色，峥嵘当曙空。香炉初上日，瀑水喷成虹。久欲追尚子，况兹怀远公。"（《彭蠡湖中望庐山》）描写就变得真切可辨了，虽然也提到远公，但显然缺少悠远的韵味。又如《寻梅道士》："彭泽先生柳，山阴道士鹅。我来从所好，停策汉阴多。重以观鱼乐，因之鼓枻歌。崔徐迹未朽，千载挹清波。"全诗多用典故来媲美梅道士的雅韵，而这种"韵"都来自典故中的主人公，柳是彭泽先生的柳，当然就带有隐逸色彩了，鹅是山阴道士的鹅，当然就包含了王羲之的高韵，"观鱼乐"让人联想到庄子濠上的洒脱超逸，歌是楚辞《渔父》里传出的歌，

---

① 周兴陆辑著：《唐贤三昧集汇评》，凤凰出版社 2016 年版，第 178 页。

顿生澹荡飘逸的神韵，加上崔州平、徐庶隐逸的痕迹依然留存，千载之下还洋溢着清澈的波纹。如果没有这些古代名人雅士的点缀，那么这首诗将失去悠然的韵味。

（3）简朴疏荡的语言

孟浩然诗歌平淡真淳的风格与其使用的简朴疏荡的语言密切相关，颇有钟嵘极力称颂的"直寻"的美感，也是孟浩然继承陶渊明语言风格的证明。如《与诸子登岘山》：

> 人事有代谢，往来成古今。江山留胜迹，我辈复登临。水落鱼梁浅，天寒梦泽深。羊公碑字在，读罢泪沾襟。

这是一首公认的"清远"之作，刘辰翁评曰："起得高古，略无粉色，而情境俱称，悲慨胜于形容，真岘山诗也。复有能言，亦在下风。不必苦思，自然好，苦思绝不能及。"[1]前四句有一股穿透历史的疏荡之气，以简朴凝练的笔墨表现出时间的力量，正如王尧衢所评："'代谢'者，有后事代之，则前事谢去也。日往月来，此往彼来，便成古今。'古今'者，往来之积也。惟江山古今不改，迹常留，所以我辈得有今日岘山之登临也。须登临人，方可登临，我辈自负不浅。"[2]尽管人生短暂与江山永恒之间形成一种无可奈何的张力，容易产生对生命短促的悲慨，但孟诗却强调"我辈"今日

---

① 周兴陆辑著：《唐贤三昧集汇评》，凤凰出版社 2016 年版，第 176 页。
② 周兴陆辑著：《唐贤三昧集汇评》，凤凰出版社 2016 年版，第 175 页。

的登临，带有一种难以抑制的自豪感和飘逸感。五六句展现江山此刻的景象，照应"登临"的题目，尾联又合到岘山，转回历史胜迹，今日读羊公碑而泪沾襟，并非为羊公而悲，而是人事代谢，转瞬古今，而未来的人也必定为我辈登临而悲伤。这种前能见古人后可观来者正显示了时间的力量。全诗没有一个生僻难字，却表现出耐人咀嚼的隽永韵味。

又如《耶溪泛舟》：

> 落景余清辉，轻桡弄溪渚。澄明爱水物，临泛何容与。白首垂钓翁，新妆浣纱女。相看似相识，脉脉不得语。

此诗神似南朝小乐府，有一种单纯洗练之美。刘辰翁赞曰："极洗练而不枯瘁。清溪丽景，闲达余情，不欲犯一字，绮语自足。"① 我不同意"绮语"之说，因为本诗没有绮丽的辞藻，浑身纯净美妙，真有豪华落尽见真淳的感觉。正如王国维所说，西施之美无须装饰，粗头乱服不减国色。诗中隐藏着一个西施美人在，传说中的西施与眼前的"新妆浣纱女"形成双重的美。诗人"临泛何容与"多少从容闲适，加上落景清辉、澄明的溪水、柔润飘逸的水草、怡然自乐的人物，自然构成一个桃源仙境，令人流连忘返。

还有《万山潭作》：

---

① 周兴陆辑著：《唐贤三昧集汇评》，凤凰出版社 2016 年版，第 159 页。

> 垂钓坐盘石，水清心亦闲。鱼行潭树下，猿挂岛藤
> 间。游女昔解佩，传闻于此山。求之不可得，沿月棹
> 歌还。

闻一多先生曾说："真孟浩然不是将诗紧紧的筑在一联或一句里，而是将它冲淡了，平均分散在全篇中，甚至看不见诗了，才是真正孟浩然的诗，不，说是孟浩然的诗，倒不如说是诗的孟浩然，更为准确。"①支撑这一说法的例子就是此诗，我认为这首诗主要表现"清闲"的心态，因垂钓而往，然兴趣似乎不在得鱼，在于观赏鱼游猿嬉，神往郑交甫汉皋潭遇仙女的传说，尽管求女不得，却依然月下棹歌，悠闲澹荡。刘辰翁赞曰："蜕出风露，古始未有。古意淡韵，终不可以众作律之，而众作愈不可及。"②这种古雅淡韵，正源于自然浑朴、"天然去雕饰"的语言。

这种语言也与孟浩然在描写景物时不展开细节的刻画相关，像上引几首诗都暗藏了美人影像，但都不进行直接的写生描摹，给读者提供联想的契机。有时候他只提到地理名称，并不展开具体描写，如《夜泊宣城界》：

> 西塞沿江岛，南陵问驿楼。湖平津济阔，风止客帆收。
> 去去怀前事，茫茫泛夕流。石逢罗刹碍，山泊敬亭幽。火
> 识梅根冶，烟迷杨叶洲。离家复水宿，相伴赖沙鸥。

---

① 闻一多：《唐诗杂论》，中华书局2009年版，第33页。
② 周兴陆辑著：《唐贤三昧集汇评》，凤凰出版社2016年版，第164页。

诗中写到了"西塞"、"南陵"、"罗刹石"、"敬亭山"、"梅根冶"、"杨叶洲"等地名，空间距离其实相隔很远，但孟浩然巧妙地加以剪裁拼接，用船行的丝线将一连串的地名绾结成一条项链，遂于疏荡中一气贯穿，把水宿的空间拓展到辽阔的江南，耐人咀嚼。刘辰翁称赞的"景外景，语外语"[①] 也许就是指地理名称包含的意义。

总之，孟浩然诗歌由于蕴藏真情，故从结构到语言皆无须刻意雕琢、苦思，只是原原本本袒露襟怀就能够表现他的神韵，做到了人与诗的交融。闻一多先生认为"古今没有第二个诗人到过这境界"[②]。

三、孟浩然成为"神韵"诗派宗师的历程

中国古代诗论有言志与缘情的传统，孟浩然显然属于后者，也可以说属于"为艺术而艺术"的系列。这就是清人王士禛推崇的神韵诗派。其《唐贤三昧集》将王维、孟浩然作为神韵诗派的宗师。通过上面的论述，在把握孟浩然诗歌内在情韵的基础上，继续探讨孟诗经典化的历程，也许更有价值。

自从晋人陆机《文赋》提出"诗缘情而绮靡"之后，遂与"诗言志"的政教说画土分疆，漾成大国。其后钟嵘以"滋味"说诗，到了晚唐司空图推崇"味外之味、韵外之致"，注重诗歌内涵的韵

---

① 周兴陆辑著：《唐贤三昧集汇评》，凤凰出版社 2016 年版，第 189 页。
② 闻一多：《唐诗杂论》，中华书局 2009 年版，第 34 页。

味，实际上就是要求诗歌具有耐人咀嚼的更深内涵。北宋苏轼在阅读陶渊明、韦应物及柳宗元诗歌后，提出"发纤秾于简古，寄至味于淡泊"的观念，发现了陶渊明、韦应物、柳宗元等人诗歌的审美价值，将语言的"简古"与风格的"淡泊"作为艺术追求的极致。其传人秦观的女婿范温进一步发展，提出了"韵"说。钱锺书先生引《永乐大典》卷807《诗》字下有因书画之"韵"推及诗文之"韵"，不嫌冗长，引录如下：

> 王偁定观好论书画，尝诵山谷之言曰："书画以韵为主。"予谓之曰："夫书画文章，盖一理也。然而巧、吾知其巧，奇、吾知其奇；布置开阖，皆有法度；高妙古澹，亦可指陈。独韵者，果何形貌耶？"定观曰："不俗之为韵。"余曰："夫俗者、恶之先，韵者、美之极。书画之不俗，譬如人之不为恶。自不为恶至于圣贤，其间等级固多，则不俗去韵也远矣。"定观曰："潇洒之谓韵。"予曰："夫潇洒者，清也，清乃一长，安得尽为美之韵乎？"定观曰："古人谓气韵生动，若吴生笔势飞动，可以为韵乎？"予曰："夫生动者，是得其神；曰神则尽之，不必谓之韵也。"定观曰："如陆探微数笔作狻猊，可以为韵乎？"余曰："夫数笔作狻猊，是简而穷其理；曰理则尽之，亦不必谓之韵也。"定观请余发其端，乃告之曰："有余意谓之韵。"定观曰："吾得之矣。盖尝闻之撞钟，大声已去，余音复来，悠扬宛转，声外之音，其是之谓也。"余曰："子得其梗概而未得其详，且韵恶从生？"定观又不能答。予曰：

"盖生于有余。请为子毕其说。自三代秦汉，非声不言韵；舍声言韵，自晋人始；唐人言韵者，亦不多见，惟论书画者颇及之。至近代先达，始推尊之以为极致；凡事既尽其美，必有其韵，韵苟不胜，亦亡其美。夫立一言于千载之下，考诸载集而不缪，出于百善而不愧，发明古人郁塞之长，度越世间闻见之陋，其为有能包括众妙、经纬万善者矣。且以文章言之，有巧丽，有雄伟，有奇，有巧，有典，有富，有深，有稳，有清，有古。有此一者，则可以立于世而成名矣；然而一不备者，不足以为韵，众善皆备而露才用长，亦不足以为韵。必备众善而自韬晦，行于简易闲澹之中，而有深远无穷之味，（观于世俗，若出寻常。至于识者遇之，则暗然心服，油然神会。）测之而益深，究之而益来，其是之谓矣。其次一长有余，亦足以为韵；故巧丽者发之于平澹，奇伟有余者行之于简易，如此之类是也。自《论语》、《六经》，可以晓其辞，不可以名其美，皆自然有韵。左丘明、司马迁、班固之书，意多而语简，行于平夷，不自矜炫，故韵自胜。自曹、刘、沈、谢、徐、庾诸人，割据一奇，臻于极致，尽发其美，无复余蕴，皆难以韵与之。唯陶彭泽体兼众妙，不露锋芒，故曰：'质而实绮，癯癯而实腴'，初若散缓不收，反复观之，乃得其奇处；夫绮而腴、与其奇处，韵之所从生，行乎质与癯癯而又若散缓不收者，韵于是乎成。（《饮酒》诗云：'荣衰无定在，彼此更共之。'山谷云：此是西汉人文章，他人多少语言，尽得词理？《归园田居》诗，超然有尘外之趣。《赠周祖谢》诗，皎然明出处之节。《三良诗》慨然致忠臣之愿。《荆轲》诗，毅然彰烈士之愤。一时之意，必反复形容；所见之景，皆亲切模写。如'孟夏草木长，绕屋树扶疏'；'日暮天无云，春风扇微和'，乃更丰浓华美。然人无得而称其长。）是以古今诗人，唯渊明最高，所谓出于有余者如此。至于书之韵，二王独尊。（唐以来颜杨为胜。故曰：若论工不论韵，则王著优于季海，不下大令；若论韵胜，则右军大令之门，谁不服膺。又曰：观颜鲁公书，回视欧、虞、褚、薛，皆为法度所拘；观杨少师书，觉徐、沈有尘埃气。）夫惟曲尽法度，而妙在法度之外，其韵自远。近时学高韵胜者，唯老坡；诸公尊前辈，故推蔡君谟为本朝第一，其实山谷以谓不及坡也。坡之言曰：苏子美兄弟大俊，非有余，乃不足，使果有余，则将收藏于内，必不如是尽发于外也；又曰：美而病韵如某人，劲而病韵如某人。（米元章书如李北海，遒丽圆劲，足以名世，然犹未免于作为。故自苏子美以及数子，皆于韵未为优也。）山谷书气骨法度皆有可议，惟偏得《兰亭》之韵。或曰：'子前所论韵，皆生于有余，今不足而韵，又有说乎？'盖古人之学，各有所得，如禅宗之悟入也。山谷之悟在韵，故关开辟此妙，成一家之学，宜乎取捷径而径造也。如释氏所谓一超直入如来地者，考其戒、定、神通，容有未至，而知见高妙，自由超然神会，冥然吻合者矣。（是以识有余者，无往而不韵也。）然所谓有余之韵，岂独文章哉，自圣贤出处古人功业，皆如是矣。（孔子德至矣，然无可无不可，其行事往往俯同乎众人，则圣有余之韵也，视伯夷之清、柳下惠之和，偏矣。圣人未尝有过，其曰：'丘也幸，苟有过，人必知之'，圣有余之韵也，视孟子反复论辩、自处于无过之地者，狭矣。回也'不违如愚'，学有余之韵也，视赐辩由勇，浅矣。汉高祖作《大风歌》，悲思泣下，念无壮士，功业有余之韵也，视战胜攻取者，小矣。张子房出万全之策，以安太子，其言曰：此亦一助也，若不深经意而发未必中者，智策有余之韵也，视面折廷争者，拙矣。谢东山围棋毕曰'小儿已复破贼'，器度有余之韵也，视喜怒变色者，陋矣。）然则所谓韵者，亘古今，殆前贤秘惜不传，而留以遗后之君子欤。"

吴按：范温，乃范祖禹幼子，秦观女婿，诗学黄庭坚，其论诗师承山谷而有所发展，所著《潜溪诗眼》，高唱句法、来处、布置，即江西诗派论诗主张。对南宋严羽、明人陆时雍有很大影响。[1]

南宋严羽《沧浪诗话》推崇盛唐之音，说："盛唐诸人，惟在兴趣，羚羊挂角，无迹可求。故其妙处，透彻玲珑，不可凑泊；如空中之音，相中之色，水中之月，镜中之象，言有尽而意无穷。"[2]

---

[1] 吴按：引文见舒展选编：《钱锺书论学文选》第三卷，花城出版社1990年版，第128—129页。方括号中的文字依据吴文治主编：《宋诗话全编·潜溪诗眼》第二册，凤凰出版社1998年版，第1259—1261页所补。

[2] （宋）严羽著，郭绍虞校释：《沧浪诗话校释》，人民文学出版社1961年版，第28页。

又说："孟襄阳学力下韩退之远甚，其诗独出退之之上者，一味妙悟而已。"① 提出妙悟说并以禅喻诗，尽管主要以李杜为盛唐之音的代表，但孟浩然的地位明显提高，已经作为体现诗歌创作"妙悟说"的典型人物了。

明人陆时雍针对前后七子复古派的晦涩和唐宋派的空疏，进而追寻诗歌的韵味，他的《诗镜·总论》有很多论述，如"诗有灵襟，斯无俗趣矣；有慧口，斯无俗韵矣"②。"诗之佳，拂拂如风，洋洋如水，一往神韵，行乎其间。"③"诗被于乐，声之也。声微而韵，悠然长逝者，声之所不得留也。一击而立尽者，瓦缶也。诗之饶韵者，其钲磬乎？……凡情无奇而自佳，境不丽而自妙者，韵使之也。"④"诗之可以兴人者，以其情也，以其言之韵也。夫献笑而悦，献涕而悲者，情也；闻金鼓而壮，闻丝竹而幽者，声之韵也。是故情欲其真，而韵欲其长也，二言足以尽诗道矣。乃韵生于声，声出于格，故标格欲其高也；韵出为风，风感为事，故风味欲其美也。有韵必有色，故色欲其韶也；韵动而气行，故气欲其清也。此四者，诗之至要也。"⑤ 其中论到孟浩然曰："材虽浅窘，然语气清亮，诵之有泉流石上风来松下之音。常建音韵已卑，恐非律之所贵。凡骨峭者音清，骨劲者音越，骨弱者音廐，骨微者音细，骨粗者音豪，骨秀者音冽，声音出于风格间矣。"⑥ 陆时雍的诗学理论与其所

① （宋）严羽著，郭绍虞校释：《沧浪诗话校释》，人民文学出版社1961年版，第12页。
② （明）陆时雍：《诗镜》，任文京、赵东岚点校，河北大学出版社2010年版，第8页。
③ （明）陆时雍：《诗镜》，任文京、赵东岚点校，河北大学出版社2010年版，第3页。
④ （明）陆时雍：《诗镜》，任文京、赵东岚点校，河北大学出版社2010年版，第5页。
⑤ （明）陆时雍：《诗镜》，任文京、赵东岚点校，河北大学出版社2010年版，第9页。
⑥ （明）陆时雍：《诗镜》，任文京、赵东岚点校，河北大学出版社2010年版，第8页。

选的《唐诗镜》还是有区别，孟浩然依然掩埋于众多大家之中，其经典地位的建立还需要等到清代康熙年间的王士禛编选《唐贤三昧集》。下面就两书所选孟浩然诗歌作一比较。

陆时雍《唐诗镜》中共选孟浩然诗歌 35 首，其中五古 2 首，七古 2 首，五律 26 首（含五排 1 首），五绝 2 首，七绝 2 首。可以看出陆氏偏重孟浩然五律的艺术趣味。而清人王士禛《唐贤三昧集》选孟浩然诗歌 48 首，其中五古 16 首，五律 31 首（含五排 3 首），七绝 1 首。王士禛比陆时雍多选了 13 首，全部是五古。尽管王士禛很重视孟浩然的五律，但显然也不偏废，也强调了孟浩然的五古。

从选目来看，陆时雍所选不及王士禛的有代表性，选了较多影响力较弱的作品，但也选了《夜归鹿门歌》、《春晓》等名作；而王士禛所选的《耶溪泛舟》、《彭蠡湖中望庐山》、《万山潭作》、《夏日南亭怀辛大》、《晚泊浔阳望庐山》、《秋登万山寄张五》等名作，颇能代表孟浩然的清淡舂容的艺术风格，却不入陆选，不能不说王士禛的艺术趣味和眼光要高出陆时雍很多。也可以看出：王士禛提倡"神韵说"，虽然受到陆时雍的影响，但显然实现了对陆氏的超越。

二书同选者 13 首。即《宿业师山房待丁大不至》、《望洞庭湖赠张丞相》、《宿桐庐江寄广陵旧游》、《早寒江上有怀》、《留别王侍御维》、《与诸子登岘山作》、《题大禹寺义公禅房》、《岁暮归南山》、《夜渡湘水》、《宿武阳即事》、《永嘉上浦馆逢张八子容》、《陪张丞相自松滋江东泊渚宫》、《送杜十四之江南》。应该说，这 13 首诗确实可以算孟浩然的重要作品，亦不妨看作王士禛对陆时雍的肯定，他的书后出转精，孟浩然诗歌的内在精蕴符合他的艺术旨趣，从陆时雍书中很一般的位置上升到自己书中第二的位置，从此奠定了孟浩然作为神韵诗派宗师的历史地位，随着《唐贤三昧集》的广泛传播，孟浩然与王维遂成为山水田园诗人的典范。

综上所述，孟浩然独特的富于幽韵的人格精神和同样独特的富于韵味的诗歌，尽管显名于当代，受到李白、王维、杜甫、皮日休等人的推重，但是还需要等到宋人苏轼、范温、严羽等人在某种诗学理念引导下进行重新诠释，其经典地位的建立还需要一些唐诗选本如《唐诗镜》之类的普及，最终完成于王士祯《唐贤三昧集》，依托其神韵说和选本的重点推介，结合孟诗本身的艺术魅力，遂牢固树立其神韵派宗师的地位。由此可见，从纯艺术的视角来考察一位作家经典地位的建构过程，除了研读其作品本身之外，还需要考察历代选本的情况，孟浩然就是一个典型的例证。

（吴振华，安徽师范大学文学院）

孟浩然体：乡下人的离歌

萧晓阳

千余年来，孟浩然诗一直被认定为山水田园派典范之作。论诗及人，新、旧《唐书》皆称述其隐逸高致；说孟诗之妙，殷璠《河岳英灵集》称"经纬绵密"①。然而细读孟诗，考其行事，与前人议论相去甚远。已有学者指出："人们常常把孟浩然看作'田园诗人'或'隐逸诗人'，其实这是一种误会。"②此说长期以来并未得到学术界的认同。本文拟从孟浩然处境入手，以"孟浩然体"为中心探讨孟浩然诗歌的特征。

---

① （唐）殷璠：《河岳英灵集》卷中，《四部丛刊》影印涵芬楼刻本。
② 葛兆光：《唐代诗人札记——孟浩然·王维·李白·储光羲·杜甫》，《文学评论》1991 年第 4 期，第 36 页。

一、离歌之体

孟浩然诗歌多古体之作，尤其长于以五言古体形式作离别伤怀之诗。透过山水田园题材深入分析，重新考察孟浩然诗歌体式，我们可以发现：这些别离与伤怀之歌才是孟诗的主旋律与精髓所在。

（一）迥异于近体的古诗特质

孟诗与楚辞有着千丝万缕的联系，楚人吟唱的别离之歌是这种诗歌的文化渊源。楚辞多别离之歌，以特有的体式吟唱人生的悲愁。从现存的《孟浩然诗集》中可以看出，孟浩然长于古体诗歌，与楚人离歌相近。前人论诗也偶提及孟浩然尚古体。清代赵翼《瓯北诗话》卷十二论七言律诗时谓：

> 就有唐而论：其始也，尚多习用古诗，不乐束缚于规行矩步中，即用律亦多五言，而七言犹少，七言亦多绝句，而律诗犹少。故《李太白集》七律仅三首，《孟浩然集》七律仅二首，尚不专以此见长也。[1]

文中已经指出，唐代诗歌早期以古体见长，而格律体兴起稍晚。格律中七言又少于五言，李白、孟浩然的七律就很少见。

---

[1] （清）赵翼：《瓯北诗话》卷十二，清诗话续编本，上海古籍出版社 1983 年版，第 1341 页。

今人论诗也已经注意到这一点："孟浩然崇尚古体，其在当时诗学流派中，主要是继承陈子昂、张九龄一派的复古诗学，与主要继承沈宋、以近体见长的一派有所不同，虽然他也大量使用五律体，但并非以格律见长。韩朝宗说他'闲深诗律'，等于是说他长于诗道，深于诗学。"① 此论指出孟浩然长于诗道，而"并非以格律见长"。正因为如此，孟浩然格律体诗歌尚未臻于化境。南宋魏庆之《诗人玉屑》以为孟浩然"有律诗彻首尾不对者"②，《舟中晚望》（"挂席东南望，青山水国遥"）一首就是这样。明代王世贞《艺苑卮言》指出了其中有句无篇之病："唐人有佳句而不成篇者，如孟浩然'微云澹河汉，疏雨滴梧桐'。"③ 至于清代，赵翼《瓯北诗话》论诗病提到"孟浩然《宴荣山人池亭》律诗，七句中用八人姓名"。④ 吴乔《围炉诗话》论孟浩然也指出了其格律诗不避俗熟、过于平易："律诗有一篇如一句者，又有有上句即有下句者，稍涉于轻，乃知有所避即有所犯。孟诗极平熟之句当戒。"⑤ 赵执信《声调谱》论五言律诗指出孟浩然《与诸子登岘山》："人事有代谢，四仄。"⑥ 以上诸说都指出了孟浩然律体的失格。可见，历代批评家已经看出孟浩然的格律诗与盛唐主流诗体存在着显著差异。而王夫之《唐诗评选》卷三谓其律

① 钱志熙：《唐人论孟诗诠论》，王辉斌主编：《孟浩然研究论丛》（第二辑），时代出版传媒股份有限公司、黄山书社 2015 年版，第 275 页。

② （宋）魏庆之：《诗人玉屑》，商务印书馆 1938 年版，第 27 页。

③ 周维德集校：《全明诗话》，齐鲁书社 2005 年版，第 1924 页。

④ 郭绍虞编选，富寿荪校点：《清诗话续编》，上海古籍出版社 1983 年版，第 1345 页。

⑤ 郭绍虞编选，富寿荪校点：《清诗话续编》，上海古籍出版社 1983 年版，第 567 页。

⑥ 王夫之等：《清诗话》，中华书局 1999 年版，第 341 页。

诗"为格法所束，安排无生趣"①，可见孟浩然格律诗尚未臻于驾轻就熟之境。从另一方面看，孟浩然诗歌迥异时俗，自成一格，植根于古体与民歌之中，形成了独有的风骨，"于古体为变法之始"②，这正是其诗歌的魅力所在。

（二）清浅通俗的民歌遗意

与孟浩然长于古体相关的一个问题，就是孟浩然"韵高才短"之说，这正是诗人离歌创作之重要前提。纪昀认为："襄阳诗俗"③，以高雅的文人之作为正宗，把清新通俗之作视为艺术禁忌。叶燮将孟浩然诗歌之真率直白几乎等同于胸无才思，《原诗》申述了苏轼之论：

> 孟浩然诸体似乎澹远，然无缥缈幽深思致，如画家写意，墨气都无。苏轼谓"浩然韵高而才短，如造内法酒手，而无材料"。诚为之言。后人胸无才思，易于冲口而出，孟开其端也。④

此论深有意味。指出孟浩然诗歌的才短：一无缥缈之境，二无作诗材料，三近于浅俗。指责既有依据，又切中要害。然而，孟诗

---

① 王夫之评选，王学太校点：《唐诗评选》，文化艺术出版社 1997 年版，第 102 页。
② 王夫之评选，王学太校点：《唐诗评选》，文化艺术出版社 1997 年版，第 47 页。
③ 纪昀：《瀛奎律髓刊误》卷二一，丛书集成续编，新文丰出版公司 1988 年版，第 114—212 页。
④ 王夫之等：《清诗话》，中华书局 1999 年版，第 604 页。

长处蕴涵于其中。在一定程度上，正是其"韵高而才短"的特征，涤荡着点缀盛唐歌唱升平之世的颂歌，开辟了唐代诗歌的新时代。直白的话语，营造的不是朦胧的情景，而是清切的诗境；诗人不熟悉上流社会的生活，诗中的材料多取自身边之景，抒写山光水色，真实可感；诗歌浅显通俗，近于民歌，植根于诗人的乡居生活及襄阳风土，楚歌是其诗歌文化渊源的精髓。可以说，孟浩然诗歌中蕴涵的楚歌浅近格调与浓郁情感是孟诗迥异于同时代诗人的显著特征，甚至是盛唐诗歌走向巅峰的开始。

（三）伤怀写愁的离歌格调

楚歌中的离歌情调是孟浩然诗歌的主旋律。在楚辞中，屈原所作《离骚》篇显然有远离别的意味。东汉王逸《楚辞章句》说："离，别也；骚，愁也。"①"言己放逐离别，中心愁思。"② 从《九章》诸作也可以看出诗人心中的隐忧与对别离的抒写。除了《橘颂》写作时间可能较早外，其他篇章多有伤别的愁思与怀乡的情调，与《离骚》的旨意相呼应。此后宋玉《九辩》同样深于离恨之思。这种带有离别愁绪的诗歌可以称为离歌。《乐府诗集》卷八十四有《离歌》，似为绝交之歌，实是相离之歌；唐人李颀《送魏万之京》"朝闻游子唱离歌"中，"离歌"又有伤别离之意，可见以"离歌"称别离之歌古已有之。汉代歌咏深受楚风熏染，故自张衡《四愁诗》至汉末《古诗十九首》多言思念之切、离别之恨。在现存六朝西曲中可以

---

① 屈原：《楚辞》，明万历吴兴凌氏刊本。
② 屈原：《楚辞》，明万历吴兴凌氏刊本。

感受到其遗音余韵。在郭茂倩《乐府诗集》清商曲辞中所列六朝至唐代的西曲歌与拟西曲的《江南弄》中，处处可见离歌。尽管现存歌辞或为文人拟作，多数诗歌中仍当保存了西曲的体式与情调。《襄阳乐》、《雍州曲》、《大堤曲》、《估客乐》等多是襄阳风情展现，是楚人的离歌。《乐府诗集》论刘禹锡《堤上行三首》时引《古今乐录》曰：

> 清商西曲《襄阳乐》云："朝发襄阳城，暮至大堤宿。大堤诸女儿，花艳惊郎目。"梁简文帝由是有《大堤曲》，《堤上行》又因《大堤曲》而作也。①

无论从这首《襄阳乐》为宋时刘诞所作还是民歌，都可以看出歌中离别的情怀与香艳的格调，陈代沙门智匠《古今乐录》认定这首歌属于西曲歌，可以想见其中离歌的意味与华艳的情调。与之相近，孟浩然《大堤行寄黄七》云：

> 大堤行乐处，车马相驰突。岁岁春草生，踏青二三月。王孙挟珠弹，游女矜罗袜。携手今莫同，江花为谁发？②

诗中抒发了与友人相离之苦，或曾与黄七同在大堤行乐，与上文所引《襄阳乐》形式格调相近。寄语友人，更有离歌意趣。

---

① （宋）郭茂倩：《乐府诗集》卷九十四，中华书局 1979 年版，第 1321 页。

② （唐）孟浩然著，佟培基笺注：《孟浩然诗集笺注》，上海古籍出版社 2009 年版，第 117 页。

前人有"唐无古诗"①之说。然而，孟浩然以古体吟唱的离歌虽已不同于两汉古诗，然而贴近日常生活，深深植根于楚文化之中，"楚辞之《九歌》，尤为鼻祖"②，同时深受西曲之濡染，让古诗大放异彩。从诗歌的体式上看，《还山赠湛禅师》中"墨妙称今绝，词华惊世人"③可以看作孟浩然诗歌风骨的自我写照。

孟浩然诗深受楚辞文风濡染，古诗的体式、清浅的话语、离歌的格调构成了孟浩然诗歌的基调，答赠中有离别之情，可以视为离歌的引申。从这个意义上可以说，有楚地民歌意味的离歌是孟浩然诗歌的主调。

二、伤别之旨

历来的研究者几乎都认为孟浩然是一个恬淡寡欲、安守田园、耽于山水的闲适诗人。王士源《孟浩然集序》称其"游不为利"④，宇文所安《盛唐诗》说："在他所属的世界里，诗歌都是一种娱乐，而不是社交的需要。"⑤然而孟浩然一生奔走于路途，两次赴京，两

---

① 谢肇淛：《小草斋诗话》卷二，周维德集校：《全明诗话》，齐鲁书社2005年版，第3508页。

② 杨钟义：《雪桥诗话三集》卷四，《近代中国史料丛刊》续编本，文海出版社1975年版。

③ （唐）孟浩然著，佟培基笺注：《孟浩然诗集笺注》，上海古籍出版社2009年版，第125页。

④ 王士源：《孟浩然集序》，孟浩然：《孟浩然集》，四部丛刊影印涵芬楼刻本。

⑤ ［美］宇文所安：《盛唐诗》，贾晋华译，三联书店2014年版，第95页。

次东游，所作基本上是交游诗。纪游诗篇多是歌咏所见以示人。前人称述的孟浩然山水田园，只不过是赠答诗歌的题材而已。孟浩然的处境决定了孟诗不全是恬静人生的田园牧歌，不少是乡下人干谒时赠答体伤怀之作。

贫困的处境造就了孟诗更擅长植根于荆楚民歌体式的离歌；急切地渴望脱离穷困的生活的心态，又造就了孟诗中更多的离歌。孟浩然的穷困，从诗中可以得到印证。尽管孟浩然诗歌有"卜邻劳三径，植果盈千树"（《田家作》）之语，然相对于京城锦衣玉食的王侯将相而言，境况自不可相提并论，何况那只是三十岁时的诗。兄弟成立至后产业需要分割，游荡在外一无所成，耗费必定不少："黄金燃桂尽，壮志逐年衰。"（《秦中感秋寄远上人》）"授衣当九月，无褐竟谁怜？"（《题长安主人壁》）孟浩然诗曾自咏："甘脆朝不足，箪瓢夕屡空。"（《书怀贻京邑故人》）写给胞弟的诗怜其"昏定须温席，寒多未授衣"（《寄弟声》），友人刘眘虚诗有"近来闻更贫穷"（《寄江滔求孟六遗文》），杜甫"吾怜孟浩然，短褐即长夜"（《谴兴》），张祜"乡人笑我穷寒鬼。还似襄阳孟浩然"（《感归》）。可见孟浩然在唐代甚至已成了穷困落魄书生的代称。后人李中黄《逸楼偶著》谓孟浩然"孟襄阳诗无一点烟火气"①，已经乖离事实。孟浩然好饮酒与宴乐，有战国策士之风，"十上羞还家，徘徊守归路"（《南归阻雪》）。不追名逐利之说显得与诗人初衷不合。可以说，诗人奔走路途的穷困处境是其离歌创作的前提。

---

① 李中黄：《逸楼偶著·论诗》，陈伯海主编，张寅彭、黄刚编撰：《唐诗评论类编》（增订本），上海古籍出版社2015年版，第1050页。

（一）留滞京邑时思乡怀人之作

孟浩然作为盛唐失意文人的代表，在谋求进入上层的过程中创作了离歌。王士源的《孟浩然集序》说孟浩然"文不为仕"，与实际情形似乎正好相反。要确定孟浩然为热衷于名利的诗人，重新考察其身份与行事是不可或缺的前提条件。根据孟浩然的诗歌"未能忘魏阙，空此滞秦稽"（《久滞越中贻谢甫池会稽贺少府》）及上文引述的诗句可以断定，北阙上书固然有济苍生的远大理想，但与诗人对名利的追求并不矛盾。可以说，孟浩然无疑是一个以文求仕的文人的典范，后来李白就是沿此途奔赴长安求仕的。分析《河岳英灵集》所选盛唐诗人，仅有王季友只做过司议郎、李白曾任翰林供奉，高适只在天宝八年中过有道科，其余皆为进士出身。唯一的白衣庶民只有孟浩然。他虽然出任过张九龄的幕僚，并非朝廷职官。作为名满京洛的诗人，孟浩然期待有所作为具有必然性。襄阳作为商业都会，诗人家在南园，居于近郊，商贾逐利之想自然会深入他的意识之中。唐代社会士人奋发向上，孟浩然北上长安求取功名是很自然的事。诗人唯一可以凭藉的只有才思。唐人有温卷的风尚，以赠答形式展示才藻，成为诗人干谒权贵策略的一部分。杜甫出身贵胄，尚且"朝扣富儿门，暮随肥马尘"（《赠韦左丞丈二十二韵》）；对南国乡下来的绅士孟浩然而言，博得上流社会的认同显得尤为重要。从《河岳英灵集》中24位诗人的籍贯与郡望看，除李嶷籍贯不详外，以秦淮为界，将巴蜀计入，也只有李白（绵州）、刘眘虚（新吾）、陶翰（润州）、岑参（江陵）、綦毋潜（虔州）、崔国辅（山阴）、孟浩然（襄阳）、储光羲（丹阳）、贺兰进明（衢州）9位属于南方人，南方文人取得功名的机会似乎更少。只有在交往中才有可能融入京城上层文化阶层中去。对于孟浩然来说，赠答诗就有了特别的意义。赠答往往与送往迎来相关，对于长期生活在通衢要津、擅长离歌的襄阳人来说，这无疑是一个绝佳机遇。然而失意者总是大多数，孟浩然也不例外。《送袁太祝尉豫章》、《都下送辛大之鄂》、《送席大》即是都中送客之作。如《送袁太祝尉豫章》：

> 何幸遇休明，观光来上京。相逢武陵客，独送豫章行。随牒牵黄绶，离群会墨卿。江南佳丽地，山水旧难名。

由于淹留无成，诗人似乎已流露出厌倦京洛之意，于是离别友人回归家园。《秦中苦雨思归而赠袁左丞贺侍郎》已定归计，谓"跃马非吾事，狎鸥真我心"；从离别诗《京还留别新丰诸友》也可看出不得已的情绪。《京还赠张维》诉说怀归之心："因向智者说，游鱼思旧潭。"表达了诗人在京城无所得而不得已还乡的情怀。对于京城的文人来说，应对既多，驾轻就熟，多点缀升平的熟语，孟浩然的诗歌则真挚动人。由于话语风格体式不同，尽管偶有隽语，仍无法获得京城文人认同。

（二）幽居乡村时心怀巍阙之思

诗人在乡村闲居时，仍系心京城，与襄阳名流的交往甚多。与途径襄阳的名流时有赠答之篇。襄阳文人之间如张子容、王迥等集群隐居，相互酬答；此外还与道士、僧人往还，也很难排除诗人欲经终南捷径直达天阙的企图。

　　孟浩然求仕的心理在乡居生活中依然时有流露，与京城故友、途径襄阳的名士及襄阳的官员、文人与僧道都有交往。诗人与京城名流的交往没有随着离开京城而结束，《南阳北阻雪》、《书怀贻京邑同好》都是离京后与京城友人的诗篇，这类诗歌尽管不时流露出失意的情绪，有初别时的伤感，也有归家后的怀念，但往往深藏着对京城的眷恋之情。形在江海，心怀巍阙。与同时期的诗人相比，孟浩然似乎更有交往的热忱。在襄阳闲居时，与途经襄阳的名流时有赠答之篇。同样可以看作与京城文士交往的延续。《书怀贻京邑同好》可以看作诗人心灵的写照：

　　　　维先自邹鲁，家世重儒风。诗礼袭遗训，趋庭沾未躬。昼夜恒自强，词翰颇亦工。三十既成立，嗟吁命不通。慈亲向羸老，喜惧在深衷。甘脆朝不足，箪瓢夕屡空。执鞭慕夫子，捧檄怀毛公。感激遂弹冠，安能守固穷。当涂诉知己，投刺匪求蒙。秦楚邈离异，翻飞何日同。

　　值得注意的是，这是去京城求仕归家后所作。虽然已经遭受坎坷，仍然渴望建功立业。在一定意义上，孟浩然是唐代社会平民文士的象征，代表着更广泛的失意文人群体的命运。这些失意文人都曾梦想进入上流社会，他们之间也有交游与赠别，成为孟浩然诗多离歌的又一个重要原因。又如《和卢明府送郑十三还京兼寄》也是这样的诗歌，所寄至少有卢僎、郑倩之等人。上文的新丰诸友、京邑故人同样不是一人，而是多人，表明诗人幽处襄阳并非真正隐居山村不问世事，在赠答诗中可以看出，诗人一直寄意京邑，心怀巍阙。仅从这一点看，王士源《孟浩然集序》称孟浩然"文不为仕"，似乎也并不合实情。

（三）离乡远游时寄赠友人之篇

从现存文献中似乎很难找出孟浩然远游目的，但从孟浩然诗题中可以发现端倪，远行途中所寄诗的对象多是身为朝廷职官的诗友，可见并未断绝尘想。沿途拜谒故人或寄诗问候，不能完全排除诗人有期待友朋援引或借以倚重之意。对友人的思念与对处境的不满无疑都是诗人性情的真挚表达。在这类诗歌中，孟浩然诗歌往往点明所寄对象，这些诗歌同样是以赠别形式出现的离歌。《荆门上张丞相》、《临洞庭上张丞相》热衷功名，显然不是隐者之意，《自洛之越》则写求仕不得而远游的心情：

> 遑遑三十载，书剑两无成。山水寻吴越，风尘厌洛京。扁舟泛湖海，长揖谢公卿。且乐杯中酒，谁论世上名。

虽说鄙弃功名，然而三十年来心中所求，唯有功名。当然，诗人远游或缘于失意，不乏排遣郁闷之作：《将适天台留别临安李主簿》："羽人在丹丘，吾亦从此逝。"《游云门寺寄越府包户曹徐起居》："我行适诸越，梦寐怀所欢。久负独往愿，今来恣游盘。"又如，《适越留别谯县张主簿申屠少府》："君学梅福隐，余随伯鸾迈。

别后能相思，浮云在吴会。"诗人远游以排解忧愁，然而无法改变现状。在抒写忧郁时，较前人多了一层倾诉之思。

可见，孟浩然的诗歌多怀念亲朋之作，在求索理想的过程中流露出淡淡的哀愁。诗人在京邑求仕中的赠答诗中多思乡怀土的作品，是艰难困苦与求仕无望情绪的写照；乡村闲居时心怀巍阙的赠答，寄托着诗人对功名的渴望与求而不得的苦闷；远游中寄赠友人，期待已经入仕者援引，同调相互勉励。从伤别的角度看，近似渴望建功立业的建安之作，是深有寄托的离别之歌。作为伤别的离歌，孟浩然诗歌情感传递方式也与前人有所不同。同是写田园，陶渊明在田园中显得恬静自适；同样写山川，谢灵运诗歌多用于自我排遣。但孟浩然诗歌迥然不同，虽有幽静的田园、秀丽的山水，但处处有寄赠他人的深意。如果说陶谢之诗孤芳自赏，是一个圆点，建安诗歌多是两点间的线性传播，孟浩然诗歌则多放射性传播。孟浩然伤别离之诗可能同时寄赠多人，体现了盛唐诗歌演进的新趋向。

三、游宴之作

从诗歌的旨要来说，孟浩然诗当然具有赠别怀远的意义。从题材来考察，孟浩然诗歌的离情别绪则主要通过纪游与宴乐呈现出来。

前人多以山水田园论孟浩然诗，然而对照《文心雕龙·辨骚》说屈原之作："故其叙情怨，则郁伊而易感；述离居，则怆怏而难怀；论山水，则循声而得貌；言节候，则披文而见时。"①就会发现，此论同样适合孟浩然诗。孟浩然之诗，长于借景抒情，是抒情诗；善于摹写山水，是山水诗；长于体察季节的细微变迁，自然是节候诗；多交游赠别之篇，也是离歌。尤其是其中的宴乐诗，是醉中逃离现实的歌，别有一番情致。

关于孟浩然之隐居，学者议论颇多。新、旧《唐书》都称孟浩然隐居之事，《旧唐书》谓"隐鹿门山，以诗自适"。②《新唐书》本传载："孟浩然，字浩然，襄州襄阳人。少好节义，喜振人患难，隐鹿门山。"③《唐才子传》谓孟浩然"隐鹿门山，即汉庞公栖隐处也"。④ 然而，即使孟浩然隐居山林，也不见得就是隐士。清人徐松《登科记考》载：开元五年丁巳"二月，诏有嘉遁幽栖，养高不仕者，州牧各以名荐"。⑤ 等待朝廷任用，或许是孟浩然、张子容等隐居的重要原因。尤其是友人张子容于开元元年中进士，当会促使诗人再次求仕。孟浩然一生到处游历，经历与后来的李白相近。从心境看，孟浩然《齿坐呈山南诸隐》感叹："于此无奇策，苍生奚以为？"表达了兼济天下的雄心壮志；从处境看，孟浩然本为襄州襄阳人，家在襄阳城南郊，家居南园，在穷困中艰难度日，安居于乡间也没有做到，《秦中感秋寄远上人》："一丘尝欲卧，三径苦无资。"并非隐士之言。谭优学先生说："孟浩然非但不是个隐士，

---

① （南朝·梁）刘勰：《文心雕龙》，新文化书社 1934 年版，第 23 页。
② （五代）刘昫等：《旧唐书》卷一百九十，中华书局 1975 年版，第 5050 页。
③ （宋）欧阳修、宋祁：《新唐书》卷二百三，中华书局 1975 年版，第 5779 页。
④ 傅璇琮主编：《唐才子传校笺》，中华书局 1987 年版，第 362 页。
⑤ （清）徐松：《登科记考》，中华书局 1984 年版，第 186 页。

相反，他倒是十分热衷于仕进的。"①他只是一个乡间绅士，并非职官，又无功名，林宝《元和姓纂》不著孟浩然之名，或也非望族。新、旧《唐书》将孟浩然拟为盛唐时代的高士，并不合乎历史的真实。孟浩然《秦中苦雨思归赠袁左丞贺侍郎》显然是为滞留长安所作："岂直昏垫苦，亦为权势沉。二毛催白发，百镒罄黄金。"诗人形象与追逐名利的战国策士何其相似！王士源《孟浩然诗集序》中所载韩朝宗的荐士似乎已无法再让诗人相信求仕会有什么结果。于是，游宴构成了孟诗的主要诗题。

（一）远游诗

孟浩然一生北上燕蓟，西至巴蜀，南游赣石，东到永嘉、乐清。足迹之广，令人惊奇。孟浩然虽被称作隐逸之士，然而浪迹江湖，游离四方，寻僧访道，借旅行诗抒发了心中的困苦之情，传承了楚人远游之风。楚辞有《远游》一篇，屈原所作《离骚》、《哀郢》乃至《湘君》等篇也时涉远游与别离。在唐代，则有陈子昂已开远游诗先河，《登幽州台歌》是《远游》中"惟天地之无穷兮，哀人生之长勤。往者余弗及兮，来者吾不闻"的翻版。盛唐张九龄也时作远游之诗，《南还以诗代书赠京师旧僚》、《南还湘水言怀》、《初发江陵有怀》、《登襄阳（恨）岘山》等篇皆有在远游中思念故人的愁思。孟浩然诗歌深受此风影响，多抒写友朋契阔之情，表达惜别之意，往往是与友人对话的答赠之作；也有感叹道之不行，决意远离的忧伤之歌，以远游排遣心中的愁苦；还有与友人倾诉自己的愁

---

① 谭优学：《唐诗人行年考》，四川人民出版社1981年版，第50页。

苦与抑郁，也可能是内心痛苦的独白与宣泄。如《入峡寄舍弟》：

> 吾昔与尔辈，读书常闭门。未尝冒湍险，岂顾垂堂言。
> 自此历江湖，辛勤难具论。往来行旅弊，开凿禹功存。壁
> 立千峰峻，淙流万壑奔。我来凡几宿，无夕不闻猿。浦上
> 思归恋，舟中失梦魂。泪沾明月峡，心断鹡鸰原。离阔星
> 难聚，秋深露已繁。因君下南楚，书此寄乡园。

这是孟浩然远游题材诗歌的典范之作。诗篇是在远游途中所作，写的情景是远游所见，从远游所感自然过渡到对家园的怀想、对兄弟的思念。这类诗歌很多。或寄赠所见之景与对方分享，或触景生情向亲友倾诉。正因为孟浩然诗歌多写景之句，因而多展现情景而很少正面抒情，王夫之《姜斋诗话》谓："浩然山人之雄长，时有秀句，而轻飘短味，不得与高、岑、王、储齿。"①但孟诗深受两晋玄言诗影响，其中别有一番韵味，并非没有隽永意味。《寻香山湛上人》感慨："愿言投此山，身世两相弃。"《山中逢道士云公》："何时还清溪，从尔炼丹液？"则表达了求仕不得的无奈与难以解脱的困苦之情，是对人生的深思。

（二）宴乐诗

楚人好作宴会之诗、歌舞之篇。楚辞《招魂》中有："士女杂

---

① （清）王夫之等：《清诗话》，中华书局1999年版，第13页。

坐，乱而不分些；放陈组缨，班其相纷些；郑、卫妖玩，来杂陈些；《激楚》之结，独秀先些。"在孟浩然诗歌中可以找到相似的景象。《夏日与崔二十一同集卫明府席》："喜逢金马客，同饮玉人杯。"《寒食张明府宅宴》："列筵邀酒伴，刻烛限诗成。"《崔明府宅夜观妓》："画堂初点烛，金幌半垂罗。长袖平阳曲，新声《子夜歌》。从来惯留客，兹夕为谁多！"胡寿芝说："襄阳得建安体"①，此类诗与建安时期公宴诗近，有写景之句、达情之旨。如《宴崔明府宅夜观妓》：

> 画堂观妙妓，长夜正留宾。烛吐莲花艳，妆成桃李春。髻鬟低舞席，衫袖掩歌唇。汗湿偏宜粉，罗轻讵着身。调移筝柱促，欢会酒杯频。倘使曹王见，应嫌浴浦神。

此类诗写嬉游之乐，《晚春》写当时沉醉于宴乐之中："酒伴来相命，开樽共解醒。当杯已入手，歌妓莫停声。"《宴张记室宅》展现了艺妓表演的情景："妓堂花映发，书阁柳逶迤。玉指调筝柱，金泥饰舞罗。"《姚开府山池》吟唱歌舞之盛："馆是招贤辟，楼因教舞开。轩车人已散，箫管凤初来。"诗中还时时有酒：《卢明府九日宴袁使君张郎中崔员外》写欢乐的场景："酒邀彭泽载，琴辍武城弹。献寿先浮菊，寻幽或坐兰。"《夏日浮舟过张逸人别业》（四部丛刊本"张"作"滕"。）《题李十四庄兼赠綦毋校书》等还写到

---

① 胡寿芝：《东目馆诗见》卷一，嘉庆十一年刻本。

"藤竹"、"芰荷"、"山鸟"、"酣歌"、"抱琴"、"垂钓"，沉浸于醇酒与歌舞之乐，自然同样是醉与乐的书写。醉酒与歌乐中的诗人已经很难客观真实地描摹景物，诗歌中必然融入了想象与虚构的成分。故在清绮与疏淡之外，孟浩然的诗还具有任气、狂放的一面。

分析孟浩然诗歌的远游诗与宴乐诗，可以看出孟浩然诗歌并非着意于细致入微的景物描写，而是近于唯取昭晰之能的建安诗歌，以达情为归趣。孟浩然的游冶之作，与郭璞游仙诗不无相通之处，糅合了陶渊明诗歌的恬静与谢灵运诗歌的山水，多从身边写起。诗中浸润着楚歌远游的精神，既有宏阔的山水画卷，也有盛大的宴乐场面，是以游宴题材抒发诗人情怀的离歌。

现在可以得出结论：从诗歌的旨要看，孟浩然诗歌并非歌吟山水田园的浅斟低唱，而是追求缥缈理想的离居之歌。诗人长期幽居襄阳，在京城的文人圈中，是坐着喝酒而穿短褐的乡下诗人。作为无官无职的白衣秀士，形在江海，心存巍阙，在贫贱中不忘功名与富贵，并非隐士。所作纵有隐逸诗，并非高士恬然自安的隐逸之诗。山水是孟浩然诗歌的主要素材，而非归趣；诗人居于田园之中，心却在田园之外，田园诗作也不多见，并非纯粹的田园诗人。在诗歌形式上，孟浩然诗歌深受楚辞熏染，并有魏晋诗歌之遗迹。以迥异于时代的歌吟方式，用古体的格调，楚歌的旋律，表达乡下平民追求功业的梦想与难以排遣的忧愁。如果说陈子昂诗歌以格调高远的古歌扫荡了沈宋游戏笔墨的浅斟低唱，孟浩然的离歌则将抒写胸怀的浅俗新声引入了诗坛。李颀继之的推波助澜，李白豪迈奔放的古风超过前人，中国诗歌的狂飙时代才真的来临。而作为平民，孟浩然诗歌具有更为深刻的意义，它不仅表明被忽略、被压抑的布衣阶层的写作方式逐渐被社会所认同，同时标志着通俗的平民文学开始与高雅的贵族文学分庭抗礼，在中国文学演进过程中具有十分独特的意义。

（萧晓阳，中南民族大学文学院）

《国秀集》与《河岳英灵集》选录孟浩然诗比较

卢燕新

　　《国秀集》，芮挺章天宝三年（744）前后编。今存《国秀集》所收录者，刘希夷为高宗武后时期诗人，杜审言、沈佺期卒于开元以前。其余则均为盛唐诗人。《河岳英灵集》，殷璠编于天宝十二年（753）前后，集中所录，均为盛唐诗人诗章。这两部集子今存，收录在中华书局上海编辑所《唐人选唐诗（十种）》（下文简称"上海编辑所本"）①、傅璇琮编撰《唐人选唐诗新编》（下文简称"傅编本"）②、蔡宛若注《唐人选唐诗六种》（下文简称"蔡注本"）③、昆仑

---

　　① （唐）元结、殷璠等选编：《唐人选唐诗（十种）》，中华书局 1958 年版，第 39—124、125—189 页。该书上海古籍出版社 1978 年重印，集名、页码相同。
　　② 傅璇琮编撰：《唐人选唐诗新编》，陕西人民教育出版社 1996 年版，第 99—205、207—290 页。
　　③ （唐）殷璠等编，蔡宛若注：《唐人选唐诗六种》，华夏出版社 1998 年版，第 91—265、267—408 页。

出版社《唐人选唐诗》(下文简称"昆仑社本")①、傅璇琮等编《唐人选唐诗新编》(增订本)(下文简称"增订本")中②。除文献整理,学界研究成果颇丰,如傅璇琮、李珍华的《〈河岳英灵集〉研究》③、蒋寅的《从〈河岳英灵集〉到〈中兴间气集〉——关于大历诗风演变的抽样分析与假说》④、卢燕新的《殷璠〈河岳英灵集〉的选诗心态》⑤等。然而,对这两部诗歌选本选录孟浩然诗的比较研究,尚有待于进一步探讨。

一、《国秀集》与《河岳英灵集》选录孟浩然诗数量及排序

《国秀集》,未见于两《唐志》、《崇文总目》、《通志》等。《直斋书录解题》卷一五、《宋史》卷二〇九《艺文志》八总集类、《四库全书总目》卷一八六"《国秀集》"条等皆著录,三卷,芮挺章编撰。其所选录诗人及诗歌数目,今存《国秀集》序曰:"自开元以来,

---

① 令狐楚、殷璠等选编:《唐人选唐诗》,昆仑出版社 2006 年版,第 35—114、115—172 页。

② 傅璇琮、陈尚君、徐俊编:《唐人选唐诗新编》(增订本),中华书局 2014 年版,第 149—270、271—354 页。增订本所录《国秀集》、《河岳英灵集》与傅编本无异,故下文引用,参引傅编本。

③ 傅璇琮、李珍华撰:《〈河岳英灵集〉研究》,中华书局 1992 年版,第 1—114 页。

④ 蒋寅:《从〈河岳英灵集〉到〈中兴间气集〉——关于大历诗风演变的抽样分析与假说》,《广西师范大学学报》(哲学社会科学版)1988 年第 4 期。

⑤ 卢燕新:《殷璠〈河岳英灵集〉的选诗心态》,《山西大学学报(哲学社会科学版)》2007 年第 6 期。

维天宝三载……今略编次，见在者凡九十人，诗二百二十首，为之小集，成一家之言。"① 然而，据傅璇琮先生考证，今存《国秀集》，目录收八十八位诗人，诗集存诗二百一十八首②。该集选录孟浩然诗《宴卫明府宅遇北使》、《宴荣二山池》、《江上思归》、《夏日浮舟过陈大水亭》、《渡浙江》、《长乐宫》、《渡扬子江》，总7首③。上海编辑所本、蔡注本、昆仑社本、增订本均同。

然而，《河岳英灵集》收录孟浩然诗，情况要复杂一些。主要有两类：一是以傅璇琮先生为代表，其整理成果主要有《〈河岳英灵集〉研究》、傅编本、增订本。这些整理本，均选用国家图书馆藏莫友芝据毛扆校本过录之宋刻二卷本作底本，选录孟浩然诗《过景空寺故融公兰若》、《过融上人兰若》、《裴司士见寻》、《永嘉上浦馆逢张八子容》、《九日怀襄阳》、《归故园作》、《夜归鹿门歌》、《夜渡湘江》、《渡湘江问舟中人》，总9首。二是上海编辑所本、王克让《河岳灵集注》、蔡注本、昆仑社本，选录孟浩然诗《过景空寺故融公兰若》、《过上人兰若》、《裴司户员司士见答》、《九日怀襄阳》、《归故园作》、《夜归鹿门歌》，总6首。这两类，以上海编辑所本和傅编本为代表。以上所列，上海编辑所本《过上人兰若》即傅编本《过融上人兰若》，上海编辑所本《裴司户员司士见答》即傅编本《裴司士见寻》。

殷璠《河岳英灵集》选诗，其序说："爰因退迹，得遂宿心。粤若王维、昌龄、储光羲等二十四人，皆河岳英灵也，此集便以

---

① 傅璇琮编撰：《唐人选唐诗新编》，陕西人民教育出版社1996年版，第217页。

② 傅璇琮编撰：《唐人选唐诗新编》，陕西人民教育出版社1996年版，第215页。

③ 傅璇琮编撰：《唐人选唐诗新编》，陕西人民教育出版社1996年版，第263—265页。

《河岳英灵》为号……分为上下两卷……"这几行文字，傅编本①、上海编辑所本均相同②，今所见其余各家整理本亦无异议。稍后的高仲武《中兴间气集》，模仿学习殷璠，也是两卷③。唐宋时期，关于殷璠《河岳英灵集》两卷本的记载很多。如遍照金刚（774—835）《文镜秘府论》南卷《定位》引殷璠语："璠不佞，窃尝好事，常愿删略群才……此集便以《河岳英灵》为号……为上下两卷……"卢盛江先生考曰："据此，则《河岳英灵集》本为二卷，三卷出后人臆改。"④9世纪末期，日本藤原佐世编《日本国见在书目录》录为一卷，孙猛先生《日本国见在书目录详考》认为当作二卷，并指出《四部丛刊》本三卷者，乃出后人分析⑤。宋代的《新唐书·艺文志》⑥、《郡斋读书志·读书附志》卷下"拾遗"类⑦、《直斋书录解题》⑧、《玉海》⑨，都作二卷。傅璇琮《〈河岳英灵集〉研究·前记》说："本世纪五十年代，现在的上海古籍出版社前身中华书局上海编辑所，编印了一部《唐人选唐诗》……而问题最大的则是《河岳英灵

---

① 傅璇琮编撰：《唐人选唐诗新编》，陕西人民教育出版社1996年版，第107页。

② （唐）元结、殷璠等选编：《唐人选唐诗（十种）》，中华书局1958年版，第40页。

③ 傅璇琮编撰：《唐人选唐诗新编》，陕西人民教育出版社1996年版，第463—523页。

④ （日）遍照金刚撰，卢盛江校考：《文镜秘府论汇校汇考》，中华书局2006年版，第1519—1527页。

⑤ （日）藤原佐世编，孙猛著：《日本国见在书目录详考》，上海古籍出版社2016年版，第2051页。

⑥ （宋）欧阳修、宋祁撰：《新唐书》，中华书局1975年版，第1623页。

⑦ （宋）晁公武、赵希弁撰，孙猛校证：《郡斋读书志·读书附志》，上海古籍出版社2006年版，第1235页。

⑧ （宋）陈振孙撰，徐小蛮等点校：《直斋书录解题》，上海古籍出版社2005年版，第440—441页。

⑨ （宋）王应麟撰：《玉海》（影印本），广陵书社2016年版，第1155页。

集》。编者不选择较早的两卷本，却选择后起的三卷本（四部丛刊初编影印明刊本，原注），书后虽附有临毛斧季、何义门的校记，却又缺漏极多。"① 据此，《河岳英灵集》原貌应为二卷。据傅编本所录者，该集选录孟浩然诗当为 9 首，比《国秀集》多了两首。

殷璠所选这个数目，在《河岳英灵集》列第十三位，其以前有王昌龄（16 首）、常建（15 首）、王维（15 首）、李颀（14 首）、李白（13 首）、高适（13 首）、储光羲（12 首）、刘眘虚（11 首）、陶翰（11 首）、崔颢（11 首）、崔国辅（11 首）、薛据（10 首）。从数目位次看，《河岳英灵集》中，孟浩然占中档偏后。《国秀集》中，选诗最多的是上卷的卢僎（13 首），其次是中卷的崔颢、王维、孟浩然，三人各选 7 首。仅从数目看，《国秀集》中，孟浩然在中卷地位较高。从全集看，也要高于《河岳英灵集》。

《河岳英灵集》与《国秀集》对孟浩然的排序也有不同。据傅编本，《河岳英灵集》列孟浩然于下卷第四位，上卷诗人有常建、李白、王维、刘眘虚、张谓、王季友、陶翰、李颀、高适、岑参，总十人。下卷，孟浩然之前有崔颢、薛据、綦毋潜，总三人。也就是说，《河岳英灵集》中，孟浩然列第十四位，排中档略后，这个位次，和殷璠选录孟浩然诗数量的排序大致相当。《国秀集》列孟浩然卷中第二十二位。本卷，孟浩然之前有郭良、蒋洌、刘廷琦、王乔、张谔、郑审、薛奇章、崔颢、阎宽、康定之、王维、万齐融、楼颖、崔国辅、李嶷、王泠然、李牧、贺朝、杨重玄、常建，总二十人，计上卷所选二十四人，孟浩然列第四十五位。值

---

① 傅璇琮、李珍华撰：《〈河岳英灵集〉研究》，中华书局 1992 年版，第 2 页。

得注意的是，常建、王维、崔颢在《河岳英灵集》中置于孟浩然之前，《国秀集》亦然。崔国辅、李嶷在《河岳英灵集》中置于孟浩然之后，《国秀集》却置于孟浩然之前。更重要的是，无论是选诗数量还是排序，《国秀集》、《河岳英灵集》中，孟浩然的地位均不是很高。

二、孟浩然诗题材分类及《河岳英灵集》 选录孟浩然诗内容特征

孟浩然诗题材特征分类，最早可以追溯至王士源。佟培基《孟浩然诗集笺注》（增订本，下文简称"佟注本"）附录其序曰："今集其诗二百一十八首，分上中下三卷，诗或缺未成，而思清美，及他人酬赠，咸次不弃也。"[①]王士源所集者，至盛唐韦滔，已残缺不全，今人很难窥知其所次类别。王辉斌先生在《孟浩然研究》中第四章认为："王士源在《孟浩然集序》一文中，虽然未能明言他对孟浩然分类的标准，但从游览、赠答等名目看，可知主要是着眼于题材和内容的。"[②]甚是。至顾道洪，其谓："余家藏孟浩然诗集凡三种……一元本刘须溪批点者……类分标目凡十条。游览诗五十七首，赠答诗四十二首，旅行诗三十首，送别诗四十首，宴乐诗十六首，怀思诗十五首，

---

① （唐）孟浩然著，佟培基笺注：《孟浩然诗集笺注》（增订本），上海古籍出版社2016年版，第558页。

② 王辉斌：《孟浩然研究》，甘肃人民出版社2002年版，第146页。

田园诗十九首，美人诗七首，时节拾遗各三首……"①据所引可知，孟浩然诗歌内容研究，有两点应当注意：一是孟浩然诗题材；二是孟浩然诗题材的分类角度。从这两个方面讲，《河岳英灵集》与《国秀集》选录的孟浩然诗，题材上有哪些特点，颇有探讨的必要。

今观殷璠和芮挺章编集，二人都选了孟浩然的"潮落江平未有风，扁舟共济与君同。时时引领望天末，何处青山是越中"。②文字略异，"扁舟"，《国秀集》作"归舟"。关键是诗题，《河岳英灵集》作《渡湘江问舟中人》，《国秀集》作《渡浙江》。除此以外，《河岳英灵集》选孟浩然诗题材内容特点，概括起来，有以下四点。

第一，访友，计二首。其一为《过景空寺故融公兰若》："池上青莲宇，林间白马泉。故人成异物，过憩独潸然。既礼新松塔，还寻旧石筵。平生竹如意，犹挂草堂前。"③诗中"池上"、"林间"、"还寻"、"草堂前"等，介绍诗人重访故人旧地的行踪，"青莲宇"、"白马泉"、"新松塔"、"旧石筵"、"竹如意"等，则是诗人故地所见。通过纪行，表达了对故人的思念。该诗诗题，《文苑英华》卷三〇五作《悼正弘禅师》，题下注："集作'过景空寺故融公兰若'。"④以此可见诗旨所在。又，杨军译注《新译孟浩然诗集》(下文简称"杨注")："此诗写重访旧地所见情景，以及因'故人成异物'而引起

---

① （唐）孟浩然著，佟培基笺注：《孟浩然诗集笺注》（增订本），上海古籍出版社2016年版，第560—561页。

② 傅璇琮编撰：《唐人选唐诗新编》，陕西人民教育出版社1996年版，第175、264页。

③ 本节此处及以下各条引《河岳英灵集》选录孟浩然诗，均引自傅璇琮编撰：《唐人选唐诗新编》，陕西人民教育出版社1996年版，第172—175页。

④ （宋）李昉等：《文苑英华》（影印本），中华书局1966年版，第1560页。

的天人之隔的沉痛心情。"①此亦可资证。其二为《过融上人兰若》，诗人选取访友归途所见，表达了诗人对友人的思念。观这两首诗题旨，虽然都有"怀念"之情，但和下文所述《九日怀襄阳》不同。

第二，宴乐，计二首。其一，《裴司士见寻》："府僚能枉驾，家醖复新开。落日池上酌，清风松下来。厨人具鸡黍，稚子摘杨梅。谁道山公醉，犹能骑马回。"诗中"家醖复新开"、"池上酌"、"厨人具鸡黍"、"稚子摘杨梅"等，极具生活气息，同时也表现了与友人宴集的欢快与愉悦。诗题，《唐诗纪事》卷二三作《裴司士见寻》②，《唐百家诗选》卷一作《裴司功员司士见寻》③，《诗镜》卷一一作《裴司士员司户见寻》④，《唐贤三味集》卷中作《裴司士员司户见寻》⑤。据此，亦可看出该诗主旨。其二，《永嘉上浦馆逢张子容》，作者写在逆旅上浦馆与友人相遇，宴聚赋诗，友情倾诉中渗透了异路漂泊与乡关之思。

第三，羁旅，除《渡湘江问舟中人》，另有两首。其一是《夜渡湘水》："客行贪利涉，夜里渡湘川。露气闻芳杜，歌声识采莲。榜人投岸火，渔子宿潭烟。行侣遥相问，涔阳何处边。"诗题，《文苑英华》卷二九一作"夜渡湘江"⑥，《唐音》卷三作"夜渡湘川"⑦，

---

① （唐）孟浩然著，杨军译注：《新译孟浩然诗集》，台北三民书局 2012 年版，第 62 页。

② 计有功撰，王仲镛校笺：《唐诗纪事校笺》，中华书局 2015 年版，第 766 页。

③ 王水照主编：《王安石全集·第 11 册：唐百家诗选》，复旦大学出版社 2017 年版，第 78 页。

④ （明）陆时雍选评，任文京等点校：《诗镜》，河北大学出版社 2010 年版，第 545 页。

⑤ 王士禛编，周兴陆辑著：《唐贤三味集》，凤凰出版社 2016 年版，第 181 页。

⑥ （宋）李昉等：《文苑英华》（影印本），中华书局 1966 年版，第 1484 页。

⑦ 杨士弘编选，张震辑注，顾璘评点，陶文鹏等点校：《唐音评注》，河北大学出版社、贵州人民出版社 2010 年版，第 316 页。

《唐诗品汇》五言律诗卷之五①、《诗镜》卷一一作"夜渡湘水"②。诗
人从"夜渡"缘由写起，调动视觉、嗅觉、听觉，写到"芳杜"、"歌
声"、"岸火"、"渔子"，详细地叙述了夜渡湘水的所见所闻。另一
首是《夜归鹿门歌》："山寺钟鸣昼已昏，渔梁渡头争渡喧。人随沙
道向江村，予亦乘舟归鹿门。鹿门月照开烟树，忽到庞公栖隐处。
岩扉松径长寂寥，惟有幽人夜来去。"诗题，《唐文粹》卷一六上亦
作《夜归鹿门歌》，《文苑英华》卷一六〇作《夜归鹿门山歌》③，《唐
百家诗选》卷一作《夜归鹿门寺歌》④，《唐音》卷二⑤和《唐诗品汇》
七言古诗卷之七作《夜题鹿门歌》⑥。"归鹿门"是本次行旅的概述，
"昼已昏"、"夜"，交代了行旅的时间。"山寺"、"渔梁"、"沙道"、"江
村"、"鹿门"、"栖隐处"、"岩扉松径"，交代了诗人的行踪。"钟鸣"、
"争渡喧"、"月照"、"烟树"，是诗人旅途所见。诗歌虽然写羁旅见
闻，但唱出了孟浩然隐逸心声。

第四，田园，计一首。《归故园作》："北阙休上书，南山归敝
庐。不才明主弃，多病故人疏。白发催年老，青阳逼岁除。永怀愁
不寐，松月夜窗虚。"这首诗的主题较为复杂。《唐摭言》卷一一：
"襄阳诗人孟浩然，开元中颇为王右丞所知……维待诏金銮殿……

① （明）高棅编纂，汪宗尼校订，葛景春等点校：《唐诗品汇》，中华书局2015年
版，第1992页。

② （明）陆时雍选评，任文京等点校：《诗镜》，河北大学出版社2010年版，第548页。

③ （宋）李昉等：《文苑英华》（影印本），中华书局1966年版，第760页。

④ 《唐百家诗选》卷一，四库全书本。

⑤ 杨士弘编选，张震辑注，顾璘评点，陶文鹏等点校：《唐音评注》，河北大学出
版社、贵州人民出版社2010年版，第245页。

⑥ （明）高棅编纂，汪宗尼校订，葛景春等点校：《唐诗品汇》，中华书局2015年
版，第1099页。

忽遇上幸维所……因得诏见……浩然奉诏，拜舞念诗曰：'北阙休上书……'上闻之怃然，曰：'朕未曾弃人，自是卿不求进，奈何反有此作！'因命放归南山。终身不仕。"①事亦见孙光宪《北梦琐言》卷七。诗题，《文苑英华》卷一六〇②、《唐百家诗选》卷一作《岁暮归南山》③。今观诗中所写，"北阙休上书"、"不才明主弃"，应当是诗人理想遇到挫折后的伤怀。"多病故人疏"、"白发催年老"，诗旨应是感叹世态和岁月流逝。"南山归敝庐"、"松月夜窗虚"，是写诗人的田园生活。

第五，怀思，计一首，即《九日怀襄阳》："去国似如昨，倏焉经杪秋。岘山不可见，风景令人愁。谁采篱下菊，应闲池上楼。宜城多美酒，归与葛强游。"诗题，《文苑英华》卷一五八作《重九日怀襄阳》④，《岁时杂咏》卷三四作《途中九日怀襄阳》，虽然有旅行感慨，但观诗中"去国"、"倏焉"、"岘山不可见"、"风景令人愁"、"篱下菊"、"池上楼"、"多美酒"、"归与"，所表达的均是故园之思。杨注曰："此诗抒途中九日怀乡思亲之情。首联从时间着笔：言去乡日久，不知不觉中已是重九节日……"⑤此亦可以为证。

---

① （五代）王定保撰，阳羡生校点：《唐摭言》，上海古籍出版社2017年版，第79页。

② （宋）李昉等：《文苑英华》（影印本），中华书局1966年版，第760页。

③ 王士祯编，周兴陆辑著：《唐贤三昧集》，凤凰出版社2016年版，第71页。

④ （宋）李昉等：《文苑英华》（影印本），中华书局1966年版，第750页。

⑤ （唐）孟浩然著，杨军译注：《新译孟浩然诗集》，台北三民书局2012年版，第314页。

三、《国秀集》选录孟浩然诗题材特征及其
与《河岳英灵集》比较

《国秀集》选录孟浩然诗 7 首，除《渡浙江》与《河岳英灵集》相同，其余六首，内容特征如下：

第一，宴乐，计两首。其一为《宴卫明府宅遇北使》：“言避一时暑，池亭五月开。喜逢金马客，同饮玉人杯。舞鹤乘轩至，游鱼拥钓来。座中殊未起，箫管莫相催。”[①] 诗题，《文苑英华》卷二一四作《夏日与崔二十一同集卫明府席》，题下注：“一作《夏日宴卫明府宅遇北使》。”[②] 其二为《宴荣二山池》：“甲第开金穴，荣期乐自多。枥嘶支遁马，池养右军鹅。竹引携琴入，花邀载酒过。山公来取醉，时唱接离歌。”诗题，《会稽掇英总集》卷一五题《宴荣二山人池亭》[③]，《全唐诗》卷一六〇作《宴荣二山池》[④]。杨注：“诗的首联以戏谑的语气说荣宅是乐园……这些描写所展示给读者的，是主人公广泛的生活情趣和乐天知命的精神世界。”[⑤] 据这两首诗中“同饮”、“乘轩至”、“座中”、“甲第”、“携琴入”、“载酒过”、“取醉”、“离歌”，知诗人与友人宴饮过程中欢快、热闹的气氛。

---

① 本节此处及以下各条引《国秀集》选录孟浩然诗，引自傅璇琮编撰：《唐人选唐诗新编》，陕西人民教育出版社 1996 年版，第 263—265 页。

② （宋）李昉等：《文苑英华》（影印本），中华书局 1966 年版，第 1067 页。

③ 王建华主编，邹志方点校：《〈会稽掇英总集〉点校》，人民出版社 2006 年版，第 206 页。

④ 彭定求等编：《全唐诗》，中华书局 1960 年版，第 1643 页。

⑤ （唐）孟浩然著，杨军译注：《新译孟浩然诗集》，台北三民书局 2012 年版，第 412 页。

第二，羁旅，计一首。《渡扬子江》："桂楫中流望，京江两畔明。林开杨子驿，山出润州城。海尽边阴静，江寒朔吹生。更闻枫叶下，淅沥度秋声。"杨注："此诗写泛舟扬子江中流所见景物，先以'京江两畔明'总写，继之以'林开'、'山出'的所见，林枫秋声的所闻，作具体展示……"① 这首诗，高棅《唐诗品汇》五言律诗卷之八系丁仙芝名下②，《全唐诗》卷一一四均归入丁仙芝集中③。据徐注④、佟注⑤，当为孟浩然诗。诗中"中流"、"两畔"、"杨子驿"、"润州城"等，均能看出诗人行踪。"京江"、"山"、"海"、"江"、"枫叶"、"秋声"等，是诗人沿途所见所闻。

第三，怀思，计一首。《江上思归》："木落雁南度，北风江上寒。我家襄水上，遥隔楚山端。乡泪客中尽，孤帆天际看。迷津欲有问，平海夕漫漫。"诗题，《唐诗品汇》五言律诗卷之五作《早寒有怀》⑥，《唐贤三昧集》卷中⑦、徐注⑧、佟注⑨，均作《早寒江上有怀》。

---

① （唐）孟浩然著，杨军译注：《新译孟浩然诗集》，台北三民书局 2012 年版，第 446—447 页。

② （明）高棅编纂，汪宗尼校订，葛景春等点校：《唐诗品汇》，中华书局 2015 年版，第 2093 页。

③ 彭定求等编：《全唐诗》，中华书局 1960 年版，第 1156 页。

④ 孟浩然著，徐鹏校注：《孟浩然集校注》，人民文学出版社 2014 年版，第 302 页。

⑤ （唐）孟浩然著，佟培基笺注：《孟浩然诗集笺注》（增订本），上海古籍出版社 2016 年版，第 548 页。

⑥ （明）高棅编纂，汪宗尼校订，葛景春等点校：《唐诗品汇》，中华书局 2015 年版，第 1991 页。

⑦ 王士禛编，周兴陆辑著：《唐贤三昧集》，凤凰出版社 2016 年版，第 173 页。

⑧ 孟浩然著，徐鹏校注：《孟浩然集校注》，人民文学出版社 2014 年版，第 267 页。

⑨ （唐）孟浩然著，佟培基笺注：《孟浩然诗集笺注》（增订本），上海古籍出版社 2016 年版，第 401 页。

杨注："孟浩然东下吴越，沿途固然会有地方官员迎来送往，但更经常的状态是孤身一人在旅途奔波。此诗纪早寒江上感怀……诗中描绘的情景，是作者当时心态的真实呈现。"① 据诗中"雁南度"、"我家"、"乡泪"、"孤帆"、"迷津"，可知诗人伤感漂泊、诚挚的思家之情。

第四，访友，计一首。《夏日浮舟过陈大水亭》："水亭凉气多，闲棹晚来过。涧影见松竹，潭香闻芰荷。野童扶醉舞，山鸟助酣歌。幽赏未云遍，烟光奈夕何。"诗题，《唐诗品汇》五言律诗卷之五②、徐注③，均作《浮舟过陈逸人别业》。佟注作《夏日浮舟过张逸人别业》④。杨注："此诗写夏日浮舟往访友人情事。"⑤ 据诗中"闲棹"、"潭香"、"醉舞"、"酣歌"，可知诗人访友的愉悦与惬意。

第五，宫怨，计一首。《长乐宫》："秦城旧来称窈窕，汉家更衣应不少。红粉邀君在何处，青楼苦夜长难晓。长乐宫中钟暗来，可怜歌舞惯相催。欢娱此事今寂寞，惟有年年陵树哀。"杨注："这是二首反映宫女怨情的诗，习惯称为宫怨诗。"⑥ 据诗中所云"窈窕"、"红粉"、"苦夜"、"钟暗来"、"寂寞"、"陵树哀"可以看出，全诗在正反对比的描写中，表达了诗人对不幸女性的同情。

---

① （唐）孟浩然著，杨军译注：《新译孟浩然诗集》，台北三民书局2012年版，第317—319页。

② （明）高棅编纂，汪宗尼校订，葛景春等点校：《唐诗品汇》，中华书局2015年版，第1983页。

③ 孟浩然著，徐鹏校注：《孟浩然集校注》，人民文学出版社2014年版，第167页。

④ （唐）孟浩然著，佟培基笺注：《孟浩然诗集笺注》（增订本），上海古籍出版社2016年版，第123页。

⑤ （唐）孟浩然著，杨军译注：《新译孟浩然诗集》，台北三民书局2012年版，第96页。

⑥ （唐）孟浩然著，杨军译注：《新译孟浩然诗集》，台北三民书局2012年版，第445页。

与《河岳英灵集》比较，殷璠对题材内容的关注，可由其《叙》与《论》所提出的"神来、气来、情来"、"文质半取"等管窥之，亦可以据诗中论评诗人观之。如论王维"意新理惬"、论刘眘虚"情幽兴远"、论高适"多胸臆语，兼有气骨"等。其论孟浩然"无论兴象、兼复故实"等，也都是着眼内容特征的。《国秀集》选诗，其序曰："近秘书监陈公，国子司业苏公，尝从容谓芮侯曰：'……优游阙里，唯闻子夏之言；惆怅河梁，独见少卿之作……'芮侯即探书禹穴……事非适理，何贵于膏粱。其有岩壑孤贞，市朝大隐，神珠匿耀，剖巨蚌而宁周……尚欲巡采风谣，旁求侧陋……今略编次……"① 据此可知，芮挺章选诗，内容题材也是其注意的一个方面。

就某一首诗而言，虽然有时很难确定其题材归属，但其内容的总体特征，从字面上讲，往往还是可以确定的。对比《河岳英灵集》与《国秀集》，前者选了《归故园作》，后者没选；后者选了宫怨诗《长乐宫》，前者没选。值得关注的是，孟浩然以田园诗享誉盛唐诗坛，但是，盛唐两部重要的诗歌选本中，这类题材诗歌，均没有受到应有的关注。

四、《河岳英灵集》与《国秀集》选录 孟浩然诗体裁特征

《河岳英灵集》非常关注选本的体裁特征。其《叙》曰："编

---

① 傅璇琮编撰：《唐人选唐诗新编》，陕西人民教育出版社1996年版，第217页。

纪者能审鉴诸体，委详所来，方可定其优劣，论其取舍。至如曹、刘，诗多直语，少切对，或五字并侧，或十字俱平，而逸驾终存。然挈瓶庸受之流，责古人不辨宫商徵羽……使海内词场，翕然尊古，南风周雅……"① 这段文字，清楚地交代了其在诗歌体裁上的追求。其《论》也说："璠今所集，颇异诸家，既闲新声，复晓古体……"② 可见，殷璠对待古体诗与近体诗，态度是相当守中的。关于殷璠对古近体诗的关注，傅璇琮等的《河岳英灵集研究》："《河岳英灵集》的音律说，其意义当然不仅在于它能帮助我们进一步欣赏五古的音乐美……它的音律说也许适合于研究和欣赏盛唐的五古……它对从建安到盛唐这一大段时期内古诗音律的演进和成就，做了一个概括和总结。"③ 可见，殷璠关注诗歌体裁，其创建音律说，不仅有利于探讨盛唐诗歌，对文体流变史也有一定的意义。

具体到孟浩然诗歌，殷璠说："浩然诗，文彩丰茸，经纬绵密，半遵雅调，全削凡体……亦为高唱……"④ 这里，虽然没有具体谈到孟浩然诗的文体特征，但从其语意看，殷璠关注孟浩然诗的体裁。这一点，毋庸置疑。综观《河岳英灵集》所选，9 首诗体裁如下：

《过景空寺故融公兰若》：五言律诗

《过融上人兰若》：七言绝句

《裴司士见寻》：五言律诗

---

① 傅璇琮编撰：《唐人选唐诗新编》，陕西人民教育出版社 1996 年版，第 107 页。
② 傅璇琮编撰：《唐人选唐诗新编》，陕西人民教育出版社 1996 年版，第 108 页。
③ 傅璇琮、李珍华撰：《〈河岳英灵集〉研究》，中华书局 1992 年版，第 97 页。
④ 傅璇琮编撰：《唐人选唐诗新编》，陕西人民教育出版社 1996 年版，第 172 页。

《永嘉上浦馆逢张八子容》：五言律诗

《九日怀襄阳》：五言律诗

《归故园作》：五言律诗

《夜归鹿门歌》：七言古诗

《夜渡湘江》：五言律诗

《渡湘江问舟中人》：七言绝句

据徐注统计，今存孟浩然诗，五言古诗，总64首；七言古诗，总5首；五言排律，总37首；五言律诗，总129首；七言律诗，总4首；五言绝句，总19首；七言绝句，总6首，共计264首，另有补遗诗5首，共计269首。虽然补遗诗歌数量、体裁尚有待于研究，仅就其卷一至卷四所录诗篇观之，今存孟浩然诗，五言胜于七言，五律（包括五言排律）数量占据绝对优势，其次是五古、五绝、七绝、七古、七律。具体分析，徐注本存录孟浩然五言律诗（包括五言排律）占今存诗歌总数的62%。这个数字，至少说明孟浩然致力于五言律诗的创作。以徐注所存录的孟浩然诗与《河岳英灵集》对比，殷璠选录孟浩然诗9首，约占今存孟浩然诗歌的3.3%。其选五律6首，约占今存孟浩然诗歌的2.2%。以《河岳英灵集》选录孟浩然五律情况看，其比例为67%。这个比例，和今存孟浩然五律在全集中所占的比例相近似。

再看《国秀集》，虽然该集选诗而未加品评，但据其序，也可以略知芮挺章对待诗歌体裁的态度："仲尼定礼乐，正雅颂，采古诗三千余什……尝从容谓芮侯曰：'风雅之后，数千载间，诗人才子，礼乐大坏……虽发词遣句，未协风骚，而披林撷秀……可被管弦者都为一集。'芮侯即探书禹穴……取太冲之清词，无嫌近涩；

得兴公之佳句……"① 据此可知，芮挺章编《国秀集》，对诗歌体裁问题，亦有一定程度的关注。其选录孟浩然诗，体裁状况如下：

《夏日宴卫明府宅遇北使》：五言律诗

《题荣二山池》：五言律诗

《江上思归》：五言律诗

《过陈大水亭》：五言律诗

《渡浙江》：七言绝句

《长乐宫》：七言古诗

《渡扬子江》：五言律诗

由此可见，芮挺章选孟浩然诗 7 首，约占今存孟浩然诗歌的 2.6%。五言律诗为 5 首，约占今存孟浩然诗歌的 1.9%。以《国秀集》选孟浩然诗的总体情况看，五律所占比例为 71%。这个比例，略高于今存孟浩然五律在全集中所占的比例。同时，也应看到，《河岳英灵集》与《国秀集》选录孟浩然诗，除五律以外，仅仅选了七言古诗与七言绝句。除此以外，孟浩然的其他体裁诗，殷璠和芮挺章一首未选。

再比较《河岳英灵集》与《国秀集》可知，两部选本都很重视孟浩然的五言律诗，这和孟浩然喜好五言律诗是一致的。然而，殷璠选录孟浩然五律与七绝，均较芮挺章所选多了一首。

（卢燕新，南开大学文学院）

---

① 傅璇琮编撰：《唐人选唐诗新编》，陕西人民教育出版社 1996 年版，第 217 页。

孟浩然与李白、杜甫诗歌美学思想之关系探析

潘俊杰

唐代的诗坛群星璀璨，李白和杜甫被后世誉为唐代甚至是中国诗歌史上最伟大的两位诗人而"双峰并峙"。其实伟大如李白、杜甫，在他们的心中也有自己所推崇、敬佩的前代或同时代的诗人，例如李白对谢灵运、陈子昂、孟浩然等的推崇与喜爱，杜甫对李白以及孟浩然的敬佩与推崇等，虽涉及诗人个人交友喜好，但不免反映出个人对诗歌创作及审美的取向。有人戏言，杜甫心中只有李白，李白心中只有孟浩然，而孟浩然心中却只有王维。虽是戏言，但也在一定程度上说明了一些问题，将孟浩然与李白、杜甫联系起来比较研究，尤其是将三者的诗歌美学思想联系起来分析，亦不失为一桩趣事。

一、孟浩然、李白、杜甫生平及其相互关系

　　在三人之中，论年纪李白居于其中（701—762），孟浩然年最长（689—740），杜甫在三人中最幼（712—770）。孟浩然年长李白12岁，李白年长杜甫11岁，三人之间年龄相差几乎均等，可以说是有趣的地方。李白与孟浩然为忘年之交，据史料记载两人相识于开元十五年（727）湖北襄阳，其后分别于开元十六年（728）在武汉黄鹤楼相会并送别孟浩然，于开元二十四年（736）以及开元二十七年（739）与孟浩然于湖北襄阳相会，共四次同游或相会；而李白与杜甫也曾经于天宝三年（744）夏（洛阳）、秋（梁宋之地）两次携手同游，天宝四年（745）秋李、杜第三次在东鲁携手同游，结下了伟大的友谊，但此后二人终生再未相见。第三个有趣的地方是，孟浩然和杜甫相差23岁，虽为两代人，但也是生活于同一时代，史料中未见有二人交游之记载，二人却都与湖北襄阳有关，孟浩然家乡在襄阳故又称孟襄阳；杜甫籍贯是湖北襄阳但生于河南巩县，长期生活在洛阳和京兆长安，杜甫在安史之乱后期(广德元年，763）曾经想路过襄阳而不得，有诗《闻官军收河南河北》中"即从巴峡穿巫峡，便下襄阳向洛阳"句为证，其时孟浩然已去世二十余年，史书文献中也未曾录得二人有直接的交往。但是，杜甫通过李白及其诗歌为媒介也与孟浩然产生了联系，三人之间发生了复杂的交集。孟浩然对于李白和杜甫诗歌创作及诗歌美学思想的形成，有着重要的影响。

　　从历史文献的记载中可知，孟浩然与李白的交往主要有四次

相会同游以及李白向孟浩然的赠诗 3 首（另一说是 5 首）①，后世尚未发现孟浩然给李白的赠诗。而李白与杜甫相识相交有三次携手同游，在此期间及其后的岁月中，杜甫给李白写下了多达 13 首诗歌②，李白写给杜甫 4 首诗作③。后世有些学者据此认为杜甫倾心于李白，但李白却不大看得起杜甫而且不珍惜杜甫的友情，但笔者认为并非如此，个中原因可能有二：其一，李白年长杜甫十余岁，一般而言年少者给长辈献诗以示尊敬，而长辈却不必反过来为年少的诗人写诗；其二，李白和杜甫交往之时，李白已经名满天下，而杜甫还是一个年轻诗人并不太有名气，就如同当年李白与孟浩然交往时一样，孟浩然已经名满天下，而李白还只是个不太有名气的年轻诗人，李白给孟浩然写诗四首，传世文献没有找到一首孟浩然写给李白的诗歌，笔者认为在那个时候杜甫更多的应该是抱着一种向兄长、师长学习的态度与李白交游。后世有学者认为杜甫在认识李白之后其绝句的创作有受李白诗歌创作影响的痕迹，而且笔者还认为杜甫的诗歌美学也受到李白的影响。李白的诗歌创作有没有受到孟浩然的影响呢？笔者认为应该是有的，这从李白的诗风及其诗歌美学中可以找到，笔者放在文章的下一部分讨论。那么，杜甫的诗

① 李白向孟浩然的赠诗没有争议的是《赠孟浩然》、《春日归山寄孟浩然》、《黄鹤楼送孟浩然之广陵》3 首，另外 2 首《淮海对雪赠傅霭》（一题为《淮南对雪赠孟浩然》）以及《游溧阳北湖亭望瓦屋山怀古赠孟浩然》争议颇大。

② 据笔者统计，这 13 首诗分别是《与李十二白同寻范十隐居》、《春日忆李白》、《冬日有怀李白》、《天末怀李白》、《寄李十二白二十韵》、《赠李白》（二首）、《梦李白二首》、《饮中八仙歌》、《送孔巢父谢病归游江东兼呈李白》、《今夕行》、《不见》等；一说杜甫写给李白 15 首诗，笔者认为只此 13 首而已。

③ 李白写给杜甫的诗作分别是：《鲁郡东石门送杜二甫》、《沙丘城下寄杜甫》、《秋日鲁郡尧祠亭上宴别杜补阙范侍御》、《戏赠杜甫》等。

歌美学有没有受到孟浩然的影响呢？答案也是肯定的，我们完全可以从杜甫写给孟浩然的几首诗歌①里发现杜甫是那么地推崇孟浩然，甚至相比于对李白的热爱与推崇有过之而无不及。有人戏言，这简直就是一个伟大的"三角关系"，如果再加上孟浩然推崇喜欢王维，而王维推崇裴迪，当然裴迪也有自己最喜欢的诗人而非王维，这个问题就永远说不清楚了。究其缘由，其实这也很正常，每一个时代的诗人都会尊崇比之较早时期或者同时期比自己年长且诗名更盛的诗人，肯定不大可能去推崇爱戴比自己年轻的晚辈或后代诗人，所以才会出现这种现象。当然，这种现象对于同一类型的诗人及其诗歌在历史上的传承发展是有利的，后世研究者可以通过他们最亲密的朋友圈的线索按图索骥，也不失为一种比较可靠的研究方法。

二、孟浩然诗歌的美学特征及李白、杜甫对其的推崇与评价

后世多以清词丽句的"清"和"丽"来概括盛唐时期诗歌的美学特征，此时期许多诗人的作品读之也皆能让人有此种美的感受，大体是没错的，孟浩然就是此中的杰出代表。孟浩然作为盛唐前期山水田园诗人的杰出代表，他的诗歌表现出了清淡、自然的艺术特色。他的诗歌清新淡雅——"清淡"，在传世的 260 余首诗歌中据

---

① 杜甫写给孟浩然的诗歌有二首：《遣兴》（五首之五）、《解闷》（十二首之六）。

统计大致有 200 首属于此类。其"清淡"表现在内外两个方面，从外在来看，他的诗句中"清"字及其组合而成的词用得非常多，借用"清听"、"清音"、"清晓"、"清露"、"清辉"①等意象描摹出"清景"的画面；从内在来看，孟浩然的诗歌不重修饰雕琢，借自然之景、生活之事、日常之语抒散淡之情之性，有淡雅闲适之美。因此，后世诗评家称孟浩然之诗为"清诗"。王士源在其所编的孟浩然诗歌集《孟浩然集序》中评述："五言诗天下称其尽美矣。间游秘省，秋月新霁，诸英华赋诗作会。浩然句曰：'微云淡河汉，疏雨滴梧桐。'举座嗟其清绝，咸搁笔不为其继。"此外，白居易诗歌《游襄阳怀孟浩然》中："今我讽遗文，思人至其乡。清风无人继，日暮空襄阳。"对于孟浩然诗歌清淡之评价甚高，以至于认为其诗到了"清绝"之境界，并且如白居易所言其"清风"无人可以为继。至于"丽句"，孟浩然的诗歌也极富代表性。孟浩然有诗《夏日南亭怀辛大》为其代表："山光忽西落，池月渐东上。散发乘夕凉，开轩卧闲敞。荷风送香气，竹露滴清响。欲取鸣琴弹，恨无知音赏。感此怀故人，中宵劳梦想。"南宋晚期著名文学家刘辰翁在《王孟诗评》中评此诗云："起处似陶，清景幽情，洒洒楮墨间。"首先指出孟诗歌"清景幽情"之特点，而清代张文荪辑选录的《唐贤清雅集》则说："清旷，与右丞《送宇文太守》同调，气色较华丽。"重点强调的则是气色华丽之"丽"，笔者以为用"华丽"一词评价似可商榷，孟浩然诗之"丽"不好说是华丽，而是淡雅自然之美丽，并非

---

① "风泉满清听"（《宿业师山房期丁大不至》）、"风泉有清音"（《题终南翠微寺空上人房》）、"清晓因兴来"（《登鹿门山怀古》）、"鹤唳清露垂"（《宿天台桐柏观》）、"落景余清辉"（《耶溪泛舟》）。

装饰雕琢繁复之华丽。孟浩然诗歌之所以具有清丽之美，笔者以为这和他的人生崇尚"自然"而又长期的幽隐生活有关，同时也与盛唐前期佛学和道教兴盛下的宗教审美相一致。《春晓》一诗："春眠不觉晓，处处闻啼鸟。夜来风雨声，花落知多少。"其诗句清新淡雅自然而又蕴藉春天的秀丽，勃勃生机中有淡淡的伤春忧愁，沁人心脾。

对于孟浩然其人其诗，李白、杜甫都甚为推崇。因此，二人的诗歌创作及诗歌美学思想的形成都受到孟浩然的影响。对孟浩然的推崇二人是共同的，但李、杜二人对孟的推崇多少又有些不同：李白多是推崇其人品格及其风骨，杜甫更多的是推崇孟浩然的诗歌艺术。李白对孟浩然的深情厚谊主要体现在《黄鹤楼送孟浩然之广陵》这首千古名作中，而他对孟浩然的欣赏、敬佩、热爱则体现在他的《赠孟浩然》一诗中：

吾爱孟夫子，风流天下闻。红颜弃轩冕，白首卧松云。
醉月频中圣，迷花不事君。高山安可仰，徒此揖清芬。

诗句直抒胸臆，表达出对孟浩然的喜爱是因为孟夫子才学风流闻名天下，他年轻的时候放弃追逐功名利禄，年老时隐居于世外松林白云之间，月夜醉酒堪称此中圣人，迷恋于山野花草而不喜欢侍奉君王，他就像俗世的高山，哪里可以仰望！只能在此向他清新芬芳的道德作揖致敬。整首诗表达出李白对孟浩然道德人品的崇拜和敬仰。至于诗中所讲孟浩然一生是否是一位甘于隐世的诗人，也许与史实不符，但是并不妨碍李白对孟浩然的崇敬与喜爱。据史料记载，杜甫和孟浩然可能一生都未曾相见，但杜甫却对孟浩然的诗歌极为推崇，后世所依据的杜甫评孟浩然的两首诗可窥一斑。第一首诗是杜甫的《遣兴》（五首之五）：

> 吾怜孟浩然，裋褐即长夜。赋诗何必多，往往凌鲍谢。清江空旧鱼，春雨余甘蔗。每望东南云，令人几悲吒。

第二首诗是《解闷》（十二首之六）：

> 复忆襄阳孟浩然，清诗句句尽堪传。即今耆旧无新语，漫钓槎头缩颈鳊。

从这两首诗可以看出杜甫对于孟浩然其人其诗的认识、评价，上面第一首诗中说孟浩然虽然作诗不多，但艺术造诣往往凌驾于鲍照和谢朓之上；第二首诗说孟浩然的清丽之诗每一句都足以流传后世。对比杜甫对李白的推崇，我们会发现杜甫对孟浩然诗歌的评价超过对李白的赞赏。杜甫写给李白的《春日忆李白》：

> 白也诗无敌，飘然思不群。清新庾开府，俊逸鲍参军。渭北春天树，江东日暮云。何时一樽酒，重与细论文。

是说李白诗歌的清新之美可以与庾信齐名，他的诗歌的俊逸之美堪比鲍照，与杜甫写给孟浩然的诗评相比，自然会得出比李白还高的结论。当然，在他的另外一首写给李白的诗《梦李白二首》（其二）中说李白将会"千秋万岁名，寂寞身后事"。对李白总的评价也是非常高的。

三、孟浩然、李白、杜甫诗歌创作实践
相互关系之探析

通过对三位诗人生平的考察，我们会发现，他们虽然一生都曾经为自己的政治理想的实现而长期努力争取达官显贵的推荐任用，但都郁郁不得志，孟浩然终生未仕，李白短暂做过玄宗的御用文人，杜甫长期做很小的官。在年轻时和仕途不得意之下，作诗、唱和、饮酒、漫游几乎是他们人生中相同的经历，后人多赞赏李白、杜甫携手同游建立起的伟大友谊，却多少忽视了李白与孟浩然之间深厚的友谊。在三人关系之中，李白是三人之间直接或者间接的媒介。由于年龄的关系，他们三人之间形成了孟、李、杜阶梯状的纽带关系，孟对晚辈李白、杜甫诗歌的创作实践及诗歌美学的形成产生了一定的影响。

虽然，从李白敬献给孟浩然的其他几首诗里也没有发现对于孟浩然诗歌艺术的评价及推崇，但是孟浩然对于李白可能是一种潜移默化的影响或者说是一种诗歌精神层面的若合符契。李白提出诗歌"清真"的美学主张，即"清新秀丽，自然天真"之意，用其诗句来具体解释就是"清水出芙蓉，天然去雕饰"①。以及"一曲斐然子，

---

① 《经乱离后天恩流夜郎忆旧游书怀赠江夏韦太守良宰》。

雕虫丧天真"①。杜甫在《戏为六绝句》（其五）里提倡"清词丽句"的诗歌美学，可以说与孟浩然、李白的诗歌美学一脉相承，而且与整个盛唐时期的诗歌审美潮流相一致；此外，杜甫还提出"凌云健笔意纵横"②、"龙文虎脊"③、"翡翠兰苕"④、"鲸鱼碧海"⑤等诗歌创作和美学思想，这些思想的形成与李白有关系吗？笔者认为有。虽然后世一直尊称杜甫为"诗圣"、"诗史"，是批判现实主义的伟大诗人，尊称李白为"诗仙"——为浪漫主义的伟大诗人，我们从杜甫的诗评中发现，杜甫除了"清词丽句"的诗歌美学主张外，更提倡浪漫主义豪放的诗歌美学，这与李白更加接近。袁行霈先生说，李白所创造的富于个性特点的意象中最突出的就是飞翔的大鹏，还有奔腾咆哮的黄河、长江，高出天外的山峰、飞泻直下的瀑布，这些"都具有超凡的气概"，杜甫的诗歌主张不能说与此不契合。因此，杜甫与李白的诗歌美学主张也就有了很多的相通之处。若要深究，李白和杜甫二人诗歌美学思想的形成都与孟浩然有很大的关系。

我们知道，中国是个诗歌的国度，诗学有着代代相传悠久的历史传统，后世诗人对前代诗人、诗作以及同时代前辈诗人的推崇与学习形成继承创新的文脉。李白在认识孟浩然并与之交往之时自己还是一个名气甚小的年轻诗人，相同的是，杜甫在认识李白并与之交游时也是如此，而那两个时期的孟浩然和李白已经是名满天下的

---

① 《古风（丑女来效颦）》。
② 《戏为六绝句》（其一）。
③ 《戏为六绝句》（其三）。
④ 《戏为六绝句》（其四）。
⑤ 《戏为六绝句》（其四）。

大诗人。作为晚辈的李白和杜甫仰望并且向前辈学习，从而受到前者的指点或者潜移默化的影响是可以理解的。笔者认为，在诗歌形式方面的学习和受到的影响是粗浅的、外在的，诗歌美学方面受到别的诗人的影响才是内在的、深刻的，当然，这种影响也不是单方面的，李白和杜甫之所以能够受到孟浩然的影响，杜甫受到孟浩然、李白二人的影响，实际上是因为他们对于诗歌有着极为接近的审美兴趣使然；因此，在诗歌批评方面才会提出相近、相通甚至是相同的美学主张。

（潘俊杰，钦州学院北部湾海洋文化研究中心）

孟浩然诗歌菊意象研究

唐旭东

孟浩然诗歌涉及菊的总共有六首，其中以菊为意象的有五首，另有一首涉及地名，与菊有关。其中以菊为意象的五首中有四首与重阳节相关。然查阅所有研究孟浩然的成果，尚未见到针对孟浩然诗歌菊意象做专门研究者，兹不揣侧陋，结合孟浩然诗文内证及相关文献对此加以探讨，以就教于大方之家。

一、孟浩然涉菊诗的题材类型

孟浩然涉菊诗题材主要有四种类型：

（一）宴游诗

《卢明府九日岘山宴袁使君张郎中崔员外》。该诗题目标明"宴"

字，从内容上看，亦是有宴有游的。"共美重阳节，俱怀落帽欢"，
"共"与"俱"说明不是一个人，而是有多人，说明是聚会场合。"酒
邀彭泽载"用陶渊明典故，"以言饮酒之多"①，"献寿先浮菊"，所
言皆当指宴会情形。徐鹏校注："献寿：凡进爵于尊者曰寿。浮菊：
饮菊花酒。……《西京杂记》：'菊华舒时，并采茎叶，杂黍米酿之，
至来年九月九日始熟，就饮焉，故谓之菊花酒。'古时有九月九
日饮菊花酒之风俗。《荆楚岁时记》：'九月九日饮菊花酒，令人长
寿。'"② 而且，既称"献寿"，则有尊者与卑者在座，显然参加聚会
非止一人。"寻幽或藉兰"③，徐鹏校注："藉：坐卧其上"④，此以为
其说不确。谨按："寻"字分明是动态，不可能是"坐卧"，此处"藉"
非"枕藉"，而是"凭"、"借"或者"根据"，或者可以意译为"沿着"，
意思是沿着兰花去寻找幽静的胜景去处，则有"游"的生活内容。
另外，"叔子神如在，山公兴未阑。尝闻骑马醉，还向习池看"四
句，用晋羊祜、山简之典故，据《晋书·羊祜传》："祜性乐山水，
每风景，必造岘山，置酒言咏，终日不倦。尝慨然叹息，顾谓从
事中郎邹湛等曰：'自有宇宙，便有此山。由来贤达胜士，登此远
望，如我与卿者多矣！皆湮灭无闻，使人悲伤。如百岁后有知，魂
魄犹应登此也。'湛曰：'公德冠四海，道嗣前哲，令闻令望，必与
此山俱传。至若湛辈，乃当如公言耳。'"其"如百岁后有知，魂魄
犹应登此也"之言，当即"叔子神如在"之所本，言昔年羊祜游岘

---

① （唐）孟浩然著，徐鹏校注：《孟浩然集校注》，人民文学出版社1989年版，第251页。

② （唐）孟浩然著，徐鹏校注：《孟浩然集校注》，人民文学出版社1989年版，第136页。

③ （唐）孟浩然著，徐鹏校注：《孟浩然集校注》，人民文学出版社1989年版，第252页。

④ （唐）孟浩然著，徐鹏校注：《孟浩然集校注》，人民文学出版社1989年版，第136页。

山之感慨。又《晋书》卷四十三《山涛传》附《山简传》："简字季伦。性温雅，有父风，年二十余。……永嘉三年，出为征南将军、都督荆湘交广四州诸军事、假节，镇襄阳。于时四方寇乱，天下分崩，王威不振，朝野危惧。简优游卒岁，唯酒是耽。诸习氏，荆土豪族，有佳园池，简每出嬉游，多之池上，置酒辄醉，名之曰高阳池。时有童儿歌曰：'山公出何许，往至高阳池。日夕倒载归，茗芋无所知。时时能骑马，倒著白接篱。……'"① 则知"山公兴未阑。尝闻骑马醉，还向习池看"三句咏山简之游。则二典皆以咏古人之游以比当下之游。此诗以重阳节登岘山聚会饮酒、游乐为内容，寄托怀古之幽情，视之为宴游诗，当无可疑。

（二）赠答诗

《闻裴侍御胐自襄州司户除豫州司户因以投寄》，据其标题"闻……因以投寄"，显然当为投赠诗。"故人荆府掾，尚有柏台威。移职自樊沔，芳声闻帝畿。昔余卧林巷，载酒访柴扉。松菊无君赏，乡园懒欲归。"从标题与内容来看，当为赠别诗，表达的是对侍御史裴胐的惜别之情。《和贾主簿弁九日登岘山》，据其标题"和"字，可知此诗当为唱和之作，即诗人接到朋友赠诗，然后步韵而和作。佟培基笺注："此指贾昇登岘山之作"，② 意思是说，"国人咸寡和"之句评价的是贾昇登岘山之作。李景白校注："这里（唐按：指"国人咸寡和"句）借指贾主簿原诗的高超"，可知佟、李二位学者

---

① （唐）房玄龄等撰：《晋书》，中华书局 1974 年版，第 1227—1229 页。

② （唐）孟浩然著，佟培基笺注：《孟浩然诗集笺注》，上海古籍出版社 2000 年版，第 397 页。

亦认为孟浩然先收到贾主簿昇的诗作。又从诗的内容来看，"楚万重阳日，群公赏宴来。共乘休沐暇，同醉菊花杯。逸思高秋发，欢情落景催。国人咸寡和，遥愧洛阳才。"前六句当为重阳节登岘山欢饮高会的情景。后两句则以宋玉"曲高和寡"之典，并"用贾谊以比贾昇"①，夸赞贾主簿昇诗歌之高妙。

（三）咏怀诗

《途中九日怀襄阳》，从标题"怀"字即可看出，此诗为咏怀诗。又从内容来看，"去国似如昨，倏然经抄秋。岘山不可见，风景令人愁。谁采篱下菊，应闲池上楼。宜城多美酒②，归与葛强游。"正如注所言，"古代境内封地、诸侯食邑等均可称国"，此处"去国"指"离别故乡"③。诗前两句"去国似如昨，倏然经抄秋"意思是离乡的情景仿佛就在昨天，而时光飞逝，转眼却已经到了暮秋九月，以时间之久与感受之短暂作对比，突出了时节变化之快，表明离乡之久，为下文抒发怀乡之情充分蓄势，做好了铺垫。颔联"岘山不可见，风景令人愁"，"岘山"正在襄阳南部，显然"岘山"实际上是襄阳、是故乡的代名词。"岘山不可见"正是故乡不可见，故怀想岘山，即想起故乡，而在此重阳佳节，作者正在远离故乡的他

---

① （唐）孟浩然撰，李景白校注：《孟浩然诗集校注》，巴蜀书社 1988 年版，第 459 页。

② "宜城酒：汉代宜城（今湖北宜城）出产美酒。《艺文类聚》卷七二：魏陈王曹植《酒赋》：'其味有宜城醪醴，苍梧缥清。'《初学记》卷二六刘孝仪《谢晋安王赐宜城酒启》：'垂赐宜城酒四器，岁暮不聊。'《方舆胜览》卷三二《京西路》'襄阳府'：'金沙泉，在宜城县东一里，造酒极美，世谓之宜城春，又名竹叶酒。'"

③ （唐）孟浩然著，佟培基笺注：《孟浩然诗集笺注》，上海古籍出版社 2000 年版，第 253 页。

乡，正是"遥知兄弟登高处，遍插茱萸少一人"的时候，作者眼中的风景、心中的风景无不惹起无限的愁绪，正是"风景令人愁"。颈联"谁采篱下菊，应闲池上楼"用陶渊明、谢灵运之典故。"采篱下菊"用陶渊明《饮酒》(其五)："采菊东篱下，悠然见南山"之典。"池上楼"则用谢灵运《登池上楼》之典。而冠以"谁"、"应闲"，"作者以陶渊明、谢灵运自比，因自己不在故居，故无人采菊，池上楼闲"①仿佛秋菊有情，正待人来采；池楼空闲，正待人登临，正是从对方着笔，抒发的却是自己对家乡的无尽思念。正如徐鹏所言："此两句(唐按：指"谁采篱下菊，应闲池上楼")言自己离乡在外，故园景色无人欣赏，表示出对家乡的思念。"②末句用山简"举鞭向葛强，何如并州儿"之典，抒发的是对家乡亲朋的怀念之情。

(四) 交游诗

《过故人庄》是一首田园诗，描写农家恬静闲适的生活情景，也写老朋友的情谊。通过写田园生活的风光，写出作者对这种生活的向往。据标题，"过"意为拜访。从诗的前两句"故人具鸡黍，邀我至田家"来看，亦属应邀造访老友之作。又从末联句"待到重阳日，还来就菊花"来看，似应作于作者离开故人庄之前对故人所言，似以作于故人家为妥。如果已经离开，则"来"字变得无理，似应作"往"、"去"之语为佳。可知此诗极有可能作于故人家，属于当场题赠，似可视为赠诗。但诗以表现作者做客友人家的生活感

---

① (唐)孟浩然撰，李景白校注：《孟浩然诗集校注》，巴蜀书社1988年版，第467页。

② (唐)孟浩然著，徐鹏校注：《孟浩然集校注》，人民文学出版社1989年版，第262页。

受为主，似仍可视为交游诗。《寻菊花潭主人不遇》，从诗的内容"行至菊花潭，村西日已斜。主人登高去，鸡犬空在家"来看，作者与"菊花潭主人"应该不是故交，但作者慕名已久，算是神交之故人。作者应该是慕名前往拜访；从"寻"、"不遇"这些字眼来看，应该没有提前约定此日此时来访。再从"登高"一词来看，作者去寻访的时候应该是重阳节，这首诗反映了诗人去拜访一位隐者而未遇的交往经历，从前两句来看，为了拜访渴望见到的隐者，作者应该是走了漫漫长路，到达目的地的时候天色已晚，此时作者当已是疲劳、困乏、又饥又渴，所希望的当然是受到主人的接待，在茶酒两备、山肴野蔌、把酒论重阳、话桑麻的亲热气氛中消困解乏。但是没想到来到主人家门外，得到的消息和所见的情景却是"主人登高去，鸡犬空在家"，一个"空"字足见作者当时内心的失望和惆怅。

二、孟浩然诗歌菊意象内涵分析

所谓意象，是作者内在之意与外在之象的有机统一体。主观的意寄托于外在客观之象得以表达，客观的外在之象由于被创作主体寄寓了主观之意，带上了创作主体的思想和感情色彩，也不再是纯粹客观的外在之物、自在之象，而成为艺术作品中的创作主体思想感情的载体和有机的组成部分。正如郭外岑所言："所谓意象，顾名思义就是'意'和'象'的契合，创作主客体之间的内在统一。意象是意化的象，或曰写意性审美形象。从哲学上说，它源于天人合一的天道观，从审美心理学上说，它根于心物同构的感兴论。它是一种主观和客观、'意'和'象'，即形象和情思达到契合同一的复杂的再创造活动，主观的意转化为客观的'象'，而客观的'象'也被主观所意化"。[①] 孟浩然诗歌中的菊花都是寄寓了作者浓厚的亲情、乡情、友情的文学意象。

（一）菊花酒意象

该意象类型主要见于《卢明府九日岘山宴袁使君张郎中崔员外》与《和贾主簿弇九日登岘山》。

1.《卢明府九日岘山宴袁使君张郎中崔员外》：从"共美重阳节，俱怀落帽欢"两句，就不难看出作者心中的欢悦之情。在这种情景下，作者向尊者长者敬菊花酒，"献寿先浮菊"，此时作者心中充满的是对尊者长者的美好祝愿，希望他们能够借菊花酒的神奇力量得以延年益寿，甚至健康长寿，或许作者在与大家共饮菊花酒的时候对自己也有着同样的长寿期盼或期许吧。

2.《和贾主簿弇九日登岘山》："共乘休沐暇，同醉菊花杯"，"菊花杯"其实是杯中的菊花酒，描写的是同僚朋友们于重九之日登高、欢聚、酣饮的场景，抒发的是无比欢乐的情感。"共"字与"同"字表现的是作者对友情的珍视，聚会饮酒的欢欣。

（二）菊花意象

该意象类型主要见于《闻裴侍御肪自襄州司户除豫州司户因以投寄》、《过故人庄》与《途中九日怀襄阳》。

---

① 郭外岑：《意象文艺论》，敦煌文艺出版社 1997 年版，第 6、186 页。

1.《闻裴侍御朏自襄州司户除豫州司户因以投寄》：“松菊无君赏，乡园懒欲归”，从诗中“昔余卧林巷，载酒访柴扉”两句来看，过去作者“卧林巷”之时，“裴侍御朏”经常“载酒”来访，二人当有过共同赏菊的经历。则这里松、菊既可以视为真实的松菊，也可以视为作者的自比。松菊无君赏，既可以指作者故园的松菊再也无人观赏，也可以理解为友人闻裴侍御朏调走以后，再也没有这样的朋友欣赏自己了，表达的是好朋友调离之后内心的惆怅，表现了作者对于友情的珍视和知音不再的遗憾和失落感。这里菊可以视为具有双重意蕴的文学意象。

2.《过故人庄》：“待到重阳日，还来就菊花”，“就菊，犹言赏菊”①，菊是重阳节的代名词，是故人的象征，也是友情的象征。作者以“就菊花”代表诗人再次应邀来访，与故人插茱萸、登高，把酒赏菊的生活情景，但作者将这一系列与重阳节相关的生活习俗和美好愿景，将故人与友情，都以“菊花”二字替代了，可见菊花在诗人心目中的地位。

3.《途中九日怀襄阳》：“谁采篱下菊，应闲池上楼”中“采菊”是事象，“菊”是意象，“采菊”事象既是用陶渊明“采菊东篱下”之典，更可以说是对《西京杂记》：“菊华舒时，并采茎叶，杂黍米酿之，至来年九月九日始熟，就饮焉，故谓之菊华酒”之典的运用，其内在含义，既有以“九”谐音为“久”，寄寓“长寿”的含义，也有现实的以菊花酒养生以至长寿的寓意。而“登楼”或者说登高，应该不是一个人去登高，而是携家人或者亲朋一起去的，应该是家

---

① （唐）孟浩然著，徐鹏校注：《孟浩然集校注》，人民文学出版社 1989 年版，第 261 页。

人或者亲朋聚会的象征，是亲情与友情的象征。可以说，"采菊"与"登楼（登高）"皆为唐代重阳节的重要民俗活动，可以视为重阳节的象征，作者以不能回乡采菊寄托不能回故乡过重阳节的遗憾和惆怅。

（三）地名意象：菊花潭

见于《寻菊花潭主人不遇》。《方舆胜览》卷二七"湖北路江陵府"、"山川"条："菊潭，《十道记》云：'荆州菊潭，其源旁芳菊被涯，其滋液极甘馨。谷中有三十余家，不得穿井，仰饮此水，上寿二三百，中寿百余，其七十、八十犹以为夭。'"① 佟培基认为："菊潭一在邓州，今河南内乡，一在荆州，皆孟浩然经行之地，不知孰是。"② 诗云"行至菊花潭"，虽然"菊花潭"只是一个地名，但潭既以"菊花"为名，则其地必多菊花，可能为一丛菊环绕的一潭碧水。作者之所以重阳佳节前往菊花潭拜访菊花潭主人，一则是因为菊花潭这个地方，因为这里有菊花环抱的一潭池水，而又以"菊花"为名，正适合重阳佳节赏菊。二则是因为菊花潭主人。其居处当在菊花潭边，当为一位隐者，与孟浩然当属同道。他选择菊花潭这个地方隐居，与孟浩然热爱菊花的心意情感也是相通的。孟浩然在重阳佳节不陪伴家人登高赏菊、插茱萸、饮菊花酒，而长路迢迢跑到菊花潭拜访他，与他共度佳节，亦说明孟浩然与他的亲密情谊或者

---

① （宋）祝穆撰，祝洙增订，施和金点校：《方舆胜览》，中华书局2003年版，第482页。

② （唐）孟浩然著，佟培基笺注：《孟浩然诗集笺注》，上海古籍出版社2000年版，第415页。

对他的钦敬。因此，可以说"菊花潭"虽为地名，但依然饱含着孟浩然对菊花的热爱和对重九赏菊风俗的高度重视。仍然不妨说"菊花潭"这个地名饱含着孟浩然对菊花的深情，当然还有对菊花潭这个地方的向往和对菊花潭主人的深情。

三、孟浩然涉菊诗的主题

孟浩然涉菊诗主要表现了他对重阳节的高度重视，表达了他对友情与乡情的珍视。这几种感情在孟浩然的诗中往往是交织在一起的，只是不同的诗篇所表达的感情有所侧重而已。

（一）以表现重阳节登高欢会的欣悦心情为主

如《卢明府九日岘山宴袁使君张郎中崔员外》。"献寿先浮菊"显然反映的是重阳节登高饮菊花酒之习俗。从此句一方面可以看到孟浩然对此习俗的继承与保守，以及他对重阳节的高度重视。另一方面，也可以看出他对于友情的高度重视，在重阳节登高宴会之时，他端着菊花酒向朋友们敬酒，"先"也许还包含着先喝为敬的意思。之所以敬酒，根源于他对友情的高度重视，他对朋友们的美好祝愿。另外，孟浩然的诗作好多涉及重阳节之作，除了涉及菊花的这六首之外，其他像《九日龙沙作、寄刘大昚虚》、《九日得新字》等，这些诗作往往以"九日"为题，虽未提到菊花，但都表现了他对重阳节的高度重视，表现了他对重阳节聚会的高度重视。这首诗以表现对重阳等节饮酒欢会的喜爱和重视为主，从中反映出作者对友情的珍视。又如《和贾主簿弁九日登岘山》，从首联与颔联"楚万重阳日，群公赏宴来。共乘休沐暇，同醉菊花杯"这几句来看，不管作者是否曾经参加过当时的聚会，也不管诗中描写的场面和生活是作者亲历还是出于想象，从中都不难看出作者对重阳欢会生活的喜爱和重视，颈联则表现了在欢聚中感觉时间过得太快，表现了作者对重阳佳节欢聚生活的珍惜。另外，这首诗作为一首和诗和赠答诗，也足以表现作者对友情的高度重视和对友人诗才的赞赏。前三联都是描写重阳节欢聚的场面，抒发其间的感受的，仍可视为一首以表现重阳节欢会的快乐为主，以表现对友人诗才的赞赏和对友情的珍视为辅的诗作。

其实，孟浩然不但对重阳节非常重视，在他的诗歌作品中还有吟咏其他节日的，从《田家元日》、《腊月八日于剡县石城寺礼拜》、《上巳日涧南园期王山人陈七诸公不至》、《他乡七夕》等涉及节日的诗篇可以看出孟浩然对传统节日的重视。

（二）以表现友情为主

如《闻裴侍御胐自襄州司户除豫州司户因以投寄》先赞美了友人裴侍御胐的政绩，叙述了他因被提拔调离。然后回忆了与友人裴侍御胐的交往，最后通过"松菊无君赏，乡园懒欲归"两句表达了对朋友调离的惋惜和惆怅，表现的是作者对友情的珍视；《过故人庄》以菊花借代"故人"，把对友情的珍视，对重阳节的期盼都包含在"待到重阳日，还来就菊花"两句中了。正如余恕诚所论："只说重阳再来，却自然地流露出对这个村庄和故人的依恋"、"淡淡两句诗，故人相待的热情，作客的愉快，主客之间的亲切融洽，都跃然纸上了。"①应该说这也是一首以歌颂友情为主，饱含了作者对于重阳节以及重阳再聚的期待之情的作品。《寻菊花潭主人不遇》着重表达了作者于重阳节寻访朋友未遇的失望与惆怅，不难看出作者对于寻访菊花潭主人的迫切心情，主要表现的仍是对于友情的珍视。但从侧面不难看出作者对重阳节访友聚会赏菊等节庆习俗的喜爱和坚守。

（三）以表现乡情为主

《途中九日怀襄阳》以不能回乡采菊登楼寄托不能回故乡过重阳节的遗憾和惆怅，表达的是作者在异地他乡对家乡襄阳和家乡人尤其是亲朋好友的怀念。从标题"九日怀襄阳"就不难看出，此诗以怀乡为主题，寄寓了作者深厚的乡情，也间接表达了作者对重阳节及其相关习俗的高度重视。

从上述分析可以看到，对重阳节的重视和对习俗的坚守，对友情的珍视，对家乡、对亲朋的怀念之情构成了孟浩然涉菊诗的三大情感主题。这三种情感又大多以重阳节为纽带交织在一起，重阳情怀、友情与乡情共同构成了孟浩然涉菊诗的情感和文化心理基础。

（唐旭东，周口师范学院文学院）

---

① 萧涤非等：《唐诗鉴赏辞典》，上海辞书出版社 2004 年版，第 93 页。

孟浩然山水诗"诗中有画"的审美透视

郭春林　刘　燕

　　刘勰在《文心雕龙·物色》中说:"山林皋壤,实文思之奥府。"[①]中国山水诗自孕育以来,就天然含有一种画意,因为它所表现的主要对象就是"江山如画"、"风景如画"的祖国山川风物。从六朝山水诗兴起以来,对自然的精心刻画和描摹以追求"形似"就成为山水诗作家们共同的追求。山水诗发展到盛唐,由之前的模山范水转向了对"以形写神"、以景传情的审美追求。同时山水画在唐代的兴盛也激发了诗人们创作山水诗的灵感。山水诗和山水画都以自然山水作为自己的审美对象,其旨趣均在于创造优美的意境,使人读诗如入画境,观画深味诗情,故而有其共性所在。宋代苏轼就认为"诗画本一律,天工与清新"[②],张舜民也说过"诗是无形画,画是

---

　　① （南朝·梁）刘勰著,詹锳义证:《文心雕龙义证》,上海古籍出版社1989年版,第1759页。

　　② （宋）苏轼:《东坡题跋·书摩诘〈蓝田烟雨图〉》,《苏东坡全集》,北京燕山出版社2009年版,第492页。

有形诗"。① 这些都说明了诗与画能够相互融通的道理。

一、孟诗"诗中有画"观点的提出

文学史上第一次将"诗中有画"这一理念鲜明提出来的是苏轼。苏轼在《书摩诘蓝田烟雨图》中评价王维的山水诗画说："味摩诘之诗，诗中有画；观摩诘之画，画中有诗。"② 王维是一位身兼词客与画师的诗人 ③，他创立了水墨山水写意画一派，其山水诗的创作更多地融入了画理画法的技巧，诗与画融为一体，故而有此称。然而"诗中有画"并不是为王维山水诗所独有，如明唐顺之评杜甫诗道："少陵诗云：'华夷山不断，吴蜀水相通。'只此二语，写出长江万里之景如在目中，可谓诗中有画。"(《跋周东村长江万里图后》)④ 可见在杜甫的山水题咏诗中也有"诗中有画"的影子。戴鸣在《桑阴随记》中更加明确的说："王摩诘'诗中有画，画中有诗'人尽知之。不知凡古人诗皆有画，古人画皆有诗也。何以言之？譬如山水峰峦起伏，林木映带，烟云浮动于中，诗不如是耶？譬如人物衣冠意态栩栩欲活，诗不如是耶？"⑤ 道出了诗画本一体，非王维所独有的诗画观。

---

① （宋）张舜民撰：《画墁集》，《钦定四库全书》本卷一《跋百之诗画》。

② （宋）张舜民撰：《画墁集》，《钦定四库全书》本卷一《跋百之诗画》。

③ 王维在《偶然作·老来》一诗中，曾自诩"宿世谬词客，前身应画师"，可见其对此双重身份的认同和自负。

④ （明）唐顺之：《荆川先生文集·跋周东村长江万里图后》，卷一七。

⑤ （清）戴鸣：《桑阴随记》，民国间铅印本。

孟浩然身处盛唐这样一个山水诗画兴盛的时代，又与诗画兼擅的王维相交甚笃，虽不善作画，但其山水诗却在时代审美风尚和好友的熏陶中自觉或不自觉地抹上了一层浓浓的画意。因其诗富有画境，故而很容易入画，从而建立了山水诗与山水画的关系。据陈衍《石遗室诗话》记载："孟浩然'挂席几千里，名山都未逢。泊舟浔阳郭，始见香炉峰'四语，王摩诘至写以为图"[①]，便是孟浩然山水诗入画的实例。清代贺贻孙在《诗筏》里更是明确指出："诗中有画，不独摩诘也。浩然情景悠然，尤能写生。"[②]"情景悠然"，说的是孟诗也讲究诗情画意的融合之境；"尤能写生"，道出孟浩然也有很擅长将画理画法入诗的一面。由此可见，"诗中有画"既是王维山水诗的艺术特征，同时在孟浩然山水诗中亦有鲜明的体现，只是一直以来很少受到学界的注意。

要考察孟浩然山水诗中的"诗中有画"，首先我们需要对"诗中有画"这个概念进行界定。从画的种类来看，画分为人物画、花鸟画、山水画等，这里的"诗中有画"主要指的是山水画。山水画在盛唐又分为青绿山水派和水墨山水派，孟浩然主要受到的是水墨山水一派的影响。从画的层次上来说，画有画技、画意和画境等之分。画技即具体的绘画技巧，包括色彩、线条、光线、层次、布局、构图等，这类运用画法的山水诗可以在读者脑海里还原为具体可感的视觉画面，而画意和画境是属于诗歌意境的层次。对于诗人来说，指的是诗人在创作时，对外界客观真实的景物进行一定的加

---

① （清）陈衍著，郑朝宗、石文英校点：《石遗室诗话》卷一四，人民文学出版社2004年版。

② 郭绍虞编选，富寿荪校点：《清诗话续编》，上海古籍出版社1983年版，第171页。

工构思，融合了诗人的主观感情，从而创造出了情景相生、思与境偕的艺术境界。对于读者来说，指的是读者在欣赏诗歌时，运用想象、联想等方法，将语言文字符号变为具体可感的生动画面，使自己如临其境，如闻其声，从而体味到诗中所构建的意境之美。

明了"诗中有画"的含义，我们接下来具体分析孟浩然山水诗中"诗中有画"的意蕴。

二、绘画艺术的巧妙借鉴

孟浩然在创作山水诗时，受盛唐山水画审美理念和艺术手法的熏陶和启发，也自觉或不自觉地使用了画理画法入诗，因而孟浩然的山水诗既富有画的直观性，读来可以唤起读者类似的体验，使其如临其境，又具有盎然诗意，形成了"诗中有画"的鲜明艺术特征，诗情与画意初步实现了统一。

其一是淡如水墨的色彩。中国的水墨山水画素来追求"尚简"，主要通过墨的浓淡来区分画面的光影、色彩和层次，这种追求素淡的审美标准在孟浩然山水诗中同样有鲜明的体现。孟浩然的山水诗设色极简、极淡，使得其诗空灵蕴秀、淡雅清丽，与水墨山水画有着一致的意境。以至于闻一多认为"淡到看不见诗"[1]。其素淡主要表现在两个方面：一是喜欢使用素淡色彩的词汇来写景，如"青"、"白"、"绿"等。据笔者统计，《孟浩然集》中代表颜色的"白"字

---

[1] 闻一多：《唐诗杂论》，上海古籍出版社 1998 年版，第 30 页。

出现了 29 次,"青"字出现 29 次,"绿"字出现 12 次。可见孟浩然对"青"、"白"二色尤为情有独钟。从诗歌美学标准的角度来看,"青"、"白"二字更能体现孟浩然对平和恬静、淡雅疏朗风格的追求;从诗画交融关系的角度来看,"青"和"白"正是水墨山水画借物写意的手段,这也从一个侧面反映了孟浩然对水墨山水画法的借鉴。二是诗中摄取的意象多是色彩清淡的景物,如"山"、"水"、"云"、"泉"、"竹"、"石"、"鸟"等,其中尤为偏爱"水"意象。据统计,"水"意象在《孟浩然集》中出现频率高达 67 次之多。其意象的选择共同的艺术旨趣都指向于对"清"、"疏"、"淡"、"远"等审美风格的追求。刘辰翁评曰:"孟诗如雪,虽淡无色彩,不免有轻盈之意"[①];沈德潜则认为孟诗"语淡而味终不薄"[②],一语切中孟诗"淡而有味"的内质。如《秋登兰山寄张五》中"天边树若荠,江畔洲如月"[③],写登高远望:天际渺渺,远树如荠,江畔孤舟,舟如初月。展现在读者面前是一幅清幽旷远的江天月色图。诗人不着意刻画景物的色彩,仅用白描手法如实写来,尽显自然本色。孟浩然尤其善写空境,犹似水墨画的留白。如《夜归鹿门歌》"岩扉松径长寂寥,唯有幽人自来去",写鹿门山庞德公采药未返,唯有柴扉半掩,松径犹在。诗境寂静而又空渺,为读者开拓出空灵渺远的审美想象空间。

---

① (唐)孟浩然撰,李景白校注:《孟浩然诗集校注》,巴蜀书社 1988 年版,第 535 页。

② (清)沈德潜选注:《唐诗别裁集》,上海古籍出版社 1979 年版,第 19 页。

③ (唐)孟浩然著,佟培基笺注:《孟浩然诗集笺注》,上海古籍出版社 2000 年版,第 135 页,文中孟浩然诗作均引自本书。

表1 《孟浩然集》中含"白"字的诗句

序号	诗句	出处
1	白云何时去，丹桂空偃蹇。	《登鹿门山怀古》
2	白首垂钓翁，新妆浣纱女。	《耶溪泛舟》
3	北山白云里，隐者自怡悦。	《秋登兰山寄张五》
4	白云日夕滞，沧海去来观。	《游云门寺寄越府包户曹徐起居》
5	往来赤城中，逍遥白云外。	《越中逢天台太乙子》
6	烟暝栖鸟迷，余将归白社。	《宴鲍二宅》
7	愁来试取照，坐叹生白发。	《同张明府清镜叹》
8	习公有遗坐，高在白云陲。	《齿坐呈山南诸隐》
9	壮图哀未立，斑白恨吾衰。	《家园卧疾毕太祝曜见寻》
10	手持白羽扇，脚步青芒履。	《王迥见寻》
11	月明全见芦花白，风起遥闻杜若香。	《鹦鹉洲送王九之江左》
12	醉坐自倾彭泽酒，思归长望白云天。	《和卢明府送郑十三还京兼寄之》
13	犹怜不调者，白首未登科。	《陪卢明府泛舟回岘山作》
14	二毛催白发，百镒罄黄金。	《秦中苦雨思归赠袁左丞贺侍郎》
15	白璧无瑕玷，青松有岁寒。	《陪张丞相登荆城楼，因寄蓟州张使君及浪泊戍主刘家》
16	白发催年老，青阳逼岁除。	《岁暮归南山》
17	白简徒推荐，沧洲已拂衣。	《同曹三御史行泛湖归越》
18	白鹤青岩半，幽人有隐居。	《寻白鹤岩张子容隐居》
19	坐听白雪唱，翻入棹歌中。	《秋日陪李侍御渡松滋江》
20	已多新岁感，更饯白眉还。	《早春润州送从弟还乡》
21	赠君青竹杖，送尔白蘋洲。	《送元公之鄂渚寻观主张骖鸾》
22	白云向吴会，征帆亦相随。	《送谢录事之越》
23	苍梧白云远，烟水洞庭深。	《送袁十岭南寻弟》
24	白日既云暮，朱颜亦已酡。	《崔明府宅夜观妓》
25	年年白社客，空滞洛阳城。	《李氏园（林）卧疾》
26	池上青莲宇，林间白马泉。	《过景空寺故融公兰若》
27	四海重然诺，吾尝闻白眉。	《醉后赠马四》
28	酒酣白日暮，走马入红尘。	《同储十二洛阳道中作》
29	江风白浪起，愁杀渡头人。	《扬子津望京口》

表2 《孟浩然集》中含"青"字的诗句

序号	诗句	出处
1	岁岁春草生，踏青二三月。	《大堤行寄万七》
2	上逼青天高，俯临沧海大。	《越中逢天台太乙子》
3	归来卧青山，常梦游清都。	《与王昌龄宴王道士房》
4	手持白羽扇，脚步青芒履。	《王迥见寻》
5	青衿列胄子，从事有参卿。	《陪张丞相祠紫盖山途经玉泉寺》
6	白璧无瑕玷，青松有岁寒。	《陪张丞相登荆城楼，因寄蓟州张使君及浪泊戍主刘家》
7	雪尽青山树，冰开黑水滨。	《长安早春》
8	更怜斜日照，红粉艳青娥。	《同张明府碧溪赠答》
9	白发催年老，青阳逼岁除。	《岁暮归南山》
10	白鹤青岩半，幽人有隐居。	《寻白鹤岩张子容隐居》
11	岁月青松老，风霜苦竹疏。	《寻白鹤岩张子容隐居》
12	水回青嶂合，云度绿溪阴。	《武陵泛舟》
13	屡迷青嶂合，时爱绿萝闲。	《游景空寺兰若》
14	挂席东南望，青山水国遥。	《舟中晚望》
15	水楼一登眺，半出青林高。	《与杭州薛司户登樟亭楼作》
16	带雪梅初暖，含烟柳尚青。	《陪姚使君题惠上人房得青字》
17	万山青嶂曲，千骑使君游。	《陪独孤使君同与萧员外证登万山亭》
18	回看后雕色，青翠有松筠。	《重酬李少府见赠》
19	青阳一觐止，云路豁然开。	《岘山钱房琯、崔宗之》
20	赠君青竹杖，送尔白蘋洲。	《送元公之鄂渚寻观主张骖鸾》
21	忽逢青鸟使，邀入赤松家。	《清明日宴梅道士房》
22	绿树村边合，青山郭外斜。	《过故人庄》
23	池上青莲宇，林间白马泉。	《过景空寺故融公兰若》
24	夫婿久离别，青楼空望归。	《赋得盈盈楼上女》
25	楼台晚映青山郭，罗绮晴骄绿水洲。	《登安阳城楼》
26	君登青云去，予望青山归。	《送友人之京》
27	青楼晓日珠帘映，红粉春妆宝镜催。	《春情》
28	试登秦岭望秦川，遥忆青门春可怜。	《越中送张少府归秦中》
29	时时引领望天末，何处青山是越中。	《济江问同舟人》

表3 《孟浩然集》中含"绿"字的诗句

序号	诗句	出处
1	雪罢冰复开，春潭千丈绿。	《初春汉中漾舟》
2	回潭石下深，绿筱岸傍密。	《登江中孤屿赠白云先生王迥》
3	澄波澹澹芙蓉发，绿岸参参杨柳垂。	《高阳池送朱二》
4	逶迤见江势，客至屡缘回。	《登龙兴寺阁》
5	碧网交红树，清泉尽绿苔。	《本阇黎新亭作》
6	还看碧溪答，不羡绿珠歌。	《同张明府碧溪赠答》
7	异县非吾土，连山尽绿篁。	《行至汉川作》
8	水回青嶂合，云度绿溪阴。	《武陵泛舟》
9	屡迷青嶂合，时爱绿萝闲。	《游景空寺兰若》
10	树绕温泉绿，尘遮晚日红。	《京还留别新丰诸友》
11	绿树村边合，青山郭外斜。	《过故人庄》
12	楼台晚映青山郭，罗绮晴骄绿水洲。	《登安阳城楼》

　　相对于孟诗的素淡，王诗则更侧重于对所描写的事物进行敷彩着色，以色彩的鲜明对比来唤起读者对诗中描摹景致的深刻视觉印象。如《田园乐七首·其六》中的"桃红复含宿雨，柳绿更带春烟"、《辋川别业》中的"雨中草色绿堪染，水上桃花红欲燃"、《桃源行》中的"坐看红树不知远，行尽青溪不见人"等都是通过红与绿（或青）的浓墨渲染，来表现那种春意盎然的明丽之美。诗歌的画面效果在强烈色彩的鲜明对比下得到了强化。对此，李东阳在《怀麓堂诗话》有一段经典评论："王诗丰缛而不华靡。孟却专心古淡，而悠远深厚，自无寒俭枯瘠之病。"① 道出了王、孟一丰一淡的诗歌风神。

　　其二是布局和构图。绘画是一种"空间艺术"，须将空间并存的景物按照审美的原则加以巧妙的布置。南朝谢赫在《绘画六法》

---

　　① 　丁福保辑：《历代诗话续编》，中华书局1983年版，第1372页。

中就标举"经营位置"①。唐代张彦远在《历代名画记》中进一步指出："经营位置，则画之总要。"②这种绘画的技巧，孟浩然运用到山水诗的创作上来，就特别注意根据画面的需要，讲究画面的大小、远近、高低、虚实、疏密等的合理安排和妥善处理。

北宋画论家郭熙在《林泉高致·山水训》中曾提出"三远"的绘画主张："自山下而仰山巅，谓之高远；自山前而窥山后，谓之深远；自近山而望远山，谓之平远。"③孟浩然的山水诗常常将移步换形的"高远"、"深远"、"平远"的视野凝集在一幅画里，使其画面成为多重时空关系的总和，犹似一幅完整的长卷式的中国山水画。如《永嘉上浦馆逢张八子容》："众山遥对酒，孤屿共题诗"，诗人的视点由远及近，首先遥望众山，展现的是"高远"的视角，是远景描绘，接着写到江中孤屿与好友一起饮酒赋诗的近景场面。有远望，有近观，有众山孤屿的自然景观，有把酒题诗的人物活动，写出了景物的画面感和层次感。《临洞庭湖赠张丞相》："八月湖水平，涵虚混太清"，诗人屹立洞庭湖边，纵目极望，水天一色，一片涵浑浩阔的长景，此是"平远"视角。"气蒸云梦泽，波撼岳阳城"，诗人对八百里洞庭湖的壮伟景象进行了泼墨山水般的大笔渲染，以气势飞动之笔写出了洞庭湖水势的磅礴壮阔。但诗人不是直接平铺叙写，而是非常注重构图布局的错落变化，有背景的苍茫雄浑，有眼前的波澜壮阔，多角度、多时空地表现岳阳山水的雄伟，寥寥几

① （南朝）谢赫"画之六法"："一曰气韵生动，二曰骨法用笔，三曰应物象形，四曰随类赋彩，五曰经营位置，六曰传移模写。"

② （唐）张彦远：《历代名画记》，《钦定四库全书》卷一，第23页。

③ 沈子丞编：《历代论画名著汇编》，文物出版社1982年版，第59页。

笔晕染勾勒出了一幅远近相映错综有致的全景式岳阳山水画，从而创造出"故寂然凝虑，思接千载。悄焉动容，视通万里"①的山水诗意境。杜甫在《戏题画山水图歌》中提倡"咫尺应须论万里"②的山水画布局观，孟浩然的这一联无疑是这一绘画理论的形象注脚。其他诸如"天晴一雁远，海阔孤帆迟"（《送张舍人之江东》）、"樯出江中树，波连海上山"（《广陵别薛八》）、"烟容开远树，春色满幽山"（《游凤林寺西岭》）、"水迴青嶂合，云渡绿溪阴"（《武陵泛舟》）、"雪尽青山树，冰开黑水滨"（《长安早春》）等都是讲究画面布局和构图的佳句。

　　孟浩然不仅注意山水诗画面的布局和构图，同时注意处理画面的虚实关系，虚实相生，以达到"含不尽之意，见于言外"的艺术境界。笪重光在《画筌》里说："虚实相生，无画处皆成妙境。"③孟浩然的山水诗对虚实关系的处理巧妙自然，淡然无痕。例如《春晓》就是成功运用虚实相生艺术手法的典范之作。前三句诗人从听觉角度侧面着笔刻画春之声：悠悠鸟啼声和潇潇风雨声，而不及视觉形象。最后一句"花落知多少"则是虚写，在阵阵春声中将读者的思绪引向了对夜雨之后窗外"绿肥红瘦"美好春光的遐想。《唐诗笺要》评此诗为："朦胧臆想，构此幻境。'落多少'可以不说，又不容不说，诚非妙悟，不能有此。"可见，读者需要调动自己的"臆想"，

---

　　① （南朝·梁）刘勰著，詹锳义证：《文心雕龙义证》，上海古籍出版社 1989 年版，第 975 页。

　　② （清）钱谦益笺注：《钱注杜诗》，上海古籍出版社 1979 年版，第 119 页。

　　③ （清）笪重光著，吴思雷注：《画筌》，《历代论画名著汇编》，文物出版社 1982 年版，第 310 页。

才能妙悟诗人虚处着笔所营造的"幻境"。

其三是将音响引入山水诗的意境营造，化静为动，以动写静，把画面上难以描摹的景物动态和声响再现出来，使画面成为一个有声有色的随着时间延展的流动的图画，读者读来如临其境、如闻其声。孟浩然在其山水诗里尤其喜爱描摹自然界的清音来表现他清雅淡泊的心境。如"微云淡河汉，疏雨滴梧桐"（《秘省联句》），"淡"绘色，淡淡河汉，微云暗度；"滴"绘声，疏雨沥沥，漫滴梧桐。视觉上的淡冷加听觉上的清声，使读者如临其境、如闻其声，加强了整个画面的真实感和立体感。也难怪乎当时"举座嗟其清绝，咸搁笔不复为继。"①《夏日南亭怀辛大》"荷风送香气，竹露滴清响"，"香气"写嗅觉体验，"清响"状听觉感受，侧面烘托夏夜的清爽宜人，两者交相为用，一倍增其清。前举《春晓》也是巧妙运用声响的佳例。那处处啼鸟声无意中透漏了无边春色，把读者的思绪引向了窗外莺啭鸟鸣、百花争春的烂漫春光，这是用春声来渲染窗外春意闹的美丽春光，可谓是巧妙无痕。又如"松泉多清响"（《寻香山湛上人》）、"风泉满清听"（《宿来公山房期丁大不至》）、"风泉有清音"（《题终南翠微寺空上人房》）、"鹤唳清露垂，鸡鸣信潮早"（《宿天台桐柏观》）、"枯荷雨滴闻"（《初出关旅亭夜坐怀王大校书》）等皆是将自然界的声音摄入诗歌中，化静为动，动静相生，视觉上的直观描绘加上听觉上的侧面烘托，在视听通感的作用下，收到双倍的动人效果。

---

① 王士源：《孟浩然集序》，（唐）孟浩然著，徐鹏校注：《孟浩然集校注》，人民文学出版社 1989 年版，第 1 页。

对景物动态场景的捕捉，则让画面富有动感，形神兼备，富有气韵。南朝谢赫将"气韵生动"列为六法之首。[①] 唐代张彦远也标举谢赫的"气韵生动"，而将"传移模写"列为末事。[②] 绘画不仅讲求"摹其形"，更要讲求神似，追求气韵生动。唯其气韵生动，才知有蓬勃生命力，才更贴近大自然本身的律动。孟浩然的很多山水诗不仅仅停留于静态画面的如实描摹，也注意写出富有动感画面的神韵，从纷繁变幻的众多事物中摄取最引人入胜的那一刹那，而呈现在读者想象空间里的画面却具有一种连续性和动感性。正如莱辛所说："绘画在它的同时并列的构图里，只能运用动作的某一顷刻，所以要选择最富有孕育性的那一顷刻。"[③] 如《登岘山亭寄晋陵张少府》："岘首风湍急，云帆若鸟飞"。岘首山上，疾风湍急；云帆片片，若鸟翻飞。一个"飞"字，将整个画面变活，气势飞动，我们仿佛看到了一幅群帆飘展的动态画面。《下赣石》"跳沫鱼龙沸，垂藤猿狖攀"，"跳"、"沸"、"垂"、"攀"等一系列动词的精确使用，将沿途各种景物的动态情形清晰地展现出来，整个画面闪现着一种飞动感，心绪也随之飞舞，使画面的生气和神韵得到了强化。孟浩然运用语言的流动性还原大自然的律动，使山川风物摆脱画中的静止状态而生动起来，焕发出一种勃发的生命力。"鸟过烟树宿，萤傍水轩飞"（《闲园怀苏子》）、"草得风光动，虹因雨气成"（《和张明府登鹿门山》）、"落景余清辉，轻桡弄溪渚"（《耶溪泛舟》）等等

---

① （南朝）谢赫"画之六法"："一曰气韵生动，二曰骨法用笔，三曰应物象形，四曰随类赋彩，五曰经营位置，六曰传移模写。"

② （唐）张彦远：《历代名画记·论画六法》："以气韵求其画，则形似在其间矣。"

③ ［德］莱辛：《拉奥孔》，朱光潜译，安徽教育出版社 2006 年版，第 92 页。

均是在描摹景物时以精准的动词点醒了画面，使诗中的景物气势飞扬，生动可感。

三、诗画交融的意境之美

意境是中国古典美学的重要范畴，指的是作者的主观情意与客观物境相互交融而形成的艺术境界。盛唐诗人王昌龄在其诗学论著《诗格》中首次提出"意境"一词，标举"三境说"，即"物境"、"情境"和"意境"。王昌龄"三境说"的提出，对诗歌意境这一美学范畴的形成起到了重要的引领作用。从注重"物境"的刻画，到追求"情境"的营造，再到"意境"的升华，丰富了中国的意境说，而第三层境界被王国维称为"有境界"，"有境界方成高格"。[①] 孟浩然以画法入诗，具体描摹客观事物的形态以达到形似的过程，可谓是诗的"物境"。但诗人更多时候是将对客观事物的描摹视为诗人心境的一种寄托，为的是表现诗人追求淡泊超然的审美意境。正如王国维所说："一切景语皆情语"[②]。孟浩然的山水诗秉承了司空图的"超以象外，得其环中"[③] 的意境论，其笔下的山川风物蕴含着诗人自己的主观精神意绪，并将诗与画两种艺术形式的长处紧密结合起来，在融合诗画的过程中产生出既包孕诗、画意境又超越诗、画意境的独特意境之美，从而实现情与景、物与我、主观与客观的

---

① 王国维：《人间词话》，中国人民大学出版社 2004 年版，第 2 页。

② 王国维：《人间词话》，中国人民大学出版社 2004 年版，第 24 页。

③ 何文焕辑：《历代诗话》，中华书局 2014 年版，第 38 页。

完美统一。读者可以透过诗歌中的描述性语言体味蕴藏在其中的画意和画境，进入诗人所开拓的审美想象空间。

如《宿建德江》："移舟泊烟渚，日暮客愁新。野旷天低树，江清月近人。"诗人选取了小舟、烟渚、落日、野旷、远树、清江、明月等一系列意象，构成了一幅幽旷辽远的"暮江泊舟图"，画境清幽，色彩冲淡。诗人在对客观景物的描摹中渗透了诗人内心深处那份浓厚的羁旅之愁。"皇皇三十载，书剑两无成。山水寻吴越，风尘厌洛京"（《自洛之越》）。诗人带着一腔"不才明主弃"的忧愤漂泊吴越。此时诗人孑然一身，举目四望，野旷茫茫之中，只有一轮孤月陪伴着孤舟上的自己，顿时羁旅他乡之苦、仕途失意之悲、日暮思乡之情一起涌上心头。尾句诗人在淡墨的月光中心灵似乎得到了些许的慰藉。《唐人绝句精华》评曰："诗家有情在景中之说，此诗是也。"①这首诗在情与景关系的处理上，远远超过了六朝及初唐诗人，使人不知何者为景、何者为情，情与景完全交融，达到了出神入化的圆熟艺术境界。

再如《晚泊浔阳望庐山》："挂席几千里，名山都未逢。泊舟浔阳郭，始见香炉峰。尝读远公传，永怀尘外踪。东林精舍近，日暮空闻钟。"庐山香炉峰，在李白的笔下是"日照香炉生紫烟"，红日映照，烟霞缭绕，瑰丽绚烂；而孟浩然则以淡然素静的笔墨，勾勒了一幅缥缈悠远的"日暮香炉闻钟图"。我们跟随着诗人的脚步仿佛看到了远处暮色苍茫中若隐若现的香炉峰，又仿佛听到了从香炉峰传来隐隐的钟声，心绪也随着诗人而生发出一种怅惘和感伤之

---

① 刘永济选释：《唐人绝句精华》，人民文学出版社1981年版，第42页。

情。东林精舍近在眼前，而远公早作了古，心中不禁惆怅失落。精
舍近在眼前却望而不即，若隐若现的景物描写中传达出诗人悠然神
远的情思。空灵淡远意境的营造，也为读者开拓了富有延伸性的
想象空间。清代施补华《岘佣说诗》评曰："五律有清空一气，不
可以炼句炼字求者，最为高格。如襄阳'挂席几千里'，所谓'羚
羊挂角，无迹可求'。"[①]道出了孟浩然诗歌中以情入景、情景交融、
虚实相生的意境之美。

还有《耶溪泛舟》中通过"落景"、"清辉"、"溪渚"、"垂钓翁"、
"浣纱女"等精选的意象构成了一幅恬静和乐的生活画面，诗人解
脱尘嚣、怡性自乐的心境在清幽静谧氛围的画境中得到了传达和表
现。此种情景交融、浑然一体、诗画合一的意境之美在《游精思观
回王白云在后》、《过故人庄》、《秋登兰山寄张五》、《宿业师山房期
丁大不至》、《夜归鹿门歌》、《夏日南亭怀辛大》等诗篇中均有很好
的体现。

四、承前启后的文学史意义

刘宋时期借观山水以体玄悟道的时代风尚同时孕育了中国的山
水诗和山水画。山水诗在谢灵运时代，追求形似乃是当时的审美趣
尚。正如刘勰所说："自近代以来，文贵形似，窥情风景之上，钻

---

① （清）施补华：《岘佣说诗》，《清诗话》下册，上海古籍出版社 1978 年版，第
973 页。

貌草木之中。"①谢灵运在山水诗的描写中，开创性地借鉴了绘画的散点透视、随类赋彩、密置构图等艺术手法，诗中初露"诗中有画"的端倪。如"白云抱幽石，绿筱媚清涟"（《过始宁墅》）；"林壑敛暝色，云霞收夕霏"（《石壁精舍还湖中作》）；"池塘生春草，园柳变鸣禽"（《登池上楼》）；"野旷沙岸净，天高秋月明"（《初去郡》）等均是写景绘物的佳句。然而谢灵运的山水诗只在摹形写貌、曲写豪芥上下功夫，没有实现诗情与画意、物与我、主观和客观的完美统一。此时的山水画亦如此，侧重对物象进行细致的刻画或者当作人物故事画的一种陪衬。

初唐的山水诗在继承六朝山水诗的基础上，在摆脱形似追求神似的路上向前迈了一步。如王绩的田园景物诗和"四杰"、沈宋的一些描摹自然的佳作。中国山水诗到了盛唐阶段，才臻于完美、纯熟。此时的的山水诗不再只是模山范水，而是"不唯写山水之形胜，并传山水之性情，兼得山水之精神"②，山水诗从"贵形似"、"尚巧似"到致力于达到神似，力求表现山水的风神和诗人自我的个性，从而将山水诗艺术推向了成熟的高峰。同时山水画在此时也趋近成熟，其绘画理论的繁荣也为此时山水诗的创作提供了很多艺术方法的借鉴。而开创盛唐山水诗繁盛局面、完成山水诗由形似向神似过渡的正是孟浩然。

孟浩然上承大小谢、陶渊明，下启王维，将陶渊明的借山水写怀和二谢的借山水审美相结合，既注重"物境"的描摹，又侧重诗

---

① （南朝·梁）刘勰著，詹锳义证：《文心雕龙义证》，上海古籍出版社1989年版，第1747页。

② （清）朱庭珍：《筱园诗话》卷一。

歌"意境"的营造，揭开了盛唐山水诗鼎盛的序幕。孟浩然在山水诗画相互交融的时代风尚下，自觉或不自觉地将山水画的画理、画法运用到山水诗的创作中，在对"物境"的刻画上，他一改谢诗的密丽风格，化密景为疏景，弃重彩用淡墨，创造了"诗中有画"、诗画互通、素雅淡泊的诗歌意境。这无疑给比孟浩然小 12 岁的身兼诗人与画家的王维以艺术及审美上的启示。王维开辟了水墨山水画的新天地，自觉发挥其诗与画兼擅的优势，将水墨山水画的技法与山水诗的创作更加完美地结合起来，融画法与诗法于一炉，真正意义上实现了诗情与画意的完美统一，从而将山水诗画推向一个新的艺术高度。"诗中有画"作为山水诗的一种诗歌艺术特色，肇基于谢灵运，形成于王维，连接他们二人完成过渡的则是出于盛唐前期的诗人孟浩然。孟浩然将自谢灵运山水诗中肇端的"诗中有画"特色进一步运用到自己的山水诗创作中，从而成为盛唐山水诗派的先驱者和开拓者，其山水诗意境的创造也为唐代意境说这一美学范畴提供了具体的创作典范，在文学史上具有多方面的启示意义。

（郭春林、刘燕，广西大学文学院）

孟浩然诗歌在德语世界的译介与研究

何　俊

一、孟浩然诗歌在德语区的传播之滥觞

探究唐诗在德语世界传播的发端，必先谈及法国这一中转站的枢纽作用。在唐诗的翻译方面，汉学作为学科建制最早的是法国，早期的一批法国传教士如雷慕莎（Abel Rémusat，1788—1832）、儒莲（Stanislas Julien，1797—1873）等，都在唐诗译介方面做出了贡献。19 世纪 60 年代，"中国风"席卷整个欧洲，甚至影响了洛可可艺术风格，在这一宏大背景下，有两本中国古诗法语选译本先后横空出世，其一为法国汉学家德理文侯爵（Marquis d'Hervey Saint-Denys，1822—1892）的《唐诗》（Poésies de l'époque des Thang，1862），其二为法国女诗人戈蒂耶（Judith Gautier，1845—1917）的《玉书》（又译《白玉诗书》，Le livre de jade，1867）。德理文的《唐诗》是第一部在西方正式出版的唐诗法译集，为后来 20 世纪初问世

的两部著名德译唐诗集提供了参照，值得注意的是，这部法译唐诗集中收录了《过故人庄》和《宿业师山房期丁大不至》两首孟诗。《玉书》中没有收录任何孟浩然诗歌，它在 1873 年被转译成德语版的《中国歌曲》出版，考虑到当时普法战争刚刚结束两年的政治背景，德国人对来自敌国的文化输出持排斥态度，因此反响平平，但无论如何，这标志着唐诗在德语世界传播的肇始和滥觞。

1869 年，德国汉学开创者普拉特（Johann Heinrich Plath，1802—1874）在著作《两部唐诗集》中介绍了收藏在德国图书馆的《唐诗合解笺注》和《唐诗合选详解》，前者是雍正年间王尧衢编的《古唐诗合解》中的一部分，后者则为乾隆年间刘文蔚编纂。同时，普拉特提及收有两首孟浩然诗歌的德理文《唐诗》法译本参考了以上两部唐诗集，此外还参阅了《李太白文集》和《杜甫全集详注》。另外，普拉特的著作对孟浩然也做了简单介绍，把王维与孟浩然并提，并述及"孟浩然的某些讽刺之作惹得龙颜大怒"[①]，此处应该指涉的是跟"转喉触讳"事件相关的"不才明主弃"一句。

1885 年，德国学者舒尔茨（Adolph Moritz Schulze，1808—1881）转译了陈季同的法语版著作《中国人自画像》，原著就收有一首孟浩然诗歌《夏日南亭怀辛大》，转译成法语后的诗题为《群山之上的光亮》（*Das Licht über den Bergen*），标题虽然不是直译，却紧扣了全诗的内容。根据现有可考的资料，这首从法语转译成德语的《夏日南亭怀辛大》，是孟浩然诗歌进入德语世界的开先河之作。

---

① Plath, Johann Heinrich, *Ueber zwei Sammlungen chinesischer Gedichte aus der Dynastie Thang,* München: Verlag der königlichen Akademie，1869，S. 44.

二、孟浩然诗歌的德语迻译

包括孟浩然诗歌在内的唐诗在德语世界迻译的书目文献问题，已经有学者做了殚精竭虑的爬剔梳理工作[①]，得以惠及后学。根据德籍华裔学者顾正祥的统计数据[②]来看，尽管目前还未像英语世界那样出现专门的孟浩然诗德译单行本[③]，但孟诗在很大程度上已经吸引了德语区汉学界的关注目光：在业已出版的德译中国古诗选集中，孟浩然位居前十，排在李白、杜甫、白居易、苏轼、王维之后，后四位则是张九龄、陶渊明、王安石和柳宗元。孟浩然其人其作在德语区汉学界的地位之高，在此可以窥见。参阅顾正祥偶有遗漏的统计[④]，再加上笔者收集的卫礼贤（Richard Wilhelm，1873—1930）的孟诗翻译篇目（见下文）以及新近出现的资料信息，可以确定孟浩然约有 30 首诗歌已经进入了德语区汉学家的视野。其中，翻译次数最多的是约有 15 个不同翻译版本的《春晓》，接下来则是《宿业师山房期丁大不至》和《夏日南亭怀辛大》，它们均被翻译了 10 次左右；接下来翻译得较多的是《过故人庄》和《宿建德江》，都被翻译约有 5 次。以上皆是孟浩然耳熟能详、朗朗上口的名篇，引起异域译者和学者的注意，可谓水到渠成。值得注意的是，《唐

---

① 参见 Gu，Zhengxiang（Hrsg.），*Anthologien mit chinesischen Dichtungen*，Stuttgart: Hiersemann，2002；詹春花：《中国古代文学德译纲要与书目》，中国文史出版社 2011 年版。

② Gu 2002：S. XXI-XXII.

③ 参见 Hinton，David（trans.），*The Mountain Poems of Meng Hao-jan*，New York: Archipelagos Books，2004。

④ Gu 2002：S. 167-168.

诗三百首》选孟浩然诗 15 首 ①，在上个世纪都被译成德语。

（一）对孟浩然诗歌翻译的情有独钟之人

有着"德国孔夫子"之称的卫礼贤，是翻译孟浩然诗歌最多的德国人之一。他以传教士的身份来到中国，却将毕生精力贡献给了中国文化典籍的翻译与传播。除了翻译四书五经之类的中华典籍，他也旁涉了文学作品的翻译。在卫礼贤 1928 年所著《中国文学》一书中的唐代诗人部分，排在第一位的就是孟浩然，卫礼贤译出其诗歌 8 首，分别为《早梅》、《游精思题观主山房》（AmPfirsichblütenquell，"在桃花源畔"）、《春晓》、《夏日南亭怀辛大》（Sommerabend，"夏夜"）、《万山潭作》（Am Bergteich，"在山塘边"）、《初秋》、《秋宵月下有怀》（Herbstnacht，"秋夜"）和《夜归鹿门山歌》。对比其他各位诗人——甚至无论在国内还是国外声名远播的诗人比如诗仙李白、诗圣杜甫的译诗数目，不难看出卫礼贤对孟浩然的偏爱：王维 5 首，李白 10 首，杜甫 10 首（《舟行》其一、其二计为 2 首），白居易 6 首，韩愈 2 首。1930 年，卫礼贤在他创建的法兰克福大学中国学院的门户期刊《中国学》（Sinica）第二期上又发表专门的孟浩然诗作德语译文，包括十首诗歌，其中有三首直接袭用 1928 年《中国文学》中的译文——《游精思题观主山房》、《夏日南亭怀辛大》和《秋宵月下有怀》，另外还新译出以下七首：

①　分别为《秋登兰山寄张五》、《夏日南亭怀辛大》、《宿业师山房期丁大不至》、《夜归鹿门山歌》、《望洞庭湖赠张丞相》、《与诸子登岘山》、《宴梅道士山房》、《岁暮归南山》、《过故人庄》、《秦中寄远上人》、《宿桐庐江寄广陵旧游》、《留别王维》、《早寒有怀》、《宿建德江》和《春晓》，参见蘅塘退士编，陈婉俊补注：《唐诗三百首》，文学古籍刊行社 1955 年版。

《美人分香》（Das Blumenmädchen，"花女"）、《寒夜》、《寒夜张明府宅宴》（Das Mahl in der Winternacht，"冬夜晚宴"）、《武陵泛舟》、《彭蠡湖中望庐山》、《初年乐城馆中卧疾怀归》（Krank in der Fremde，"异地抱恙"）和《长乐宫》。然而，诗题"彭蠡湖中望庐山"中的"庐山"却被误译成"鹿门山"，也许是受到孟浩然毕生都与"鹿门山"结缘，而且多次在诗中提及"鹿门山"这一信息的影响。

1940 年，弗朗约（Zoltán von Franyó，1887—1978）从中文原文译出两首孟诗——《春晓》和《洛中访袁拾遗不遇》，连同其他多首诗歌一起发表在《中国学刊》1940 年第 1—2 期合刊上。曾在北京大学德文系执教四载（1920.12—1924.12）的德国日耳曼学者欧尔克（Waldemar Oehlke，1879—1949）在回国后也担当起传播中国文化的责任，他翻译的孟诗收录在自己编著的两本书中——《东亚的心灵：中日名言录》（1941）和《中国的抒情诗及格言》（1952）。1965 年，德国东方学家贡德特（Wilhelm Gundert，1880—1971）出版《东方之诗》，里面收集了来自近东国家、印度、中国、日本等国家和地区的诗歌，中国古诗包括孟浩然诗作 7 首，包括《春晓》、《夏日南亭怀辛大》、《望洞庭湖赠张丞相》、《宿建德江》、《夜归鹿门山歌》、《宿业师山房期丁大不至》和《送朱大入秦》。除了前两首出自他人笔下，其余均由贡德特本人译出。不知何故，《夏日南亭怀辛大》仅译出前半部分，"欲取鸣琴弹，恨无知音赏。感此怀故人，中宵劳梦想"四句略去未译。21 世纪以来，唐诗爱好者、业余译者马克（Barbara Maag）女士在中国朋友的襄助下，对孟诗翻译倾注了较多心力。她 2002 年翻译出版的《唐诗》采取汉德对照的方式，选孟诗 12 首，分别为《早寒有怀》、《宿桐庐江寄广陵旧游》、《夜归鹿门山歌》、《留别王维》、《秋登兰山寄张五》、《秦中寄远上人》、《与诸子登岘山》、《春晓》、《宿建德江》、《过故人庄》、《夏日南亭怀辛大》和《望洞庭湖赠张丞相》，皆是《唐诗三百首》所选的名篇，足见译者的眼光不俗。对孟浩然诗歌较为关注的还有来自科隆的职业汉学家吕福克（Volker Klöpsch，1948—　），他在 2009 年推出的唐诗德译选集《丝扇》选译了孟浩然、王维、李白、杜甫、白居易、柳宗元、杜牧和李商隐的诗歌，在体例上孟浩然也排列在首，所译诗歌数目多达 15 首，经查证恰好是《唐诗三百首》辑录的那 15 首孟诗。

此外，德语区汉学家对孟浩然及其诗歌的兴趣不仅体现在学术庙堂孜孜不倦的翻译上，这位盛唐诗人的作品甚至进入了德国日常生活类期刊乃至地方小报。中德文化交流期刊《文武——中国文化和武术期刊》（电子版）2017 年 12 月 28 日发表施多肯（Andreas Stocken）的文章《仕途还是隐逸——孟浩然的诗歌》，翻译出《彭蠡湖中望庐山》、《秦中寄远上人》、《望洞庭湖赠张丞相》、《宿桐庐江寄广陵旧游》、《早寒江上有怀》、《留别王维》和《与诸子登岘山》等 7 首孟诗。值得一提的是，标题"留别王维"被译成"我是孤独的，可又奈之如何呢？"（Ich bin allein — wie könnte es auch anders sein ？），抓住了充盈于整首诗中的"孤独"这一意境。孟浩然诗歌甚至在德国地方小报也占据了一席之地，比如《克雷韦尔周报》2012 年 8 月 4 日的文化版上即刊登了克伦东克（Jan Kellendonk）翻译的孟浩然的《春晓》一诗①。

---

① Kellendonk，Jan. Frühlingsdämmerung, http://www.lokalkompass.de/bedburg-hau/kultur/fruehlingsdaemmerung-gedicht-von-meng-haoran-690-740-510-d195573.html，10.01.2018.

（二）马勒《大地之歌》对孟浩然诗歌的化用

提及孟浩然诗在德语区的接受与传播，最值一提的则是奥地利著名作曲家马勒（Gustav Mahler）1908 年创作的声名煊赫的组曲《大地之歌》。这一组曲由六个乐章组成，都选取唐诗德译文作为歌词。1998 年德国某交响乐团来北京演奏了《大地之歌》，一时引发轰动效应，促使中国学界对《大地之歌》的研究和讨论达到高潮，因为德译者采用随意性很大的意译，有些不确定的原文"寻根"甚至成为 21 世纪中西文化交流中的一桩悬案，被称为中国音乐界的"斯芬克斯之谜"或"哥德巴赫猜想"。《大地之歌》第一至第五乐章的标题分别为《愁世的饮酒歌》、《寒秋孤影》、《青春》、《美人》和《春天里的醉汉》，第六乐章题为《分别》，歌词分为上下两阕，是孟浩然《宿业师山房期丁大不至》和王维《送别》的综合体。组曲歌词的文本立足于海尔曼（Hans Heilmann，1859—1930）的《中国抒情诗》（1905）和贝特格（Hans Bethge，1876—1946）的《中国之笛》（1907）这两本古诗德译选集，但马勒在此基础上进行了一定程度的再加工。前一本仿作的中国古诗集中收录了《宿业师山房期丁大不至》；后一本中则有两首孟诗，除了《中国之笛》中已有的那首，还有一首《夏日南亭怀辛大》（Abend，"夜晚"）。但这两本德语译诗集也不是从中文直接译出，而是参考了前文提及的《唐诗》和《玉书》这两部古诗法译选集以及其他英语翻译。马勒之所以将《宿业师山房期丁大不至》和《送别》两诗合二为一，有德国学者认为原因如下：一方面是因为两首译诗在贝特格的《中国之笛》中本来就是相邻编排的，另一方面是作曲者马勒受到了贝特格注解的影响——在注释中，贝特格称孟和王是好友，并错误地言称孟诗中等候的人就是王维，而王维又作诗《送别》回赠孟浩然。① 贝特格和海尔曼的译诗集与其说是翻译，不如说是仿作（Nachdichtung），二人均不通中文，在参考了法语唐诗译本的基础上，吸纳译诗中呈现的中国文化元素和情调，自由转译改写而成。以下对比孟浩然《宿业师山房期丁大不至》的原文以及德理文、海尔曼、贝特格和马勒的译文：

孟浩然原诗	德理文译诗及其回译	海尔曼译诗及其回译	贝特格译诗及其回译	马勒译诗及其回译
宿业师山房期丁大不至	Le poète attend son ami Ting-kong dans une grotte du mont Nié-chy② （诗人在业师山上的一个洞穴里等候他的朋友丁公。）	Abend (Mong-Kao-Jen erwartet seinen Freund den Dichter Ting-Kong am Rin-chi-Berge ③ （孟浩然在山上等候他的朋友丁公。）	In Erwartung des Freundes④ （ 等 待 友人。）	In Erwartung des Freundes ⑤ （ 等 待 友人。）
夕阳度西岭	Le soleil a franchi pour se coucher la chaîne de ces hautes montagnes （太阳西沉，消失在高高的群山之后。）	Die Sonne sinkt und verschwindet hinter den hohen Bergen （太阳西沉，消失在高高的群山之后。）	Die Sonne scheidet hinterdem Gebirge （夕阳沉没于山岭之外。）	Die Sonne scheidet hinterdem Gebirge （ 夕 阳沉没于山岭之外。）
群壑倏已暝	Et bientôt toutes les vallées se sont perdues dans les ombres du soir （群壑在夜晚的暗影中消失不见。）	Die Täler verlieren sich in den Schatten des Abends （群壑在夜晚的暗影中消失不见。）	In alle Täler steigt der Abendnieder （夜幕低垂于群壑间。）	In alle Täler steigt der Abendnieder （夜幕低垂在群壑间。）

① Weber，Jürgen, *Chinesische Gedichte ohne Chinesisches in Gustav Mahlers "Lied von der Erde". Eine wörtliche Übersetzung der Originale verglichen mit der Nachdichtung*，S. 21. http://www.xn--drjrgenweber-flb.de/Microsoft％20Word％20-％20Aufsatz％20Mahler％20Lied％20von％20der％20Erde.pdf，10.01.2018.

② Sait-Denys, d'Hervey（trad.）. *Poésies de lépoque des Thang*. Réimpression Éditions Champ Libre, 1977, p.282.

③ Heilman, Hans（übers.）. *Chinesische Lyrik vom 12. Jahrhundert v. Chr. bis zur Gegenwart,* München/Leipzing: Piper, 1905, S.19.

④ Bethge, Hans（übers.）. *Die chinesische Flöte*. Leipzing: Insel, 1907, S. 18.

⑤ Maler, Gustav（übers.）. *Das Lied von der Erde in Full Score*. New York: Dover Publications, 1988, p.viii.

续表

孟浩然原诗	德理文译诗及其回译	海尔曼译诗及其回译	贝特格译诗及其回译	马勒译诗及其回译
松月生夜凉	La lune surgit du milieu des pins, amenant la fraîcheur avec elle（月亮在松林间升起，带来了清凉。）	Der Mond steigt auf zwischen den Fichten und bringt erfrischende Kühle mit（月亮在松林间升起，带来了清凉。）	Mit seinen Schatten, die vollKühlung sind（夜的暗影一片清凉。）	Mit seinen Schatten, die vollKühlung sind（夜的暗影一片清凉。）
			O sieh! Wie eine Silberbarkeschwebt（呵，看，月儿悠游如一弯银色的小舟。）	O sieh! Wie eine Silberbarkeschwebt（呵，看，月儿悠游如一弯银色的小舟。）
			Der Mond herauf hinter den dunklen Fichten（月亮在暗黑的松林之外升起来。）	Der Mond am blauen Himmelssee herauf（月亮在蓝色的苍穹升起。）
			Ich spüre eines feinen WindesWeh'n（我感受到清风拂面而来。）	Ich spüre eines feinen WindesWeh'n（我感受到清风拂面而来。）
				Hinter den dunklen Fichten！（在暗黑的松林之外。）
风泉满清听	Le vent qui souffle et les ruisseaux qui coulent remplissent mon oreille de sons purs（微风拂过，小溪的潺潺响声盈满我的耳朵。）	Der Wind weht und das Rauschen des Baches erfüllt meine Ohren mit lauterem Klang（微风拂过，小溪的潺潺响声盈满我的耳朵。）	Der Bach singt vollerWohllaut durch das Dunkelvon Ruh' und Schlaf…（小溪潺潺欢唱，点缀着静谧安眠的暗夜。）	Der Bach singt voller Wohllaut durch das Dunkel（小溪潺潺欢唱，点缀着夜的幽暗。）
				Die Blumen blassen im Dämmerschein（花儿在昏暗中摇曳。）
				Die Erde atmet voll von Ruh' und Schlaf（大地吐纳着静谧与安眠的气息。）
				Alle Sehnsucht will nun träumen（所有的热盼与期待现在都已走回梦中。）
樵人归欲尽	Le bûcheron regagne son gîte pour réparer ses forces épuisées（伐木者回到他的营房，为了养精蓄锐。）	Der Holzhauer sucht sein Lager auf, um neue Kräfte zu gewinnen（伐木者回到他的营房，为了养精蓄锐。）	Die arbeitssamen Menschen gehn heimwärts（劳作后的人们走在归家的路上。）	Die müden Menschen geh'n heimwärts（疲惫的人们走在归家的路上。）

孟浩然 原诗	德理文译诗及其回译	海尔曼译诗及其回译	贝特格译诗及 其回译	马勒译诗及其回译
樵人归 欲尽			Voller Sehnsucht nach dem Schlaf（渴望安睡。）	Um im Schlaf vergess'nes Glück und Jugend neu zu lernen（为了在睡眠中重拾遗忘的快乐与年轻。）
烟鸟栖 初定	L'oiseau a choisi sa branche, il perche déjà dans l'immobilité du repos（鸟儿选定一根好的树枝，坐在上面一动不动。）	Der Vogel wählt feinen Zweig und sitzt in regungsloser Ruhe（鸟儿选定一根好的树枝，坐在上面一动不动。）	Die Vögel hocken still in ihren Zweigen（鸟儿安静地栖息在枝头）	Die Vögel hocken still in ihren Zweigen（鸟儿安静地栖息在枝头。）
			Die Welt schläft ein！（这世界已沉沉睡去！）	Die Welt schläft ein！（这世界已沉沉睡去！）
之子期 宿来	Un ami m'avait promis de venir en ces lieux jouir avec moi d'une nuit si belle（有个朋友答应要到此地跟我一起享受夜晚的美妙。）	Ein Freund hatte mir versprochen zu kommen und an dieser Stelle mit mir die Schönheit der Nacht zu genießen（有个朋友答应要到此地跟我一起享受夜晚的美妙。）	Ich stehe hier und harre des Freundes, der zu kommen mir versprach（我驻足在此，等待着一位许诺前来的朋友。）	Ich stehe hier und harre meines Freundes（我驻足在此，等待吾友。）
				Ich harre sein zum letzten Lebewohl（等待着向他做最后的告别。）
			Ich sehne mich, o Freund, an deiner Seite（吾友呀！我期盼着与你。）	Ich sehne mich, o Freund, andeiner Seite（吾友呀！我期盼着与你。）
			Die Schönheit dieses Abendszu genießen（共享这夜晚的美妙。）	Die Schönheit dieses Abendszu genießen（共享这夜晚的美妙。）
			Wo bleibst du nur? Du läßtmich lang allein！（然而你身在何方？孤寂的滋味，你让我久尝！）	Wo bleibst du! Du läßt mich lang allein！（然而你身在何方？孤寂的滋味，你已让我久尝！）
孤琴候 萝径	Je prends mon luth et, solitaire, je vais l'attendre dans les sentiers herbeux（我拿起弦琴，在青草披拂的小径上孤零零地等候他。）	Ich nehme meine Laute ab und wandte einsam ihn zu erwarten auf grasbedecktem Pfade（我拿起弦琴，在青草披拂的小径上孤零零地等候他。）	Ich wandle auf und nieder mit der Laute（我拨弄着琴弦。）	Ich wandle auf und nieder mit meiner Laute（我拨弄着琴弦。）
			Auf Wegen, die vom weichen Grase schwellen（在披拂着青草的小路上。）	Auf Wegen, die vom weichen Grase schwellen（在披拂着青草的小路上。）

续表

孟浩然原诗	德理文译诗及其回译	海尔曼译诗及其回译	贝特格译诗及其回译	马勒译诗及其回译
孤琴候萝径			O kämst du, kämst du, ungetreuer Freund!（但愿你来呀，你来呀，你这不可靠的友人！）	O Schönheit! O ewigen Liebes-Lebenstrunk'ne Welt!（呵，美妙呀！呵，这永恒的、爱与生命充盈的世界呀！）

  从以上对比可以窥见，德理文的译文在很大程度上仍然算是较为忠实的迻译，而各个德语仿作版本则在很大程度上偏离了原文。不通中文的海尔曼在迻译时虽然参考了德理文的法译文，但绝不是直截了当的转译，而是吸纳了法译文中以"松风水月"、"樵夫归家"、"倦鸟栖定"、"抚琴候客"等为代表的典型中国文化意象，并加入自己对中国文化的想象成分，进而仿作出充盈着"中国风"的德语诗作；贝特格也不谙中文，他的仿作同样是在参考前人译作的基础之上，再度增删加工而成的中西合璧体；而马勒则深受以上译作的灵感启发，进而创作出不朽的音乐华章。但也有学者认为，"告别"这一曲目在音乐上本来为了达到马勒作曲的高潮，但如果就对中文原文的曲解误读而论，则可谓是跌入了低谷：马勒在孟浩然的诗中加入了原诗中没有的"人世的悲怆"式的元素，因为改作后的"最后的告别"即是对整个世界的辞别，而最后一句谢世前的深长叹息也是孟诗中没有的，由此可以说贝特格和马勒创造了一首跟传统中国文化镜像、意趣和境界格格不入的全新的西方诗歌，基于这一点，对这位伟大音乐家的无限崇敬似乎也该打点折扣。①

---

  ① Weber，Jürgen，*Chinesische Gedichte ohne Chinesisches in Gustav Mahlers "Lied von der Erde". Eine wörtliche Übersetzung der Originale verglichen mit der Nachdichtung*，S. 21-23. http://www.xn--drjrgenweber-flb.de/Microsoft%20Word%20-%20Aufsatz%20Mahler%20Lied%20 von%20der%20Erde.pdf，10.01.2018.

　　纵观迄今以来德语世界的孟浩然诗歌翻译，可以发现几个有着不同翻译范式和风格的译者主体。第一个群体为古汉语纯熟的职业汉学家，以奥地利学者查赫（Erwin Ritter von Zach，1872—1942）为典型代表，他秉承逐字逐句、严格意义上的散文体"直译"，为了精准传达原诗的字面意义而不惜以损害原诗的韵律和诗意为代价，他译的孟浩然诗有《长乐宫》、《彭蠡湖中望庐山》、《游精思题观主山房》和《早梅》。这一群体还包括数目微乎其微的华裔汉学家，比如汉堡大学刘茂才曾翻译《春中喜王九相寻》和《寒夜张明府宅宴》。第二个群体是不通中文的译者，他们自己同时也创作，其唐诗迻译与其说是语言上的翻译，不如说是建立在借鉴吸纳中国意象和元素基础之上的仿作。海尔曼、贝特格以及其他多位中国古诗意译或仿作者皆是这一翻译范式的典型代表，他们采取"拿来主义"、"中为西用"的原则，"借唐诗之酒杯，浇胸中之块垒"。最后一个群体则是中德合作的译者，德语译者的中文水平各不相同，但都会与一位中文母语者合作翻译；值得注意的是，随着中德两国文化交流日益扩大和加深，尤其是孔子学院在德国的建立和在德华人参与传播中华文化，这种中德合作方式越来越大受欢迎：2009 年，德籍华人赵岩（Yan Zhao）和德国学者齐滕（Dieter Ziethen）合译唐诗德译选集《静听落花》（*Leise hör' ich Blüten fallen*），其中收录孟浩然诗歌 3 首，分别为《春晓》、《宿建德江》和《留别王维》。布鲁姆霍费尔（Andreas Blumhofer）和中国译者杨东辉（Donghui Yang，音译）在 2015 年合作翻译的《唐代诗歌——阅读、翻译和理解》采取按需印刷的方式发行，其中收有《春晓》和《宿建德江》，封面也采用了《春晓》的书法插图。

三、德语世界的孟浩然研究

比之英语世界发展得初具轮廓、已经出现相关专著①的孟浩然研究，德语世界的相关研究可谓方才起步。当然，考虑到英语和德语两种语言本身的国际学术地位及其所属的研究主体和受众也存在密切关系，这一差距也很容易理解。迄今为止，德语世界还未出现专门的孟浩然研究，对其人其作的探究多置于"中国文学史"系列中的唐诗章节之中进行。有关孟浩然本人的研究，德语学界似乎还停留在简介的层面上，长期以来沿袭国内学界的固有观点——比如孟浩然由来已久、近乎盖棺定论的隐士形象，因为田园山水诗风格相近，也常把王维与孟浩然对举等，但近来在这方面也有突破。至于德语世界学者对孟浩然诗歌的探究，一方面倾向于运用西方的独到视角和理论来阐释《春晓》、《与诸子登岘山》之类耳熟能详的诗歌，另一方面则专注于从人与自然关系的角度来探究孟浩然的自然诗和禅诗。此外，在探讨古诗德译的实践方面时，经常援引实例来阐发其中存在的载体、形式和历史文化等方面的重重困难，而孟浩然的《春晓》等诗因为言简意赅、意境恬淡而朗朗上口常被用作实例②。

---

① 参见 Kroll，W. Paul，*Meng Hao-jan*，Boston: Twayne, 1981。

② Aden Menno，*Übersetzung chinesischer Gedichte ins Deutsche*，http://www.dresaden. de/B--Ungedruckte-Arbeiten/III_-Literatur-und-Dichtung/uebersetzung_chinesischer_Gedichte. pdf，10.01.2018，S. 4-5.

（一）德语区"中国文学史"书系中的孟浩然

德语世界的第一本《中国文学史》由汉学家顾路柏（Wilhelm Grube，1855—1908）在 1902 年撰写出版，他在著作中浓墨重彩地叙述了唐诗的情况，提到了具有佛教倾向的诗人比如宋之问和王维，以及常建、韦应物、王昌龄等受到道家思想影响的诗人 ①，惜乎只字未提孟浩然。叶乃度（Eduard Erkes，1891—1958，又译"何可思"）所著的《中国文学》是用德语书写的第二部"中国文学史"，但也没有提及孟浩然。一直到上文提及的 1926 年付梓的《中国文学》，卫礼贤才在其中的"唐代文学"一章中列举了几位唐代诗人做个案分析与研究，排在第一位的就是孟浩然。卫礼贤提及孟浩然隐居鹿门的生活，其后译出《夜归鹿门》一诗，可谓水到渠成；作者还述及李白与孟浩然的友谊，并顺便译出那首著名的《送孟浩然之广陵》。另外，作者还提及王孟之间的一桩著名事件：孟造访王，正闲谈之际，忽然皇帝驾到，孟为回避天子钻入床下，但王维暴露了他，皇帝遂与孟促膝长谈并邀请他出任官职，但孟坚持宫廷生活不适合他，于是继续他的隐居生活。② 显而易见，"皇上邀请孟出任官职"等细节并不符合"转喉触讳"的史实。

第二次世界大战后，德国汉学资料奇缺，1945 年传教士汉学家菲佛尔（Eugen Feifel，1902—1999）由日文翻译成德文的《支那学术文艺史》在北平出版，这部文学史代表了当时日本汉学的研究水平，为正处在低谷的德国汉学带来了活力。在撰述中唐时期的

---

① Grube Wilhelm, *Geschichte der chinesischen Litteratur*, Leipzig: Amelangs，1902，S. 291.

② Wilhelm, Richard, *Chinesische Literatur*, Wildpark-Potsdam: Akademische Verlagsgesellschaft Athenaion sM.B.H.，1926，S. 139.

文学史这一部分，著作介绍完王维之后提及孟浩然，言及他因为其诗句"不才明主弃，多病故人疏"而开罪了皇帝，进而断送了他的飞黄腾达，同样把王孟对举，称其自然诗吐露了内心深处的情愫①。

艾默礼（Reinhard Emmerich）所著《中国文学史》在"盛唐诗"这一章节也花了一个段落的笔墨来介绍孟浩然，同样把他与王维并举（"王孟体"），并述及他可以作为典范的自然诗或曰"田园诗"及其深藏在这个"自由灵魂"体内的隐士气节和情怀②，同时引用《寻香山湛上人》中的句子"平生慕真隐"以及尾句"愿言投此山，身世两相弃"。另外，艾默礼还译出了孟浩然最广为人知的诗歌之一《春晓》，为诗人的旷世代表之作再添一个德译版本。在施寒微（Helwig Schmidt-Glintzer）的著作《中国文学史》中，也多处提及孟浩然这个名字。著作同样把王孟作为自然诗人和禅诗人对举并论，但显然对王维着墨更多；就孟诗而言，对《春晓》等代表作品不着一字，仅在论述一般意义上的诗艺时，引用孟浩然的千古佳句"微云淡河汉，疏雨滴梧桐"，来描述用一个字（"淡"、"滴"）成就一行诗的诗歌艺术——所谓"不朽之点"、"点铁成金"③。另外，该著作中谈及起始于唐代中期的古文运动时，还言称"孟浩然和韩

---

① Feifel, Eugen, *Geschichte der chinesischen Literatur. Mit Berücksichtigung ihres geistesgeschichtlichen Hintergrundes, dargestellt nach Nagasawa Kikuya: Shina gakujutsu bungeishi,* Hildesheim/Zürich/New York: Olms，1982，S. 192.

② Emmerich，Reinhard（Hrsg.），*Chinesische Literaturgeschichte*. Stuttgart/Weimar: Metzler, 2004, S.150.

③ Schmidt-Glinzer, Helwig, *Geschichte der chinesischen Literatur,* München: Beck，1999, S. 355.

愈主张古典理想主义"①，这里显然是把"柳宗元"误作了"孟浩然"。2007 年，吕福克和女汉学家梅薏华（Eva Müller，1933—　）共同出版的《中国文学辞典》也列出了"孟浩然"这一词条，简单介绍了这位盛唐时期的诗人。

2013 年顾彬主编的十卷本《中国文学史》书系第一卷就是他本人撰写的《中国诗歌史——从起始到皇朝的终结》，书中也单列一个章节介绍孟浩然和王维。在孟浩然的研究部分，顾彬或多或少地受到英美汉学界相关研究的影响。比方说，顾彬引用美国著名唐诗翻译和研究者宇文所安（Stephen Owen）的观点，认为孟浩然是唐代大诗人在创作的题材、风格和种类方面"最有局限性"的诗人②，可谓"风格同类，内容狭窄"③。同时，顾彬称孟诗所及范围较为狭窄，描述的都是不引人注目的事物，代表一种深受佛教影响的所谓"寂静主义"，以及"日常琐事美学"④。谈及孟浩然的典型形象，"闲人"或"隐士"是一个无法规避，甚至有点固化成刻板印象的关键词。但在顾彬看来，孟浩然的隐居"与其说是迫切渴望，还不如说是迫不得已"⑤，换言之，既然做不到"达则兼济天下"，

① Schmidt-Glinzer, Helwig, *Geschichte der chinesischen Literatur,* München: Beck，1999, S. 286.

② ［德］顾彬著，刁承俊译：《中国诗歌史——从起始到皇朝的终结》，华东师范大学出版社 2013 年版，第 186 页。

③ ［德］顾彬著，刁承俊译：《中国诗歌史——从起始到皇朝的终结》，华东师范大学出版社 2013 年版，第 191 页。

④ ［德］顾彬著，刁承俊译：《中国诗歌史——从起始到皇朝的终结》，华东师范大学出版社 2013 年版，第 187 页。

⑤ ［德］顾彬著，刁承俊译：《中国诗歌史——从起始到皇朝的终结》，华东师范大学出版社 2013 年版，第 187 页。

那么也就只好"穷则独善其身"，这其实也是一种因时而动、因地制宜的"将就"和"凑合"①。在顾彬眼中，孟浩然"闲人"或"隐士"形象绝不是无源之水、无本之木，不能脱离社会背景来考察这一形象，因为"清闲就是官场失意的结果"②。这样的看法跟近年来中国国内的最新孟浩然相关研究结果非常近似：自唐代以来孟浩然在人们心目中就一直是一个隐士的形象，但是 20 世纪上半叶以来，随着刘甲华在《河岳诗人孟浩然》③一文中对诗人锐意进取的一面的探讨，越来越多的学者认定深受儒家思想影响的孟浩然有着强烈的仕进之心，而将他一生中在仕与隐之间的徘徊摇摆归结为理智与情感之间的矛盾④。

　　具体到孟浩然诗歌的分析与解读，顾彬从新颖的认识论角度解析了《春晓》一诗，认为它不仅涉及"即将到来的一天"，而且还与"即将到来的认识之光或者顿悟之光"密切相关⑤，并相应地分析了"晓"这个词的双关意义——"拂晓"和"知晓"。顾彬从佛教的顿悟这一角度来阐释《春晓》，并将顿悟精神视为唐代的典型时代精神，暗合该章节的标题——"顿悟精神"。另一首在顾彬看来写得很好却又不太有名的佛诗是《过融上人兰若》，从此诗可以窥见孟

---

　　① ［德］顾彬著，刁承俊译：《中国诗歌史——从起始到皇朝的终结》，华东师范大学出版社 2013 年版，第 187 页。

　　② ［德］顾彬著，刁承俊译：《中国诗歌史——从起始到皇朝的终结》，华东师范大学出版社 2013 年版，第 187 页。

　　③ 刘甲华：《河岳诗人孟浩然》，《文史杂志》1946 年第 1 期。

　　④ 李园：《孟浩然及其诗歌研究》，南京师范大学 2007 年博士学位论文。

　　⑤ ［德］顾彬著，刁承俊译：《中国诗歌史——从起始到皇朝的终结》，华东师范大学出版社 2013 年版，第 188 页。

浩然偏爱的创作技巧：佛教因素构成风景描写的外部框架，而景物刻画则留在一首诗的中间①。同时，顾彬也从感官转换（视觉到听觉）以及认识或者领悟的角度来解读了这首诗，其中还套用了基督教的说法：尽管僧人在"此岸空间"（"内"）缺席，但诗人可以感觉到他来自"彼岸空间"（"外"）的精神在场：在那山巅之上，也就是在那远离尘世的地方，很有可能就是僧人所在之处。② 在顾彬看来，孟浩然也是将儒、释、道三大宗教教义融为一体、纳入作品之中的盛唐诗人大军中的一员。从儒教精神的角度出发，顾彬如是解读《与诸子登岘山》一诗：此刻我辈悼念先辈、而后辈终有一天又来凭吊我辈的思维秩序，接近儒家的观念，即主张社会不朽，认为身后荣誉建立在道德或言行的基础之上。③ 在另一部著作中，顾彬言称可以从孟浩然等人的作品中体会怀古诗的幽情和伤逝之感，并且又从《与诸子登岘山》归纳出已经成为唐代怀古诗固定标记的内容：登高；望远追怀往昔；江山依旧而人生易老；历史人物及过去时代的遗迹；眼前的真实自然；涕泪。④

　　对《与诸子登岘山》一诗，德国学界也有声音认为表现平平。在上面提到的《仕途还是隐逸——孟浩然的诗歌》一文中，施多肯

---

① 〔德〕顾彬著，刁承俊译：《中国诗歌史——从起始到皇朝的终结》，华东师范大学出版社 2013 年版，第 191 页。

② 〔德〕顾彬著，刁承俊译：《中国诗歌史——从起始到皇朝的终结》，华东师范大学出版社 2013 年版，第 192 页。

③ 〔德〕顾彬著，刁承俊译：《中国诗歌史——从起始到皇朝的终结》，华东师范大学出版社 2013 年版，第 190 页。

④ 〔德〕顾彬著，马树德译：《中国文人的自然观》，上海人民出版社 1990 年版，第 175—176 页。

就指出孟浩然的诗歌具有自我矛盾的一面：一方面他能用高超的技巧描绘自然（比如《彭蠡湖中望庐山》），另一方面似乎又笔下贫乏，难脱风景明信片似的俗套（比如《与诸子登岘山》）①；一方面，诗人抱怨身为隐士的自己乃一介布衣、一贫如洗，另一方面又言称官吏生涯阻碍了他享受隐逸的理想生活状态。② 这种自身对立的状态，实际上也折射出孟浩然理智与情感之间的矛盾。

（二）孟浩然的禅诗以及德语世界的"《春晓》热"

德国的孟浩然研究呈现出来的另一个维度是将其视作寒山之类的禅诗人，把孟浩然诗歌置于禅诗的类别中来考察，这自然跟孟浩然大半辈子的归隐生涯及其集中的山水田园诗创作不无关系。孟浩然的清雅高洁的隐士形象已经深入人心，并远播到德语世界，尤其是《题张野人园庐》一诗中的"门无俗士驾"一句经常用于归隐诗甚至禅宗诗的代表，德国的茶道协会在介绍日本茶道文化时即援引此句③，并由罗洛夫（Dietrich Roloff）自中文翻译出整首诗。

瓦格纳（Hans-Günter Wagner）2007 年的专著《有如空中之云——禅诗》探究了来自唐宋时期的禅诗，将寂寥归隐于山林间的孟浩然列为禅诗的代表人物，除对诗人做一简介之外，还翻译出 8 首禅意幽深绵长的代表性诗歌，比如《题大禹寺义公禅房》、《云门

---

① Stocken，Andrea, http://www.wenwuzeitschrift.de/digital/amtsgeschaefteodereinsiede leigedichtevonmenghaoran/#more1886，10.01.2018.

② Stocken，Andrea, http://www.wenwuzeitschrift.de/digital/amtsgeschaefteodereinsiede leigedichtevonmenghaoran/#more1886，10.01.2018.

③ Ueda Sŏko e.V, *Japanischer Teeweg in Deutschland*, https://www.ueda-souko.de/tee-weg/s ŏ kos-kalligraphie，10.01.2018.

寺西六七里闻符公兰若最幽与薛八同往》《腊月八日于剡县石城寺
礼拜》《春晓》《晚泊浔阳望香炉峰》《耶溪泛舟》《题融公兰若》
和《过故人庄》。在《腊月八日于剡县石城寺礼拜》一诗中,瓦格纳
对"下生弥勒见"一句中的"弥勒"做了注解;而在和《晚泊浔阳
望香炉峰》一诗中,又注释了"尝读远公传"中的"远公",即慧远
法师——后来在庐山东林寺修行的佛教宗派(净土宗)开山祖师。

　　译有包括《春晓》在内的多首孟浩然诗歌的德国汉学家德博
(Günther Debon,1921—2005)谈及中国古诗的一个显著特征就是
"存在的缩减"[1],而《春晓》一诗就是"日常琐事艺术"的一个典
型例证[2]。此外,还有德国学者从感官变化与认识渐进的角度阐述
了这首诗:

> 　　其中有某种必然性,这首诗锁定的时间正好在清晨:
> 由黑暗向光明的过渡简直就是实实在在地向主体提出要
> 求,要他意识到自己那个突然之间变化了的环境……对自
> 己周遭发生的事情毫无觉察的诗人首先依赖的是听觉印
> 象。但是然后,随着太阳的升起,感觉的方式就发生了变
> 化。而与此同时,在景色变得越来越明亮时,也就完成了
> 主体一方的"认识"过程。[3]

---

① Debon,Günther,*Chinesische Dichtung: Geschichte, Struktur, Theorie*,Leiden/New York: Brill,1989,S. 141ff.

② [德]顾彬著,刁承俊译:《中国诗歌史——从起始到皇朝的终结》,华东师范大学出版社 2013 年版,第 188 页。

③ Gottheiner,Klaus,*Licht und Dunkel in der Dichtung der Tang-Zeit: Eine Untersuchung zur Bildlichkeit in der chinesischen Lyrik*,Hanau: Haag + Herchen,1990,S. 43.

在上文提及的刊登在地方小报上的《春晓》译诗中，译者还对这首小诗进行了颇有见地的赏析，认为诗人抓住了一个乍看上去无关紧要的主题，但在分析完诗作内容后，笔锋一转，得出要处理小题目也得当心的结论。另外，译者还援引本诗收入《唐诗三百首》的例子，评价这首诗可以沟通连接有着不同语言文字的国族，是表达细微情绪的典范之作。[1] 作者还对"处处"一词做了很有意思的解释，认为它是鸟啁啾的拟声，因此用了一个德语拟声词（tschirpen）来迻译。也有日耳曼学者从所属学科的视角出发，探究了将中国古诗德译的困难，并以《春晓》为例来描述五言诗的特征，诸如单音节词汇聚、只有一部分语法关联表达完整、句与句之间的界限没有标记、具有电影或录像剪辑般的连续镜头之感[2]，等等，同时，该学者还秉承极简主义，用"简而不减"的精当形式译出了《春晓》，以暗合五言古诗的"中国"简约形式。《春晓》在德语世界的大受欢迎，也跟国内学界长期以来孟浩然研究中的"《春晓》热"不谋而合：在 20 世纪五六十年代及 80 年代，学术界曾经就孟浩然的《春晓》展开过专门讨论，相关情况《光明日报》都曾作过综合报道。[3]

---

① Kellendonk，Jan，*Frühlingsdämmerung*. http://www.lokalkompass.de/bedburg-hau/kultur/fruehlingsdaemmerung-gedicht-von-meng-haoran-690-740-510-d195573.html，10.01.2018.

② Bayer，Klaus，Übersetzung von klassischen chinesischen Gedichten ins Deutsche. Anmerkungen aus der Sicht eines Germanisten. In: Kubin，Wolfgang（Hrsg.）: *Die Fahrt zur Roten Wand. Dichtung der Tang-Zeit und ihre Deutung*. München: edition global，2007，S. 17-53.

③ 杜晓勤：《20 世纪孟浩然研究》，《唐代文学研究》第八辑，广西师范大学出版社1998 年版，第 87 页。

四、结语

　　李白、杜甫、王维、孟浩然、高适、岑参合称"盛唐六家"，长期以来李杜理所当然地成为唐代文学研究的焦点和热点，孟浩然在其余四家之中相对来说最受压抑。不过，20世纪以来，国内孟浩然研究取得了长足的进步。可喜的是，孟浩然及其诗歌早已走出国门：随着1885年第一首孟诗德译问世，迄今已有30余首孟诗在有着"诗人与思想家国度"之称的德国以及更广泛意义上的德语区落地开花，尤其是卫礼贤、吕福克等汉学家甚至一些业余译者都对孟浩然诗歌情有独钟。有关孟浩然的研究可谓"小荷才露尖尖角"，这不仅体现在古往今来的"中国文学史"书系中都少不了孟浩然的座次，而且表现在对孟浩然隐士形象的再认识、对其诗歌的禅意解读以及涌现出来的"《春晓》热"上。另外一方面，也应看到的是，德语世界在20世纪80年代就已经出现专门的王维诗歌德译单行本[①]，但孟浩然的迄今还未问世。有鉴于此，德语世界的孟浩然诗歌翻译和研究似乎还应更上一层楼，进一步推进国际"孟浩然学"的发展。

　　　　　　　　　　　　　　（何俊，西南交通大学外国语学院）

---

　　① Schumacher，Stephan（Hrsg. und Übers.），*Wang Wei, Jenseits der weißen Wolken, Die Gedichte des Weisen vom Südgebirge,* Köln: Diederichs，1982.

孟浩然的心路历程

高　鹏

襄阳孟浩然，这位盛唐诗歌文化中的绚烂星辰，自隐居读书，至科举求仕，后游历吴越，伴随他高超诗艺的却是"入仕"、"归隐"矛盾历程。纵观其心路轨迹，既有璀璨盛唐特有的豪情，又有隐居山水独有的惬意，更有素朴归真的乐兴。故而，他被推崇为盛唐田园山水派诗人的代表，为同时文人所青睐、为后学晚生所追崇亦是必然。

一、"入仕"情结与修身

饱受两千多年儒家文化浸染的中国文人，"修身、齐家、治国、平天下"自古便是人生至上追求，"学而优则仕"自然更是每位学者彰显才华的最好平台。自幼才学横溢、颇得乡曲赞誉的孟浩然在这一阶段的众多作品中都反映了他"济世"的雄心壮志。《洗然弟竹亭》曰："吾与二三子，平生结交深。俱怀鸿鹄志，昔有鹡鸰心"，叙述了自己和兄弟们的鸿鹄壮志。

唐朝求仕的方式有科举、制举、推荐、征辟、献赋和幕府等。孟浩然最先走的是举荐之路，这是独立于科举之外的一种选官方式。唐先天、开元和天宝年间，几乎每年都要求举荐人才，或者命有才者自举，并且由玄宗亲自策问，并且放松了对被举荐者的条件限制，鼓励广大中下层官员和平民布衣举荐和自举。没有任何科举成果的普通布衣也可以通过举荐一步登天，"朝为田舍郎，暮登天子堂"。举荐既不需要参加科举的层层选拔，还能得到贤人的雅名，这是文人求仕的首选。正如他的《田园作》言"粤余任推迁，三十犹未遇。书剑时将晚，丘园日已暮……乡曲无知己，朝端乏亲故。谁能为扬雄，一荐甘泉赋"。举荐不成，方有《临洞庭湖赠张丞相》中的"欲济无舟楫，端居耻圣明。坐观垂钓者，徒有羡鱼情。"亦是想渡过湖水却没有舟船，为圣明时代没能建功而感到羞耻。看到别人钓鱼，也想展示下自己的身手，借此表达自己希求推荐的意愿。

孟浩然所在的开元、天宝年间，明经科、进士科和其他制举诸科等多种举制项目，每隔一两年就能开科一次。开元七年、开元十一年、开元二十一年，孟浩然多次赴考（参见王达津先生《孟浩然生平续考》）。《旧唐书·孟浩然传》曰："年四十，来游京师，应进士，不第，还襄阳。"据史料记载，孟浩然四十岁时，入京应考，不过未能成功。在其随后的作品中也表达了他对名落孙山的失落，"犹怜不才子，白首未登科"。

在应试未成之后，孟浩然没有失去求仕的欲望，而选择"献赋"来求官。献赋在唐代十分普遍，很多文人都曾尝试这种方式，比如李白和杜甫都曾"献赋"，杜甫也因此得官。《朝献太清宫赋》、《朝享太庙赋》、《有事于南郊赋》都是杜甫流传下来的献赋。虽然孟浩然没有明确记载的献赋流传下来，但是他的很多作品中都有流露。《题长安主人壁》说："久废南山田，叨陪东阁贤。欲随平子去，犹未献甘泉"。在科举失败，举荐未成，献赋没有结果，又未被征召的情况之下，他的入仕途径就只有入幕为僚，《旧唐书·孟浩然传》说："张九龄镇荆州，署为从事，与之唱和，不达而卒。"

吴璧雍曾说，文学创作所带来的艺术性并不能真正满足文人的求"名"，文学家的称号也很难满足文人对"疾没世而名不称"的渴望，在对"立德、立功、立言"的不朽形象的认同下，更倾向于成就德行来满足人格。"在儒家的思想系统里，并不以修身为足，而是要成为一个能'化民成俗'的'君子'，以达成人文世界的圆满和谐。""出仕，是古代中国知识分子最迫切的问题，为知识而知识的观念是不存在的，他们注定要走上一条自己无法掌握的路。"[①]当入仕成为文人苛求的完美表象，终其一生都处在这矛盾中的孟浩然，始终承受着求仕与归隐的压力。

究其心路历程，孟浩然叹于自己三十已立，却未能取得功名，有出世进取之心，却没有能举荐自己的道路。这也从侧面反映出隐读鹿门山正是为了求仕做准备，一方面修炼自立，另一方面也为了

---

① 吴璧雍：《人与社会——文人生命的二重奏：仕与隐》，载蔡英俊编：《中国文学的情感世界》，黄山书社 2012 年版，第 119 页。

"终南捷径"而储名。这一阶段的孟浩然，虽有心做官，且雄心勃勃，但也耐得下寂寞苦心笃学，在"采菊东篱下"的悠远惬意中，挥洒着对山水的热爱，他笔下的田园山水天然去雕饰，气息疏朗，自可入画。科举求仕之前的孟浩然心态是平和而有壮志，虽然年过四十未能立业，但对自己充满信心，无论青年期为出仕而苦心隐读，还是中年为求仕多重尝试，这都是为厚积薄发做准备。

二、"归隐"情趣与修心

求仕无果，孟浩然重新回归山林，漫游山川美景，试图通过对大好河山秀丽风景的欣赏和描绘，来摆脱求仕的无奈。此后他的作品又恢复了洗涤尘虑、沉醉自然的风情，其中又夹杂着几缕郁郁不得志的寂寥。从"别后能相思，浮云在吴会"（《适越留别谯县张主簿申屠少府》）、"笑语同今夕，轻肥异往年。晨风理征棹，吴楚各依然"（《临涣裴明府席遇张十一房六》）、"谁怜问津者，岁晏此中迷"（《游江西留别富阳裴刘二少府》）等诗句中可见一斑。

孟浩然深受魏晋文化的深远影响。从孟浩然的作品中，不难看出他对魏晋文士有特殊的情感。羊祜、谢安与习凿齿都是这样的贤臣文士。羊祜为官清廉，为人正直，处事与人谦让，官名甚威。对待当时的敌人无论是讲和或征战都重以信义，所以时人称其为羊公而不呼其名。《与诸子登岘山》最能表达孟浩然对羊祜的尊崇："人事有代谢，往来成古今。江山留胜迹，我辈复登临。水落鱼梁浅，天寒梦泽深。羊公碑尚在，读罢泪沾襟。"孟浩然与友人一起登上羊祜生前游赏的岘山，面对后人纪念所建的"堕泪碑"，与朋友有感而发，感慨万千。这对孟浩然的亦仕亦隐心态产生了巨大的影响。

孟浩然喜欢恣意山水的生活，所以前半生隐居襄阳。"愿言投此山，身世两相弃"（《寻香山湛上人》）、"沿洄自有趣，何必五湖中"（《北涧泛舟》）。至后，隐逸思想开始散发，出仕好名逐渐为山水情趣替换，"我爱陶家趣，园林无俗情"（《李氏园林卧疾》）、"且乐杯中物，谁论世上名"（《自洛之越》）、"挥手弄潺湲，从兹洗尘虑"（《经七里滩》），有意借忘情山水来澄滤心中的涩意。

至此，本就崇尚自然的他全身心地投入山水田园世界。作品风格开始固型，"清淡诗品"在后世引起闻一多评价：淡得看不到他自己，才是孟浩然的作品。而作为诗人，拥有不羁的心灵、充满着自由的灵魂，才能创作出如此热爱自然，昂扬的、向上的山水田园诗作。"移舟泊烟渚，日暮客愁新。野旷天低树，江清月近人"（《宿建德江》），还有诸如"惊涛来似雪，一坐凛生寒"（《与颜钱塘登障楼望潮作》）、"众山遥对酒，孤屿共题诗"（《永嘉上浦馆逢张八子容》）、"为多山水乐，频作泛舟行"（《经七里滩》）等佳句，都表现出诗人审美的独特性。"落景余清辉，轻桡弄溪渚。澄明爱水物，临泛何容与。白首垂钓翁，新妆浣纱女。相看似相识，脉脉不得语。"（《耶溪泛舟》）中，夕阳西斜、渔舟轻棹，体现的是一种自由自在，烟雨空蒙，营造的是洗消凡俗之念，山水之美由清淡语言和曼妙诗境融为一体，情景交融。

三、"皈返"情执与修真

襄阳是孟浩然的故乡及读书之地，这里繁茂的荆楚隐逸文化对孟浩然有着极为重要的影响。闻一多先生评价孟浩然："历史的庞德公给了他启示，地理的鹿门山给了他方便，这两项重要条件具备了，隐居的事实便容易完成得多了。实在，鹿门山的家园早已使隐居成为即成事实，只要念头一转，承认自己是庞公的继承人，此身便俨然是《高士传》中的人物了。"① 孟浩然不单是庞德公的继承人，他继承的是荆楚大地深厚的隐逸文化传统。翻看孟浩然的诗作，荆楚隐士的形象屡见不鲜，老莱子、楚狂接舆、漆园傲吏（庄子）、渔父、庞德公等。

曾为漆园吏的庄子，可以说是荆楚隐逸文化重要的奠基人，他著名的著作《逍遥游》、《渔父篇》都是隐逸文化的根基之作。史书记：楚成王久闻庄子显名，使吏携重金拜访欲为相，但庄子笑言："子亟去！无污我。"孟浩然非常推崇这种隐逸的姿态，在作品中两次提及。"傲吏非凡吏，名流即道流"（《梅道士水亭》）、"漆园有傲吏，惠好在招呼"（《与王昌龄宴王十一》）都意在类比隐逸的高士。庄子有很多耳熟能详的典故，孟浩然单取曾为漆园吏的故事，可见在他心中庄子隐逸高士的形象至高大。

以道家的"无为"为底蕴的荆楚文化所带有的隐逸传统，充分地影响到孟浩然的思想。在盛世大唐勇往直前的时代背景中，孟浩

---

① 闻一多:《唐诗杂论》，上海古籍出版社 1998 年版，第 29 页。

然不可避免地同样也拥有大唐人的进取心，建功立业、功成名就是孟浩然心底一直激荡的心声。但当他面对求仕受挫所带来的痛苦时，当入仕与归隐发生对立时，当他思考人生要如何面对和选择时，他自幼所受到的荆楚隐逸文化，引导他重新选隐逸入山林，纵情山水以解求仕艰辛的无情。道教追求长生不死，得道成仙，采集天地之气日月精华而成仙，可见道教与自然山水密不可分。道教的洞天福地全都分布在名山大川中，其宫观也多建在深山茂林处。这对生性浪漫、喜好自然山水的盛唐山水诗人尤具吸引力。"君不见巫山神女作行云，霏红沓翠晓氛氲。婵娟流入襄王梦，倏忽还随零雨分。空中飞去复飞来，朝朝暮暮下阳台。愁君此去为仙尉，便逐行云去不回"（《送王七尉松滋，得阳台云》）。

任何宗教都有理想的境界与追求，道教的最高理想境界与追求是得道成仙，飞升仙境，并认为唯有如此才可以外生死，极虚静，超脱自在，不为物累。道教的这套理论正合乎孟浩然避世静处的心理取向，"海上求仙客，三山望几时"（《寄天台道士》）、"何时还清溪，从尔炼丹液"（《山中逢道士云公》）、"愿言解缨绂，从此去烦恼。高步凌四壁，玄踪得三老"（《宿天台桐柏观》）等，这些诗中所表现出来的心性情趣，都是对超脱尘世、隐逸林泉的神仙般生活的向往。

禅宗之见，人心之所以有悲喜，乃由于"执"于虚妄之外物。孟浩然是一位儒者，同时也是一位隐士。他"平生慕真隐，累日探灵异"（《寻香山湛上人》），有着向往自由、嘉许清高、散慕隐士的情结。当他从"魏阙心常在，金门诏不忘"（《自浔阳泛舟经明海》）、"常恐填沟壑，无由振羽仪"（《晚春卧病寄张八》）、"寄语朝廷当世人，何时重见长安道"（《和卢明府送郑十三还京兼寄之什》）变为"愿言投此山，身世两相弃"（《寻香山湛上人》），意欲幽居寺山，乐享"身"、"世"两忘、远离尘世烦苦的隐逸生活，"依止此山门，谁能效丘也"（《云门寺西六七里闻符公兰若最幽与薛八同往》），静心幽居山林，不再汲汲仕进时，方显其心真正脱俗皈真了。

（高鹏，中共河南省周口市委党校）

论孟浩然诗歌心理体验的细腻性

姜晓娟

晚唐诗人皮日休对孟浩然诗歌有"明皇世，章句之风大得建安体。论者推李翰林杜工部为尤。介其间能不愧者，惟我乡之孟先生也。先生之作，遇景入咏，不钩奇抉异，令龌龊束人口者，涵涵然有干霄之兴，若公输氏当巧不巧者也"的评价[①]，皮日休之语，意在指出孟诗自来自往、无所用心，却浑然而就、内蕴精诚的艺术特色。孟浩然作为盛唐诗坛以隐逸终其一生，却"始终没有忘怀魏阙，放弃建功立业的念头"[②]的特殊文人，其笔下的山水形象以深厚隽永却又不失醇厚朴实的艺术风貌渗透着诗人的自我风神与审美观照，其中，孟诗对外在山水景物的心理体验相较于其他诗人尤为细腻深刻，表现了诗人在长期隐居生活中对现实世界敏锐的观察力，

① （清）何文焕辑：《历代诗话》，中华书局 2004 年版，第 82 页。
② 王达津选注：《王维孟浩然选集》，上海古籍出版社 2012 年版，第 5 页。

更折射出盛唐开放包容的文化环境下以孟浩然为代表的隐士群体对其所生活的自然世界独特的审美观照。学界对孟浩然诗歌的关注主要集中在其思想内容与艺术特色方面，鲜有学者触及孟诗在心理感官体验上的细腻性描写，本文拟从孟浩然诗歌中心理感官体验的细腻描写入手，探究这一表现方式的审美追求与其产生的深层原因。

一、孟诗细腻心理描写的表现

人的心理是一切科学和艺术赖以产生的母体。我们一方面渴望用心理研究来阐释艺术作品的形成，另一方面则渴望以此揭示使人具有艺术创造力的各种因素。[1] 诗人以诗性视角审视外在客观景物，会产生带有强烈主观色彩的感官体验，诗词创作在这些感官体验的基础上将起于自我的基层生活经验用形象、诗意的语言加以表述，从而达到情感的自然流露。孟浩然在诗歌创作中以清纯磊落的个性表现出"超然独立、清纯雅洁、清心寡欲、佛道双修的人生范式"[2]，孟诗这种创作风格的形成与诗人对外界景物细致的观察和对精致感官体验的敏锐洞察力有着不可分割的关系，透过诗人对光影、色彩以及幽静环境的独特审美体验，不难管窥孟浩然在平和愉悦的情感基调下寄寓的悠然自得之趣。

---

① ［瑞士］卡尔·古斯塔夫·荣格：《心理学与文学》，冯川、苏克译，译林出版社2014年版，第88页。

② 吴振华编著：《唐诗品读》，安徽师范大学出版社2016年版，第47页。

（一）光影刺激的敏锐性

光影的交错重叠是自然界的常见现象，但能感受到光影的变化并将其写进诗歌的诗人却很少见。孟浩然在大量吟咏山水的诗作中表现出光影体验的特殊观照，诗人以诗性的眼光与敏锐的视角，捕捉光影的瞬间变换，将光影的斑驳感嵌之于清幽的自然山水风貌中，从而形成孟浩然在山水诗歌中构成的视觉冲击力。

孟诗中光影变幻形成的视觉冲击力首先表现在对光影瞬间形态的关注上。光与影在自然界中的存在都是极为短暂的现象，诗人以极为细腻的视角捕捉充满诗情画意光影的画面，既有自然山水的清丽明媚，又展现出盛唐歌舞升平的时代背景下真切自然的生活气息。如名作《春初汉中漾舟》一诗，有"波影摇妓钗，沙光逐人目"之句，借"波影"曲折展现女性千娇百媚，借"沙光"暗示初春阳光之明艳，光影入诗，迂回曲折地增加了初春汉江盎然春色的画面感。孟浩然有发现美的眼睛，不仅表现在面对自然美景时流露出的喜悦之情，即使在极端失落的情绪下也能以细腻的情感体察外在景物，转移注意力。如以表现待客不至为主题的《宿业师山房待丁大不至》一诗中，通篇无牢骚之语，以"夕阳度西岭，群壑倏已暝"这样一个日常生活中再寻常不过的自然现象开篇，夕阳西下，是古典文学作品中常见的场景，夕阳在古典诗词中往往是衰败颓唐的象征，诗人多借此意象渲染凄凉气氛，而孟浩然却独辟蹊径，将目光放到傍晚时分远方群山的瞬间变化上，"倏已暝"即言时间极其短暂，在诗人笔下，夕阳的余晖洒落远方西岭，仿佛在瞬间将时间由明亮的白昼快进到昏暗夜晚，这种光影的变幻看似不合常理，却间接暗示诗人真正思绪并非远方景色，而是在等待挚友的过程中在一定程度上忽略了时间，才产生了这种看似不合自然规律却符合生活情理的表述。这种光影变幻不仅点明了时间，也巧妙地暗示作者在特定场景下百无聊赖的心境，具有一箭双雕的艺术效果。

孟诗中光影变幻呈现的视觉效果是诗人对自然山水描摹与自我情趣表现的重要辅助工具。以描摹山水为题材的诗词作品，作者的主要任务便是以多样描写角度展现山水形态，与着力在写景状物诗中有所兴寄的诗词作品不同，孟浩然的很多山水诗歌经常表现出"诗到兴时，也不屑于去深深挖掘"①的艺术风貌，诗人用淡淡的诗笔，将眼见的客观外物多角度、真实地呈现在读者面前，孟诗中的很多光影描写，都是对客观外物的单纯描摹，诗人的目的只是记录美好外物与自己的瞬间感受，给人美的享受。如"山光忽西落，池月渐东上"（《夏日南亭怀辛大》），吴振华先生认为："'山光'一词很有讲究，是长期山居生活并敏锐感受昼夜变化的细致体验。"②诗人陶醉在美好的夕阳景致中而忽略时间流逝，等转过神来，发现天色已然见晚，但从这一描写，足可见诗人沉迷自然山水情趣之深；再如"庭槐寒影疏，邻杵夜声急"一句（《秋宵月下有怀》），凉秋月色引发的点点闲愁借庭院林叶稀疏的槐影点出，却丝毫不见凄神寒骨之落寞，诚如闻一多先生所言："孟浩然的感情比较平衡，如一泓秋水，平静无波，故少伤感作品。"③寒影的出现只让孟诗沾染了点滴闲愁，却不见泛于常调的感伤实质，这种不带丝毫斧凿痕迹的作品在孟诗中比比皆是，渗透出诗人一泓清水般淡然的心境。

---

① 余恕诚：《唐音宋韵》，北京大学出版社 2015 年版，第 21 页。
② 吴振华：《孟浩然〈夏日南亭怀辛大〉赏析》，《古典文学知识》2015 年第 4 期。
③ 闻一多：《唐诗杂论》，中华书局 2016 年版，第 269 页。

与受禅宗思想影响较大，喜好在诗歌中借自然万物展现空明心境的王维不同，孟浩然的山水田园诗歌中带有鲜明的主观意识。诗人眼观外界景物，感时而动，随性而发，以舒缓从容的风度徐徐构建令人神往的艺术境界。同时，受超然清高的性格因素的影响，孟浩然才能在隐逸的生活状态下发现常人难以发现的自然界中的视觉美感。

（二）色彩描摹的精致感

诗歌进入辉煌的唐代，在孟浩然、王维、李白、杜甫等伟大诗人的努力下，诗歌形成色泽丰润、筋骨苍然的完美形态，诗人们对颜色的层次感和对比度的把握有进一步的拓展。① 优秀古典诗词作品中的自然山水之所以能在诗人营造的特定意境范围内具有打动人心、动摇人情的艺术力量，就在于诗人对山光水色的描摹刻画具有生动逼真的审美效果。文学作品中的色彩临摹与光影变幻相似，在作者笔下都能给人带来直接的视觉冲击力，作为一位用心观察、目光敏锐的诗人，孟浩然笔下的山水田园风光更是包含着丰富的色彩世界，在敏锐捕捉光影变幻的基础上，诗人对自然界的色彩观察也有充满日常生活情趣的精致感。

首先，孟诗中同一色调在不同环境下的色彩观照具有多样化的表述方式。写高山之青翠貌，有"山远在空翠"（《寻香山湛上人》）、"黯黮凝黛色"（《彭蠡湖中望庐山》）、"山明翠微浅"（《登鹿门山

---

① 参见吴振华：《纷红骇绿：论韩愈诗歌的色彩世界》，《杜甫研究学刊》2017 年第 1 期。

怀古》)、"停午收彩翠"(《游明禅师西山兰若寺》),写绿水之澄澈,有"春潭千丈绿"(《初春汉中漾舟》)、"泓澄爱水物"(《耶溪泛舟》)、"彩翠相氛氲"(《经七里滩》)等。从上述例子不难看出,孟诗的语言表述形态十分丰富,即使同为青山绿水,在不同自然环境与诗人的不同心境下,其色彩也有不同的呈现方式。孟诗中色彩的运用既服务于诗歌整体画面渲染、意境塑造的需要,也间接地暗示出诗人在不同环境下产生的迥异的心理状态。

其次,孟诗着力构建的自然界山光水色,画面色彩具有鲜明层次感。孟浩然对色彩描写的追求没有简单停留在为自然风物"上色",在精致的色彩观照方式与多样化语言表述形式的基础上,使其诗歌画面色调丰富而又井然有序。如在《庭橘》一诗中,孟浩然写道:

> 明发览群物,万木何阴森。凝霜渐渐水,庭橘似悬金。女伴争攀摘,摘窥碍叶深。并生怜共蒂,相示感同心。骨刺红罗被,香黏翠羽簪。擎来玉盘里,全胜在幽林。

此诗涉及的色彩描写十分丰富,开篇通过"明发"、"阴森"等词将场景设置在天色渐明的清晨,此时的庭院万物寂静,只是一个场面模糊、色彩单调的远景。接下来,诗人按照时间顺序,以凝霜为阳光照耀渐渐化为水暗示天已透亮,随着阳光的出现,发生变化的不仅仅是树叶上的凝霜,更有庭院中在阳光照耀下金灿灿的橘子,诗行至此,单调的画面开始有了生机,树上悬金般的橘子打破了色彩的单调性。诗人在丰富的基础上犹嫌不足，在画面中插入采橘人的活动，"争攀摘"、"摘窥碍"等动词的连用，使读者仿佛身临其境，与采橘人一同体会采摘的艰辛。而后，"骨刺红罗被，香黏翠羽簪"一句进一步使全诗进入"活色生香"的艺术境界：打扮精致的女子身着红色披肩，将新摘的透着香气的橘子放在玉盘中缓缓走来。孟浩然以精致的诗笔，勾勒出这样一幅色彩由暗渐明，由单调逐渐艳丽的采橘画面，全诗毫无半点斧凿痕迹，处处洋溢着生活气息，诗人构建的光色渐变、层次鲜明的自然图景不仅具有审美效果上的一致性，也给人带来美的享受，使读者仿佛置身画面一般。

孟诗中无论是自然山水形态的描摹还是生活画面的刻画，都以层次分明的色调极力展现身边生机盎然的日常生活。诗人善于捕捉自然界中动态的光和色，其以山水田园为主题的诗歌在表情达意的基础上，更像是一幅经过工笔细描的山水图画，鲜明的立体感与层次性共同组建成一幅幅动人的画作，为读者留下深刻印象。

（三）声音体验的生活性

从隐逸的生活基调出发，诗人需要在诗歌中将心中依傍名山胜水而产生的陶然自得的宁静生活乐趣以从容不迫的舒缓笔调展现在读者面前，这就使得诗人视野无法像李白、杜甫等人一般宽阔，孟浩然始终局限在自己的天地中自我宽慰，故而能够入诗的题材也比较狭窄。在长期隐居生活中，诗人产出大量带有强烈主观情绪的诗歌作品，在孤寂清幽的生活状态下，诗人以细腻的洞察力审视周遭事物，着力表现自我生活情趣，除了对自然的光影变幻与色彩呈现有敏锐的洞察力外，对静谧环境中的声音辨识也具有异于常人的独特、细腻的生理与心理体验。

孟浩然的心境悠然，但其诗歌中表现的山水情趣却充满不同类型的声音描写。诗人对声音的关注体现在诗篇中丝毫不见斧凿痕迹，自然浑成中流露出诗人充满诗意的自我情趣。如代表作《春晓》，从表面上看，诗人似在不经意间感受到随处可听的啼鸟之声，而实际上，在内心极度安然、周遭环境足够清净的环境下，外界的啼鸟声恰到好处地暗示了春日清晨春意盎然的勃勃生机，夜来的风雨之声看似与前文互不衔接，颇像近代小说中的意识流写法，但仔细品读，诗人以声音为隐含线索，借对外界声音的敏锐洞察，暗喻自我心境之悠然。孟诗中的声音描写不仅可以表现诗人心境，对渲染特定外界氛围也有重要作用。如《夜归鹿门歌》中开篇便有"山寺鸣钟昼已昏，渔梁渡头争渡喧"之语，日暮时分山寺的钟鸣声与渡口的争渡声都是生活中常见的声音，但将两种代表不同氛围的声音放在一首诗歌，并接连营造出两种具有不同意境的场面，却是孟浩然别具一格的创新之处。余恕诚先生认为："钟声有助于造成境界的深远感，并且从开篇就带来的静穆隐逸的意味，有了这种情味渗透，下句的争渡就显得并不怎么烦扰。"① 将充满尘世生活气息的争渡声放置在平常给人空寂幽冷的黄昏钟声之下，两种声音彼此消融贯通，使两种截然相反的气氛相互渗透，使诗歌既有深远的抒情性，又兼具和平恬淡的生活感，从而带有孟诗鲜明的个性化特征。

与王维相比，孟浩然并不是一位超凡脱俗的诗人。王维"作品

---

① 余恕诚：《唐音宋韵》，北京大学出版社 2015 年版，第 7 页。

中的声音描写经常凸显佛禅意境"，并未为"构建有声有色的自然画卷"而服务①，而孟诗中的声音描写却不是很刻意，诗人很少出现刻意渲染孤寂场面的情况，这种充满生活感与个性化的声音处理方式在一定程度上体现了孟诗"淡到让你疑心到底有诗没有"②的艺术特色。

二、孟诗心理体验的审美追求

"诗是人生世相的返照"③。以孟浩然等人为代表的盛唐诗人以恢宏的诗笔展现无事情不可写、无意不可入的盛唐气象。随着诗歌题材的不断拓新，诗人在抒情过程中对个人情绪体验的书写逐渐向纵深方向发展，越来越多的作品通过意境渲染、意象暗喻等方式进行间接抒情。上文所述的孟浩然诗歌表现出的细腻的情绪体验在诗人浑然而就的精致诗笔下以浓厚的生活气息不断"开拓新鲜的意境，产生强烈的审美效果"。④

（一）幽静环境描写折射浓厚生命意识

所谓生命意识，是指人类对于生命所产生的一种自觉的情感体验和理性思考。人类在内心深处或多或少总会有对生命的认识和思

---

① 姜晓娟：《论王维诗歌声音描写特色》，《咸阳师范学院学报》2017 年第 3 期。
② 闻一多：《唐诗杂论》，中华书局 2016 年版，第 33 页。
③ 朱光潜：《诗论》，中华书局 2012 年版，第 46 页。
④ 鲍鹏山主编：《中国古代文学通论》，上海古籍出版社 2003 年版，第 300 页。

考，像孟浩然这样以隐居生活终其一生，且内心情感细腻丰富的诗人，能触发其生命意识的媒介更是多种多样。在观赏自然山水，饱览祖国大好山河的同时，诗人生发出浓厚的对生命的思考与人事的喟叹，提高了作品的思想内涵。

曾大兴认为："因地理物象和地理事象而触发自己的生命意识，对文学家来讲，既是一种思维习惯，更是一个审美传统。"① 在山水田园诗歌中过多抒发生命感叹，很容易让作品带上玄言诗的尾巴，而孟诗以真诚质朴的语言以及内蕴的精诚通过时空转换，展现出风神散朗的精神状态，同时又兼具浓厚的生命意识。如名作《早寒江上有怀》，以"木落雁南度，北风江上寒"开篇，借清寒凛冽的季节背景渲染与友人分别时对前途渺茫浩渺无边的愁绪与无所适从之感，外界气候环境的变化触发了诗人弥漫胸中的怅惘寂寥情绪，自然环境的变化使这种情绪找到了合理的抒发出口，触动了诗人对未来前途的思考，丝毫没有突兀之感。作为一位心怀魏阙却求仕不得的知识分子，孟浩然并没有像大多数诗人那般将自己放置在与社会的对立位置，批判社会不公，而是以较为淡然的心境将注意力转移到平淡的日常生活中，其作品虽偶尔也有牢骚抱怨之语，却无激烈的情绪变化。自然山水之外，日常生活情趣同样是触发孟浩然生命意识的重要途径。如《夜归鹿门歌》一诗，尾联有"岩扉松径长寂寥，惟有幽人自来去"之语，建构自我闲淡疏朗人物形象的同时大有悠然自得之情趣，这种情趣的得到来自内心的平淡如水，来自外界环境的恬淡安然，更来自诗人对世间万物敏锐的洞察力与超然自

---

① 曾大兴：《文学地理学概论》，商务印书馆 2017 年版，第 76 页。

得的精神境界。

从孟浩然对自然山水的多样化观照程度来看，诗人的内心情感极为丰富，孟诗的山水田园作品在清淡恬雅的意境风格下塑造出与这一意境相吻合的抒情主人公形象，诗人善于从多种日常生活中不易为人察觉的生活侧面入手，以真诚质朴的表述方式袒露内心对生命的各种细腻体验。孟诗中少见思辨性话语，但这并不代表其作品缺乏情韵之悠长。相反，诗人将自我性格与山水风貌经过典型化创作逐渐融合为一体，将自我在盛唐充满勃勃生机与积极进取精神时代背景下的仕途无门的苦闷情绪与漂泊之感借山水描写一并抒发，在成功展现山水纯净之美的同时也暗含了自己浓厚的对生命的体验与感悟。

（二）意念活动过程真实直接

"平凡诗句中透露出亲切之感，正是孟浩然诗的一个好处。"①孟浩然是一位敏感的诗人，他往往能够注意到现实生活中不易为人察觉的幽微感觉，在此基础上加以发挥，在平淡和谐的生活画面中创造具有更高美学意义的诗篇。孟诗这一审美追求的重要表现便是意念活动过程的真实直接。

所谓诗歌中的意念活动过程，是指诗人在客观外物的感召下产生的与之相对的实时的自我主观感受。孟诗中意念活动真实性的表现首先体现在诗人个人日常心理体验用诗意化语言表述的同时又符合常理，来源于生活且不事雕琢的通俗自然语言使读者很容易便能

---

① 鲍鹏山主编：《中国古代文学通论》，上海古籍出版社 2003 年版，第 300 页。

随之产生强烈的思想共鸣。如面对孤寂的寒夜，诗人写道："夜久灯花落，薰笼香气微。锦衾重自暖，遮莫晓霜飞。"(《寒夜》)料峭的冬日夜晚，万物寂静，唯有一夜好眠最能温暖人的心扉，诗人撷取这样一个生活片段，任凭窗外如何寒冷，室内的人在烛光渐微、熏香醉人的气氛中逐渐沉睡，虽无个人主观情绪的直接描写，但在外界意境渲染下足以让读者体悟这一温情的生活细节。孟诗中单纯描写日常生活的作品不在少数，如《过故人庄》等记述与友人真诚质朴交往的作品都是这一方面的代表。孟浩然的这类作品并无深刻的道理抒发，只是单纯的诗人自我情绪的表现，而这类作品能在唐代诗歌作品中占有一席之地并为后人传唱，无外乎源于作品中散发的人间生活气息抚慰了身处喧嚣，渴求内心安宁的读者们，虽无风卷江河之势，却以深厚融洽的气氛极具艺术感染力。此外，孟浩然诗作中展现出一以贯之的线性结构方式，以诗歌"章法结构上直线流动的发展方向"①贯彻自己浑然天成的主观情感。线性结构下，诗人情绪抒发遵循严格的时空顺序，很少有跳跃性思维的出现。线性结构既是孟浩然在诗歌布局谋篇方面的艺术特色，也是重要的抒情方式，在这一抒情方式的影响下，孟诗中少见情绪激烈、喷薄而出的作品，总是以从容不迫的节奏，向读者缓缓倾诉丰富细腻的内心世界，亲切自然，而又不失审美价值。

孟浩然诗歌中对个人意念活动过程的展示具有真实直接的艺术特色。很多诗句乍看起来似乎并不合乎情理，但仔细品味后不难发

---

① 姜晓娟：《论孟浩然诗歌的线性结构》，《江苏科技大学学报》(社会科学版) 2017 年第 4 期。

现，其背后隐藏着诗人完全融情于物，不假雕饰地表现个人情绪的写作方式。

（三）浑然而就的真实诗笔

"真孟浩然不是将诗紧紧地筑在一联或一句里，而是将它冲淡了，平均的分散在全篇中。"[①] 孟浩然在诗歌创作中很少卖弄技巧，其创作的主要目的在于自我情感的有效抒发，苏轼在评价孟浩然诗歌时认为其作品"韵高而才短，如造内法酒手而无材料尔"[②]，指出孟诗韵高与才短之间的矛盾，实际上，孟浩然视野的局限主要源于其生活范围的狭小，由于求仕之路一直未能如愿，使得诗人一直在自我天地中抒发生命感叹，在具有浓厚思想价值生命意识抒发、意念活动直接入诗的基础上，孟浩然淋漓尽致地在精短的诗篇中挥洒个人情绪，成就了孟诗浑然而就的真实感。

孟浩然在诗歌创作中虽表现出"清静"的美学趋向，但孟诗中的"清静"更多的是贴近现实生活，诗人时而冷峻孤傲，时而平易近人，在多面的个人性格塑造过程中，诗人借山水表现个人性格，将诗境与个人感发兴愿的创作意图相结合，展现出浑然圆融的清淡意境。如名作《望洞庭湖赠张丞相》，在洞庭湖雄放、宏大的气象描摹中暗喻自己积极进取的求仕精神，在清刚雄健的意境塑造下，诗人不卑不亢地表达出自己在仕途上有所作为的信心，恰如吴振华先生所言："这正是盛唐人特有的精神风貌，即使有苦闷也是

---

① 闻一多：《唐诗杂论》，中华书局 2016 年版，第 33 页。
② （清）何文焕辑：《历代诗话》，中华书局 2004 年版，第 308 页。

强者的苦闷。"① 如果说《望洞庭湖赠张丞相》是诗人在盛唐蒸蒸日上的时代背景下诗人在强大精神力量支撑之下表达苦闷情绪的代表作品，那么《湖中旅泊寄阎九司户防》则是诗人在清幽环境背景下毫无遮拦表现对渺茫前途淡淡隐忧的代表，诗中有"清猿不可听，沿月上江流"之语，旅途中清旷愁远的景色终于激发了进取无望的诗人内心的脆弱性，实际上，孟浩然的个人情绪很容易为外界所触动，孟诗大多诗篇均是触景生情而作，诗人无所遮拦地表现自己的心路历程，在外界环境的光影声色变化中，以极富层次感的心理感触淋漓尽致地挥洒个人主观情绪，塑造个人"骨貌淑清，风神散朗"的歌者形象，成就浑然一体的真实诗笔。

值得注意的是，孟浩然对作品清淡真实的审美追求最后并没有使孟诗失去浪漫因子，相反，孟诗同样不失天马行空的想象，有时甚至还涉及神话成分。这与其长期隐居的地理环境中自带的文化内涵有密不可分的关系。同时，孟浩然诗歌这种冲淡平实的审美风格的形成颇有"宁拙勿巧，宁朴勿华，宁粗勿弱，宁僻勿俗"的意味，② 其诗歌思想内蕴精诚，结构一气灌注，语言平淡自然，这种审美追求看似不事技巧，实际上却是诗人以人格渗透诗境的表现。诚如闻一多先生所言，"他的诗不联系他本人不见其可贵"，③ 正是对孟浩然这种艺术风貌的另一种肯定。

---

① 吴振华编著：《唐诗品读》，安徽师范大学出版社 2016 年版，第 35 页。
② （清）何文焕辑：《历代诗话》，中华书局 2004 年版，第 311 页。
③ 闻一多：《唐诗杂论》，中华书局 2016 年版，第 271 页。

三、孟诗细腻感官体验产生的原因探析

孟浩然生长在诗歌发展的黄金时期，他与盛唐其他诗人一同开创了一个朝气蓬勃、气象恢弘的诗歌的黄金时代，这一黄金时代不仅表现为诗歌数量与质量的飞跃，更表现在诗歌题材的纵深发展上。孟浩然的山水田园诗歌虽因诗歌内容狭小等原因在成就上不及同时期的王维，但他于王维不可凑泊的镜花水月般空灵意境外独辟蹊径，将个人浓厚的主观情绪体验与心理感受透过真实自然的日常生活描写，呈现出活泼自然的人间情趣。孟诗这种细腻主观情绪的产生、诗人长期隐居生活与盛唐安定社会环境有着密不可分的重要关系。

（一）长期隐居生活孕育澄明心境

孟浩然"与古代那些傲视王侯的隐士们是大异其趣的"①。作为一位身在江海，心存魏阙的中国古代知识分子，孟浩然空有一腔报国热血，却苦于迟迟找不见门路而以隐逸终其一生。从某种程度上来说，孟浩然是一位在蒸蒸日上的社会大发展环境下未能抓住机遇实现自我价值的失意文人，这种个人发展情况与整体社会环境相悖的特殊人生经历，使诗人在长期的隐居生活中孕育出欣赏自然山水时的澄明心境。

隐居生活对孟浩然自然山水观的影响首先体现在其作品少见官

---

① （清）沈德潜编：《唐诗别裁集》，上海古籍出版社 2013 年版，第 22 页。

场姿态与对世俗的批判，而更具山水澄明之美与生活质朴之实。孟浩然未曾得到机会进入官场，以江湖布衣身份隐逸终其一生。官场生活经验的缺失一方面使诗人视角与其他文人相比有所局限，能够入诗的题材内容相对较少；另一方面也使诗人有足够精力在有限的题材范围内做纵深开拓。孟诗中触发作者心理感悟的外界事物十分丰富，诗人对季节变换、声色交替有着异于其他诗人的敏锐性。如表现山林隐逸之乐的代表作《涧南园即事贻皎上人》：

> 弊庐在郭外，素业唯田园。左右林野旷，不闻城市喧。钓竿垂北涧，樵唱入南轩。书取幽栖事，还寻静者言。

孟诗中涉及的很多垂钓形象往往容易给人以冷峻孤傲之感，但这种超然物外的自我形象塑造却丝毫没有影响到作品浓郁的生活质感。诗人深居田园，远离闹市喧嚣，每日与垂钓、采樵、读书相伴，生活一派怡然自得。在这种人与自然环境和谐融洽的气氛中，诗人"书取幽栖事，还寻静者言"，充满自娱自乐的情调，是诗人内心真实情绪的有力写照。纵观全诗，无复杂的谋篇结构与精雕细琢的语言，诗人以淡淡的笔触将常人不易接触到的隐居生活写得自然亲切，这种生活状态似乎与寻常人无异，很容易便能使人忘记外界烦忧，这也是孟浩然山水田园诗歌的普遍特点。

其次，孟浩然对触发其生理感受的媒介有着额外观照，这是悠闲的生活环境赋予诗人敏感性格的重要体现。孟诗中很多作品诗人的自我情绪表达与季节变换有着异质同构关系：春日万物复苏，生机萌动，"雪罢冰复开，春潭千丈绿"（《初春汉中漾舟》）、"春眠不觉晓，处处闻啼鸟"（《春晓》）等带有浓厚季节感的景象便很自然地被孟浩然写进诗篇；炎炎夏日，良夜难眠，"荷风送香气，竹露滴清响"（《夏日南亭怀辛大》）将夏日难得的清凉体验展露无遗；秋高气爽，空阔清境难免触发感伤情绪，"愁因薄暮起，兴是清秋发"（《秋登万山寄张五》）是"情起于物感，物融于情境的典型表现"；日万物寂寥，夜深风露重，诗人对"香炭金炉暖，娇弦玉指清"（《寒夜宴张明府宅》）、"锦衾重自暖，遮莫晓霜飞"（《寒夜》）等温暖场面便有额外观照。孟浩然这些充满日常生活质感而又不失诗意的语言，是其在澄明的心理状态下的瞬间体悟。若非长期处于幽静环境，尘世间诸多俗事很难使诗人产生如此细腻的心理体验。

"多数文学家的生活与写作之地都有很好的自然环境……丰富而鲜活的自然环境，使文学家自觉或不自觉地陶冶或锻造了自己的人格。"①孟浩然长期生活、隐居的湖北襄阳一带，风景秀美、气候宜人，良好的自然生态环境孕育了诗人诗性的眼光。孟浩然对自然山水的审美观照并非以超功利审美心态而存在，诗人也并非不染尘俗、不着色相的生命体，隐居生活中接触的自然山水很大程度上是诗人在外界屡遭碰壁情况下的心灵栖息地。

（二）盛世安定社会环境下孕育的开放心态

自然山水对孟浩然审美趣味最终走向的影响程度之深是毋庸置疑的。与其他在山水田园题材书写方面有所建树的文人颇有不同，

---

① 曾大兴：《文学地理学概论》，商务印书馆 2017 年版，第 43 页。

孟浩然对自然山水的欣赏建立在中国古代封建社会蓬勃发展的历史阶段、社会文人积极进取的社会风气之下，在这种情况下，诗人在游览自然山水过程中对不似陶渊明等隐士借自然界山光水色抒发浓厚兴寄意识，孟浩然更多追求的是以在客观审美角度下将自我主观情绪自然而然地融入外物当中。

孟浩然很多山水田园作品将画面刻画得极富动感，这种山水蓬勃向上的生机很容易让人联想到盛唐优越的社会环境，二者相辅相成，具有异质同构性。如《晚春》：

> 二月湖水清，家家春鸟鸣。林花扫更落，径草踏还生。酒伴来相命，开樽共解酲。当杯已入手，歌妓莫停声。

晚春一派生机勃勃的景象在诗歌富有动感的画面中显得更为蓬勃，诗中声色相见，动静相宜，林中落花是扫而又落，小路上的春草是踏后再生，春日之朝气，诗人之向上的热情，在整首作品欢快愉悦的气氛中尽情显露，在清明透亮的自然环境下流露出的闲适情态正是盛世强音的代表。孟诗中以《望洞庭湖赠张丞相》为代表的作品充分表现了诗人积极走入官场仕途的强烈渴望，都充分证明开明的政治氛围与安定的社会环境为知识分子提供了多样化的情感表达平台。

不可否认的是，盛唐时代积极向上的社会风气赋予了心怀大志的部分知识分子步入仕途的愿望，孟浩然作为一位在这种时代背景下始终未能如愿的文人，心中不免产生"看着别人做官而自己不得其位的内心无法克制的煎熬"[1]，在这种矛盾心态下，孟诗也不乏对现实无奈的牢骚之语，如《归终南山》中，诗人写道：

> 北阙休上书，南山归敝庐。不才明主弃，多病故人疏。白发催年老，青阳逼岁除。永怀愁不寐，松月夜窗虚。

根据沈德潜在《唐诗别裁集》中对此诗的记载："此浩然不第归来作也。时帝幸王维寓，浩然见帝，帝命赋平日诗，浩然即颂此篇。帝曰：'卿不求仕，朕何尝弃卿。'遂放还。"[2] 此诗无论从格调还是思想内容来看，都与诗人此前的作品大相径庭，孟浩然在多数诗歌作品中自我形象均是风神散朗，不为外物所扰的隐者，而在此诗中，仕途失意的诗人再也控制不住自己无奈的情绪，开始有"白发催年老，青阳逼岁除"、"永怀愁不寐，松月夜窗虚"等慨叹时光流逝，而自己却一事无成的忧虑，这实际上是诗人内心煎熬最直观的体现。而与大部分失意文人不同的是，孟诗此类作品更多的是对自己时运不济的一种喟叹与无奈，这种诗歌格局的生成与盛唐为百姓提供的安定、和平的生活环境不无关系。社会环境的安宁使诗人少了过分冲动的感情与慷慨激昂的情绪，而将精力更多集中在自我得失的表现上，从而使作品显得悠远静穆，和平安恬。

综上所述，孟浩然作为唐代诗歌发展史上有着承上启下地位的

---

① 韩兆琦：《中国古代的隐士》，商务印书馆 2015 年版，第 22 页。

② （清）沈德潜编：《唐诗别裁集》，上海古籍出版社 2013 年版，第 321 页。

关键性诗人，其作品以舒缓从容风度的艺术风貌渗透着个人细腻的感官体验，这种感官体验的细腻性是诗歌即将迎来发展巅峰的前奏，也是诗人为诗歌题材做纵深挖掘的一次伟大尝试，在盛唐特殊的时代文化背景下，孟诗虽无一波三折的结构与精雕细琢的语言，却以浑然天成的笔法，在清绝的意境氛围渲染中将个人的主观情绪书写得淋漓尽致，感染读者的同时，也于对山水清音的独特体悟中活现了其人格。

（姜晓娟，陕西理工大学文学院）

论孟浩然与张九龄交游

吕来好

孟浩然是盛唐时期山水田园诗派的重要代表作家之一，他与当时的许多著名诗人都有交往，比如他和王维、王昌龄、张九龄就交往很密切，并且有记载相关情况的诗歌传世。在孟浩然现存的诗歌中共有八篇提到"张丞相"这一人物，这个"张丞相"主要是张说，也有个别地方是指张九龄。然而，孟浩然与张九龄的交游状况历来很少有研究者论及，本文就是通过对孟浩然与张九龄的交游状况进行辨析，从而对这一观点做进一步的证明。

一、孟浩然与张九龄初识方式蠡测

孟浩然与张九龄最初定交的时间，因为材料缺乏，如今只能根据现有证据，作出一些合乎逻辑的推测。顾建国的《张九龄研究》

一文在论述到这个问题时，参考了谭优学的《唐诗人行年考续编》和刘文刚的《孟浩然年谱》，最后得出结论说：

> 从谭、刘二人的考证来看，余以为"刘谱"的诗歌系年较有说服力，而"谭文"的考证与分析，则有助于人们对九龄与浩然二人何时结识与定交问题的思考。因浩然诗中有"故人今在位"云云，既称"故人"，结识与定交自然是在先前。"谭文"所云开元七年到十年这一时期，确有可能。①

其中提到的系年是指刘文刚的《孟浩然年谱》将《送丁大凤进士赴举呈张九龄》一诗系于开元二十一年，也就是张九龄起复拜相之后。该论文引用谭优学的观点云："开元五、六年时，可能他们尚未谋面，其相交当在七至十年浩然北客幽州，依张说，往来东都时期。这几年车驾也时在东都，九龄启驾，因有交往可能。或竟由于张说介绍，也未可知。"这也就是上述所引文段后半部分主要讲述的内容。这种结论虽然只是一种推测，但是是以坚实的材料为依据而得出的推论，对进一步弄清二人具体的建交时间大有裨益。

孟浩然与张九龄的相识方式可能有三种，第一种是因为相互仰慕而直接认识，第二种是经过他们共同的提携者张说而认识，第三种是通过共同的朋友而认识。以下就对这三种方式分别论析。

---

① 顾建国：《张九龄研究》，南京师范大学 2006 年博士学位论文。

张九龄有一首名为《登襄阳岘山》^①的诗歌，开篇即云"昔年
亟攀践，征马复来过"，这说明张九龄早年的时候曾经来过襄阳，
而且停留过相当长的一段时间，否则他不可能多次登临岘山。为什
么说是诗人早年来到这里呢？因为他在诗中接着说"信若山川旧，
谁如岁月何"，很显然是对时光流逝而山川依旧的一种慨叹，表明
诗人自以前来襄阳停留至再次到襄阳已经相当久了。张九龄在述说
了诸葛亮和羊祜的典故后提到"令图犹寂寞，嘉会亦蹉跎"，可以
看出诗人此时的心情是十分沉重的，美好的愿望无法实现，而且以
前的盛会也不能再重来。张九龄比孟浩然大十二岁，而孟浩然三十
岁前不曾离开过襄阳，这样当张九龄四十二岁之前来襄阳的时候，
他们有相识机会，并且一同参加一些诗文唱和的盛会。虽无确证，
但是这种以文会友的可能性是存在的。

张说对张九龄的赏识和提拔是学术界公认的事实，这是毫无疑
问的。孟浩然的《望洞庭湖赠张丞相》（又题为《岳阳楼》）是否是
干谒张说，目前尚有争议，但是学界普遍倾向于认为这首诗是赠给
张说的。王辉斌先生也是这么认为的，他在《孟浩然研究》一书中
曾经这样说道：

> 张说是时大权在握，完全有条件在唐玄宗面前推荐孟
> 浩然，而且据《旧唐书·张说传》可知，张说平生"喜延
> 纳后进，善用人之长，多引天下知名士以佐王化"。基于
> 张说的喜拔后进及与孟浩然的交往，他在"正除中书令"

① （清）彭定求等编：《全唐诗》卷四九，第一册，中华书局1999年版，第605页。

后是应会在玄宗面前极力荐举孟浩然的。而事实也正是如此。请看《唐诗纪事》卷二三对此的记载："明皇以张说之荐召浩然，令诵所作。"①

其中的"是时"是指开元十一年。这样说来，孟浩然与张九龄通过张说认识是合乎情理的。但是，王辉斌先生在该书的另一处又说道：

> 孟浩然的此次长安之行，系因张说推荐而在襄阳奉诏入京，时间为开元十一年岁底，翌年七月前后被"放还"。斯时，张九龄虽在长安为中书舍人，但孟浩然此行既为奉诏入京，且系中书令张说所荐，则他到长安后是大可不必去求识于张九龄的，其集中无此类之作又可证之。

这样就完全否定了他们通过张说这个共同的恩人相见的可能，似乎不够妥当。有一个共同的提携者，从而相识的可能性要比不相识的可能性稍微大一些，详情如何，暂且付诸阙如，以待来日求证。

孟浩然与张九龄的相识还有另外一种可能方式，就是通过他们共同的朋友相互推荐而认识。从两人现存的诗作中可以发现，他们共同的朋友不少，至少有綦毋潜、王维、王昌龄、韩朝宗、宋鼎、包融等。两个人能有这么多共同的朋友，相识的几率非常之大。不

---

① 王辉斌：《孟浩然研究》，甘肃人民出版社 2002 年版，第 7 页。

仅如此，在王士源为孟浩然写的《孟浩然诗集序》中称："丞相范阳张九龄、侍御史京兆王维、尚书侍郎河东裴朏、范阳卢僎、大理评事河东裴揔、华茫太守荥阳郑倩之、太守河东独孤册，率与浩然为忘形之交。"① 根据王士源自己的交代，他是"详问使者，所述美行，十不计一"。不仅如此，他的这篇序言是孟浩然去世后数载而作，所以可信度很高。综合以上两点，通过共同的朋友相识的可能性不仅存在，而且很大。说不定，孟浩然与张九龄先相识，然后又通过张九龄认识王维等人，亦未可知。

二、孟浩然与张九龄交往实况分析

既然承认孟浩然与张九龄相识很早，而且存在多种相识的可能方式，接下来就不得不面对一个尴尬的事实：为什么他们二人的现存作品中都没有留下唱和的作品呢？以下就对这个悖论做一些分析。

这种情况笔者在做博士论文的时候也曾遇到过，元白诗派的元稹和白居易都与范阳卢氏家族成员有诗歌赠答，而同样与范阳卢氏家族关系密切的李绅却不见有诗歌与该家族成员往还。笔者的结论是"在唐代诗歌作为一种交往的工具，只是为了加强沟通，增进相互间的了解。因为李绅与范阳卢氏家族的关系太密切了，所以没有

---

① （唐）孟浩然著，佟培基笺注：《孟浩然诗集笺注》（增订本），上海古籍出版社2013年版，第557页。以下引用孟浩然的诗歌亦以此书为据，不再另外出注。

必要再客套。当然，也有可能是李绅与范阳卢氏家族的关系太疏远了，但这种情况与李绅的家世不符。李绅的父辈和曾祖辈都是与范阳卢氏联姻，所以只可能是上述分析到的前一种情形，而非后者。"①孟浩然与张九龄的关系也是因为比较熟悉的缘故居多，但是他们之间的关系又有一定的疏离。

孟浩然与张九龄在文人的层面上是情投意合的，但是在政治层面上就要另当别论了。孟浩然是一个性情洒脱、率性而为的人，对政治没有多少了解。张九龄就不同，他是开元年间的著名宰相，有远见的政治家，在政坛上颇有建树。孟浩然的性格从前文提到的王士源为他写的《孟浩然集序》中的一件事就可以明白一二：

> 山南采访使太守昌黎朝宗，谓浩然闲深诗律，置诸周行，必咏穆如之颂，因入秦，与偕行，先扬于朝，约日引谒。后期，浩然叱曰："业已饮矣，身行乐耳，遑恤其他。"遂毕久不赴，由是罢闻。既而浩然不之悔也，其好学忘名如此。

这件事也载于《新唐书·孟浩然传》，而且更为详细。孟浩然渴望成名但又率性而为，这样的人作为一名诗人是可以的，走仕途时却完全行不通。有人怀疑这件事的真实性，大可不必。王士源是孟浩然的崇拜者，而且都是盛唐时期的人，离孟浩然的时代最近，他所记载的孟浩然遗事应该是他认为最能反映浩然性情，也最可信

---

① 吕来好：《隋唐范阳卢氏家族研究》，北京大学 2014 年博士学位论文。

的事情。李白在《赠孟浩然》诗中说："吾爱孟夫子，风流天下闻。红颜弃轩冕，白首卧松云。醉月频中圣，迷花不事君。高山安可仰，徒此揖清芬。"①从李白对孟浩然的敬仰之情以及对孟浩然性格的描述看，孟浩然确实是那种富于浪漫幻想的人，而且非常狂放不羁。

孟浩然的《岁晚归南山》一诗云："北阙休上书，南山归敝庐。不才明主弃，多病故人疏。白发催年老，青阳逼岁除。永怀愁不寐，松月夜堂虚。"而《新唐书·孟浩然传》则将孟浩然提到的"不才明主弃"故事化了：

> 孟浩然字浩然，襄州襄阳人。少好节义，喜振人患难，隐鹿门山。年四十，乃游京师。尝于太学赋诗，一座嗟伏，无敢抗。张九龄、王维雅称道之。维私邀入内署，俄而玄宗至，浩然匿床下，维以实对，帝喜曰："朕闻其人而未见也，何惧而匿？"诏浩然出。帝问其诗，浩然再拜，自诵所为，至"不才明主弃"之句，帝曰："卿不求仕，而朕未尝弃卿，奈何诬我？"因放还。②

将孟浩然的这首诗与《新唐书·孟浩然传》比对，不仅能证明孟浩然确实见过皇帝，而且能证明孟浩然不适合入仕。孟浩然具体何时拜见皇帝不能确知，但是必然在李白写《赠孟浩然》一诗之前。李白对孟浩然的敬仰很大程度上就是对其乐于"红颜弃轩冕"和敢

---

① （唐）李白著，（清）王琦注：《李太白全集》，中华书局1977年版，第461页。
② （宋）欧阳修、宋祁等撰：《新唐书》卷二百三，中华书局1975年版，第5779页。

于"迷花不事君"的激赏。

不能武断地说孟浩然《岁晚归南山》诗歌中的"故人"一定是指张九龄,但指向张九龄的可能性最大,因为在孟浩然的朋友中,只有张九龄的仕途最为显达,最终做到了宰相。张九龄处在政治的漩涡中,深知其中的凶险。他也了解孟浩然的个性,故而为了自身的政治前途,也为了友人的未来考虑,适当地疏远孟浩然也是很正常的事情,这或许就是他们虽然是好朋友但是却了无篇什赠答的原因。

三、孟浩然从张九龄在荆州幕府

张九龄在开元二十五年贬荆州大都督府长史的时候,曾经辟孟浩然入幕。这件事在孟浩然的诗歌中有数篇可以为证。值得指出的是,孟浩然在入张九龄的幕府之前,就在宋鼎的幕府中从事。后来张九龄接替宋鼎为荆州大都督府长史,宋鼎调往汉阳任职,而孟浩然却留在了荆州,没有随宋鼎一同去汉阳,这正好证明了他与张九龄有旧交情。否则,他应该随着宋鼎一同去汉阳才对。

这个问题学者们已经谈及,这里以顾建国和王辉斌两位学者的观点为例,略加辨析。顾建国在《张九龄研究》一书的第二章第二节谈到宋鼎时说:

> 《曲江集》卷二有襄州刺史宋鼎所作的《张丞相与余有孝廉校理之旧又代余为荆州故有此赠》诗一首,其后即有九龄《酬宋使君作》(《文苑英华》、《诗纪》作《酬宋使

君见赠之作》)诗。按:《何考》、"刘著"皆系宋、张二人赠酬诗于开元二十五年。然据《唐诗纪事》卷二十二宋鼎《赠张丞相》序云:"张丞相与予有孝廉校理之旧,又代余为荆州。余改汉阳,仍兼按使,巡至荆州,故有此赠。"又见《全唐诗》卷一一三。是知宋鼎此作,并非在两人交接之时。宋鼎诗云:"汉上登飞憶,荆南历旧居。"亦可证是巡至荆州故地时所作。《编年史》亦认为,宋鼎开元二十七年自广州刺史改潞府长史,故二人唱和当在开元二十六年。

这种研究是很细腻的,说法也有道理。遗憾的是没有阐述得更清楚一些。从所引述的材料看,宋鼎的诗题明白地交代了张九龄接替他为荆州大都督府长史的事情。根据张九龄传记可以知道他任荆州大都督府长史的时间是开元二十五年,而顾建国根据《册府元龟》卷四十八的材料证明开元二十七年宋鼎由广州刺史改潞府长史,于是就断定宋鼎的赠诗作于开元二十六年。这里边就有一个宋鼎巡游距离他们交接的时间是否超过半年,是否一定在开元二十六年,以及宋鼎何时由沔州又调到广州去的问题。

相比之下,王辉斌先生的考证就更为审慎,他在《孟浩然研究》一书中也是根据《册府元龟》中的材料得出结论:"据《册府元龟》卷二一八,宋鼎开元二十三年十二月为潞州刺史,而同书卷九二九又载韩朝宗开元二十四年九月由襄州刺史贬洪州,则宋鼎刺襄,当是继韩朝宗而为,时间当始于开元二十四年冬十月。"张九龄接替宋鼎又在开元二十五年,加上孟浩然有《和宋太史北楼新亭》一诗,则此诗一定写于开元二十四年至二十五年之间。因为是贺诗，所以可以知道，在张九龄贬荆州大都督府长史之前，孟浩然就已经在宋鼎的幕府中了。

王辉斌先生据此认为是宋鼎向张九龄推荐了孟浩然，并且据孟浩然在荆州期间所作诸诗，都没有谈到他们以前的交往为旁证。我认为，他们三人应该是相互都认识的。宋鼎与张九龄的认识从他的诗题"张丞相与余有孝廉校理之旧"可知，如前文所论，孟浩然与张九龄此前已经认识，只是具体时间和方式很难确定，由孟浩然在张九龄到荆州前已经在宋鼎的幕府中可知他与宋鼎也是认识的。这就很好地解释了为什么孟浩然在宋鼎的幕府之中从事，而宋鼎离开后他又很自然地留在了张九龄的幕府中。从孟浩然与张九龄的酬赠诗歌中可以看出，他对幕府的生活并不是特别喜欢。不喜欢这样的生活，然而又选择留在二人的幕府，直到开元二十六年才离开，重要的原因恐怕就是源于孟浩然与宋鼎和张九龄之间的笃厚情谊。

四、结论

通过以上的论述，我们可以得出如下的三个结论。第一，孟浩然与张九龄相识的时间比较早，有可能在睿宗景龙至景云年间；他们的相识方式也有好几种，或者相互仰慕，直接认识，或者是通过张说而认识，也有可能是经他们共同的朋友相互介绍而认识。第二，因为孟浩然性格上的原因，他虽然有诗才，但是不善交际，所以在京城无法得到官职，与张九龄了无赠答之作，有可能是关系太好，不需客套，也有可能是关系疏远，酬答无多。第三，开元二十五年夏秋之际，张九龄代替宋鼎任荆州大都督府长史，孟浩然与张九龄从游岁余，相得甚欢，有多首酬赠之作传世。

（吕来好，湖北文理学院文学院）

孟浩然与柳永：无官受黜后的不同人生

张　悦

　　孟浩然与柳永是分属于不同朝代的两位诗词大家，孟浩然是盛唐山水田园诗派的开创者之一，是第一位大量创作山水田园诗的诗人。柳永是宋代词学史上慢词的开创者，柳永的词作使文人词走向市井，更开拓了"凡有井水饮处，即能歌柳词"的盛况。这一唐一宋两大文人，在不同领域创造了中国文学史上不同的辉煌。但他们都在科举中受挫，也都经历了"无官受黜"的重要转折。

一、"不才明主弃，多病故人疏"

　　孟浩然（689—740），襄州襄阳（今湖北襄阳）人。少时隐居鹿门山，四十岁到长安应试，不第。开元二十五年（737），张九龄贬荆州长史，辟浩然入幕，不久罢归。三年后，王昌龄游襄阳，相见甚欢，食鲜疾动而终。孟浩然是盛唐时期少有的终身不仕的诗人，他的诗宁静秀美，多写山水田园之乐，他与王维一起开创了中国古代诗歌史上一个非常重要的诗歌流派——山水田园诗派。孟诗恬淡明丽，冲澹中有壮逸之气。

虽然歌咏山水田园，孟浩然却不是天生的隐士，他是有治世理想和政治抱负的。开元年间，社会安定，经济富庶，"以隐求仕"成为风尚，是文人走入仕途的一条终南捷径，孟浩然隐居鹿门山至四十岁才进京应试。

然而，孟浩然的一生却因为一首诗改变了轨迹，从此，仕途前程与他几无缘分。《新唐书·孟浩然传》对这一事件描述详细："维私邀入内署，俄而玄宗至，浩然匿床下，维以实对，帝喜曰：'朕闻其人而未见也，何惧而匿？'诏浩然出。帝问其诗，浩然再拜，自诵所为，至'不才明主弃'之句，帝曰：'卿不求仕，而朕未尝弃卿，奈何诬我？'因放还。"[1] 五代王定保《唐摭言》卷一一："无官受黜"条收录此事，欧阳修《新唐书》中故事当本《唐摭言》。元代辛文房编著《唐才子传》全引其事。《唐诗纪事》卷二三对此事记载与《唐摭言》略有不同："明皇以张说之荐召浩然，令诵所作。乃诵：'北阙休上书，南山归敝庐。不才明主弃，多病故人疏。白发催年老，青阳逼岁除。永怀愁不寐，松月夜窗虚。'帝曰：'卿不求朕，岂朕弃卿？何不云气蒸云梦泽，波撼岳阳城！'

---

① （宋）欧阳修等撰：《新唐书·孟浩然传》卷二百三，中华书局1975年版，第5779页。

因是故弃。"① 这首诗就是著名的《归故园作》："北阙休上书，南山归敝庐。不才明主弃，多病故人疏。白发催年老，青阳逼岁除。永怀愁不寐，松月夜窗虚。"这首诗写的是作者失意懊丧的情绪，浑如而不怒张，对仗工整，诗律和谐。尽管是孟浩然的"千古得意之句"，然而它也是孟浩然的"一生失意之诗"（顾嗣立《寒厅诗话》卷一一语）。玄宗本来仰慕孟浩然的诗名，倘若这一次见驾时孟浩然吟诵了平日创作的其他诗篇，可能会博得玄宗的赏识，但他偏偏在至关重要的时刻触犯了龙颜，成为影响一生的遗憾。孟浩然的懊悔在所难免，这从他日后的诗作中不难看出，脍炙人口的《望洞庭湖赠张丞相》将不甘寂寞平庸、渴望得到达官贵人援引而登仕途的心情明托纸上："八月湖水平，涵虚混太清。气蒸云梦泽，波撼岳阳城。欲济无舟楫，端居耻圣明。坐观垂钓者，徒有羡鱼情。"气势宏大、境界开阔，其心切切。在"圣代无隐者，英灵尽来归"的盛唐，孟浩然式的归隐是不多见的，也是无奈的。

二、"忍把浮名，换了浅斟低唱"

柳永（约987—约1053），原名三变，字景庄，后改名永，字耆卿，排行第七，人称"柳七"，崇安（今福建武夷山市）人。柳永出身于儒学传统深厚的仕宦之家，为人风流俊逸，却久困科场。

---

① （宋）计有功辑撰：《唐诗纪事》，上海古籍出版社 2008 年版，第 348 页。

柳永连续几次科考均未及第，激愤之下作了一首《鹤冲天》：

> 黄金榜上。偶失龙头望。明代暂遗贤，如何向。未遂风云便，争不恣狂荡。何须论得丧。才子词人，自是白衣卿相。烟花巷陌，依约丹青屏障。幸有意中人，堪寻访。且恁偎红倚翠，风流事、平生畅。青春都一饷。忍把浮名，换了浅斟低唱。

"偶失龙头望"、"明代暂遗贤"体现了柳永极大的自信和洒脱，但恣意狂荡的态度却引来宋仁宗的不满，以至于在柳永下一次科考通过后放榜时，却被仁宗特意黜落："且去浅斟低唱，何要浮名！"柳永的这一经历与孟浩然在落榜时写《岁暮归南山》而被唐玄宗放归终南山事件异曲同工。但柳永不仅不像孟浩然那样无奈而返，反而自此后更加放纵不羁，更自称"奉圣旨填词柳三变"，同时与歌妓关系越发密切，"日与狷子纵游娼馆酒楼间，无复检约"，而此时"教坊乐工，每得新腔，必求永为辞"。而柳永自身也并没有放弃科考，仁宗景祐元年（1034），他更名柳永后，终于及第，被任命为睦州团练副使推官。从此柳永久困选调，先后做过余杭县令、昌国县晓峰盐场盐监、西京灵台令等地方官，晚年才调回京师任屯田员外郎，故世称"柳屯田"。有《乐章集》传世。

柳永一生落魄，在仕途上一直不得志，这样的打击并没有使他悲伤消沉，反而促使他将目光投向民间大众。柳永独以填词著称于世。他是词史上第一位大量创作慢词的作家，有开创之功。柳永身处都市繁华，目睹下层民众尤其是歌女娼妓的偎红倚翠的生活，故其词多写都市繁华与羁旅行役的愁思。而柳永经常出入歌楼舞榭，与伶人乐工交往密切，又促进了柳词的市民化。

三、田园山水与慢词——无官受黜后的不同选择

孟浩然与柳永，是不同朝代的两位文人，他们都在科举不第后因为一篇愤懑的作品而遭受贬斥，都有着"无官受黜"的经历。孟浩然因此终身未仕，柳永改名后及第也未逃脱沉沦下僚的淹蹇。但是在文学创作和文学成就上，他们在各自的时代发出不可替代的光芒，在创作风格上也走向不同的道路。

孟浩然在"无官受黜"后完全走向山水田园。尽管终身未仕，孟浩然在当时文坛的影响力是不可小觑的。在这次放归事件后，孟浩然也曾得到韩朝宗的举荐，但是孟浩然与朋友宴聚，未能赴约。后孟浩然入张九龄荆州幕，不久归。孟浩然与当时名士、僧侣交往尤为频繁，如李白、杜甫、王昌龄等人。孟浩然有许多与僧侣交往的诗篇。李白曾写下"吾爱孟夫子，风流天下闻"的诗句，杜甫称赞他"吾怜孟浩然……往往凌鲍谢"，足见孟浩然在当时文坛的盛名。

同时代人对诗人的评价最能体现出他在当时文坛的真实地位与被接受情况。在今存唐人选唐诗选本中，有 5 种诗选收录了孟浩然的诗歌，数量也比较多，更有对孟浩然诗歌以及平生遭际的精彩品评。

现存唐人选唐诗收录孟浩然诗歌情况表：

表1　唐人选唐诗收录孟浩然诗歌情况表

诗集名称	选诗范围及数量	收孟浩然诗数量
佚名《唐写本唐人选唐诗》	残本作者均为开元、天宝年间人，7人73首	10首
殷璠《河岳英灵集》	开元、天宝年间，24人234首	9首
芮挺章《国秀集》	开元以前至天宝初年，90人220首	7首
韦庄《又玄集》	初盛中晚皆具，145人297首	3首
韦縠《才调集》	初盛中晚皆具，十卷，1000首	2首

《唐写本唐人选唐诗》虽为敦煌写本残卷，但从各家选诗数量上可见一斑。残卷仅存的7人73首诗中，孟浩然诗有10首，数量仅次于李白，远高于王昌龄、丘为、李昂、高适等人。《河岳英灵集》是我国现存最早的一本以选诗和评论相结合的唐诗选本，也是最早的一本专选盛唐人诗的选本。殷璠作为同时代的编选者，他对诗人和诗歌选择极能体现一个时代的审美风尚。《河岳英灵集》评语精当，选诗亦精，即使在唐人选唐诗诸多选本中也是出类拔萃的佼佼者。殷璠《河岳英灵集》中收录孟浩然诗歌9首，在诗前小传中殷璠饱含深情地感慨道：

> 余尝谓祢衡不遇，赵壹无禄，其过在人也。及观襄阳孟浩然磬折谦退，才名日高，天下籍甚，竟沦落明代，终于布衣，悲夫！浩然诗，文采䒠茸，经纬绵密，半遵雅调，全削凡体。至如"众山遥对酒，孤屿共题诗"，无论兴象，兼复故实。又"气蒸云梦泽，波动岳阳城"，亦为高唱。①

---

① 傅璇琮等编：《唐人选唐诗新编》（增订本），中华书局2014年版，第232页。

论功名，殷璠为孟浩然感到可惜和悲慨；论诗风，他赞赏孟浩然的文雅绵密，与他编选诗集的原则吻合，即《河岳英灵集·集论》中所说的"既闲新声，复晓古体。文质半取，风骚两挟"。

从唐人选唐诗诸家所选孟浩然诗的题材上来看，有山水诗、田园诗、宴饮诗、悼友诗、咏物诗、送别诗，尤为难得的是《才调集》还收录了孟浩然的闺怨诗。从体裁上来看，五言、七言、古体、近体皆备。

《新唐书·隐逸传》中将隐士分为三类：

> 古之隐者，大抵有三概：上焉者，身藏而德不晦，故自放草野，而名往从之，虽万乘之贵，犹寻轨而委聘也；其次，挈治世具弗得伸，或持峭行不可屈于俗，虽有所应，其于爵禄也，汎然受，悠然辞，使人君常有所慕企，怊然如不足，其可贵也；末焉者，资槁薄，乐山林，内审其才，终不可当世取舍，故逃丘园而不返，使人常高其风而不敢加訾焉。且世未尝无隐，有之未尝不旌贲而先焉者，以孔子所谓"举逸民，天下之人归焉"。①

如果说四十岁进京求仕前的孟浩然是"上焉者"，那么，"无官受黜"后的孟浩然就不在以上三种隐士之中了。被放归终南山的孟浩然，一直在仕与隐之间痛苦、矛盾、徘徊，四十岁之后的孟浩然，是仕途受挫后的归隐，是无奈的归隐。他既没有陶渊明"久在

---

① （宋）欧阳修等撰：《新唐书·隐逸传》卷一百九十六，中华书局1975年版，第5593页。

樊笼里，复得返自然"的欣喜，也没有王维"随意春芳歇，王孙自可留"的洒脱，他的诗中总是隐隐的透着孤独寂寞之感和无可奈何的幽怨，如《夜归鹿门歌》："山寺钟鸣昼已昏，渔梁渡头争渡喧。人随沙岸向江村，余亦乘舟归鹿门。鹿门月照开烟树，忽到庞公栖隐处。岩扉松径长寂寥，惟有幽人自来去。"孟浩然一生漫游隐逸，诗歌内容较少反映社会人生，而多描绘田园山水，《过故人庄》《宿建德江》都是脍炙人口的佳作。他善于撷取表现悠远凄清的景物，形成他山水诗清幽淡雅的风格。沈德潜在《唐诗别裁》中评论说"襄阳诗从静悟得之，故语淡而味终不薄"，他道出了孟浩然诗语淡而味浓的原因所在。《唐音癸签》称孟浩然诗"冲淡中有壮逸之气"，正是入世的愿望、盛世不遇的愤懑促成了"壮逸之气"。

柳永与孟浩然不同，他选择了走向市井，开创慢词。慢词的出现，从根本上改变了唐五代以来词坛上小令统一天下的格局，使慢词与小令这两种体式平分秋色、齐头并进。他创用词调达 133 种之多。词至柳永，体制始备。这也为宋词的发展和后继者在内容开拓上提供了条件。在内容上，柳永将视野转向市民大众，尤其是艺人歌女，柳永常常为她们填词谱曲，并从她们身上汲取创作营养，培植自己俚趣的创作风格。他善于采纳市井新声，扩展了词的影响范围，使它成为妇孺皆知的市民文艺，合文人词与民间词为一体，融雅俗于一炉。以至在当时就赢得了"凡有井水饮处，即能歌柳词"的美誉。但是，当时的词作家和评论家因为柳永词中"俗"的一面而颇多微词，李清照《词论》、王灼《碧鸡漫志》、陈师道《后山诗话》对此都有批评。

柳永大量创作被人视为俚俗的词曲，特别是直接写给歌女供其演唱的歌曲，被正统文人视为难登大雅之堂，但这是词曲本身的功用决定的，通俗易懂更利于传播和传唱。事实上，柳永也有一些十分雅致的词作。尤其是表现羁旅行役的愁思、写景抒怀的作品，如《雨霖铃》、《望海潮》等。语言典雅，还善于化用前人诗句。如"想佳人妆楼颙望，误几回、天际识归舟"正是化用了温庭筠"过尽千帆皆不是，斜晖脉脉水悠悠"之句，但更形象、更具体。北宋经济的繁荣也影响着文人的创作。《望海潮》就是对繁华的都市风光的极力赞美："参差十万人家"、"市列珠玑，户盈罗绮，竞豪奢"、"千骑拥高牙，乘醉听箫鼓，吟赏烟霞"，这样的句子极尽赞美之能事，钱塘的繁华跃然纸上，也难怪金主完颜亮读后遂起了投鞭南侵之意。

　　孟浩然与柳永相似的遭遇，却走向了不同的道路，这是由多方面的原因促成的。首先是文体自身的发展规律。"词之有北宋，犹诗之有盛唐"①，每一种文体都有自身的发展规律。诗歌到了盛唐已经逐渐摒弃南朝浮靡文风的影响，"声律风骨始备矣"②，这时清新隽永的山水田园诗出现了。孟浩然因被黜放还，拥有与山水田园接触的绝佳条件。融情入景，也就"一切景语皆情语"了。"五言敝而有七言，古诗敝而有律绝，律绝敝而有词。盖文体通行既久，染指遂多，自成习套。……一切文体所以始盛终衰者，皆由于此。"③宋词的产生与发展需要就不难理解了。词在柳永手中开拓革新，他对词的贡献和影响堪称里程碑式的人物。柳永词继承了民间的传统，扩展了题材内容，开创了慢词，增加了词的表现容量，扩大了

---

① 王国维：《人间词话》，徐调孚校注，中华书局2009年版，第52页。
② 傅璇琮等编：《唐人选唐诗新编》（增订本），中华书局2014年版，第156页。
③ 王国维：《人间词话》，徐调孚校注，中华书局2009年版，第35页。

词的表现能力，这也是词这种文体发展到这一时期必然的变革。

其次是社会环境因素的影响。唐代开元、天宝年间，经济繁荣，国力强盛，涌现出一大批天赋异禀的优秀诗人，他们述写山川田园、描状边塞大漠，他们万丈豪情，上演着"嚷出来"[①]的唐诗世界。山水田园诗派和边塞诗派犹如两座高峰成为盛唐文学极度繁荣的标志。盛唐诗歌"既多兴象，复备风骨"，总体诗风秉持着雅正的基本原则，正是社会繁荣下士人文化自信的表现。

较之唐代，两宋的市井歌妓更为盛行，并随着宋代商业经济的不断发展，其商业化的特点也日趋明显和突出。或者说，不断发展的商业经济，加速了市井歌妓这个阵营的扩张，致使宋代的重要商业都市妓馆林立，歌妓云集，作为商业、政治和文化中心的北宋汴京和南宋临安，尤其如此。[②]宋代罗烨《醉翁谈录》中描述柳永的形象："其为人有仙风道骨，倜傥不羁，傲睨王侯，意尚豪放。花前月下，随意遣词，移宫换羽，词名由是盛传天下不朽。"人们亲近并喜爱他，以至于有"众名姬春风吊柳七"的美丽传说。

当然，性格因素也是影响他们选择不同道路的重要因素。"个体的文化性格最突出地表现在对时代文化的选择中"[③]，孟浩然的性格是隐忍的，矛盾的，是"欲济无舟楫，端居耻圣明"的无可奈何；柳永则是随遇而安、顺势就形，甚至有时是自我安慰的乐天派。

（张悦，哈尔滨师范大学文学院）

---

① 启功:《启功说唐诗》，人民文学出版社 2009 年版，第 6 页。
② 沈松勤:《唐宋词社会文化学研究》，浙江大学出版社 2004 年版，第 61 页。
③ 谢桃坊撰:《柳永词选评》，上海古籍出版社 2002 年版，前言。

孟浩然送别诗初探

金甜甜

　　《别赋》中道："黯然销魂者，唯别而已矣！"离别作为人生中一个重要的场景，无数文人骚客为其倾注笔墨。从《诗经》的时代到唐代，诗歌的题材和形式都在不断丰富和发展，"送别"这一题材贯穿始终，并且在唐代有了重大的发展。唐代的送别诗无论是数量还是水平相比较前代都有了很大的提高。关于送别诗的范畴众学者一直都各有观点，本文主要依照郑纳新先生所述"既然有送别，就自然有送者写诗赠别，行者留诗致意，遣抒的都是别离之情……因此，无论'送'诗也好，'别'诗也好，都应视作送别诗。"作为盛唐山水田园诗人的代表孟浩然的一生中也是创作了大量的送别诗。孟诗共 271 首，其中送别诗 49 首 [①]，占到了总数近五分之一。

---

　　① （唐）孟浩然著，佟培基笺注：《孟浩然诗集笺注》，上海古籍出版社 2005 年版，文中所引孟浩然诗歌均选自此书。

从青年时期隐居鹿门山到晚年归襄阳，送别诗的写作从未中断。

诗人一生两次入京求仕，隐鹿门山，周游洞庭、吴越，在他的送别诗中既能看诗人一生的游历交友，亦可观其与亲人的互动叮嘱。读孟浩然的送别诗可以体味到离别之时的悲愁与对亲友的浓情厚谊。为一睹孟浩然送别诗的庐山真面，我们从孟浩然送别诗高频出现的原因和意象选用的偏向上分析其送别诗，揭开神秘面纱。

一、送别诗高频出现的原因

孟浩然的诗歌从送别对象上来看分为送友人和送亲人。其中送亲人的诗歌并不是特别多，只有三首，分别是：开元十五年《送莫甥兼诸昆弟从韩司马入西军》、开元十七年《送从弟邕下第后寻会稽》、开元十八年《早春润州送从弟还乡》，在与从弟、外甥的送别诗中表现了孟浩然作为兄长、长辈对于家族中的从弟、外甥的关爱之情。开元年间其余诗作皆是送别友人，从送别友人的诗歌中可以看出孟浩然一生交友广泛，既有官场之人亦有僧道白丁。其送别诗的内容上进行分类，有落第、贬谪、隐居、赴任、从军、漫游、科举、归乡等。从创作时间上来看，青年时与张子容隐居鹿门山期间比较少，其他时间分布相对均衡。下面主要从以盛唐社会的大时代背景和孟浩然个人经历的独特性两个方面来分析孟浩然诗集中送别诗高频出现的原因。

第一是盛唐社会的大时代背景。经过百年的发展，尤其到了开元以后，唐帝国迎来了太平盛世，安定繁荣的局面。自隋朝以来实行的科举取士制度极大地推动了送别活动的发生和诗歌的创作。唐代的用人制度对送别诗的发展起到了很大的推动作用，而作为有着尚儒家风的孟浩然无论是早年的隐居鹿门山，两次进长安求仕，后期的幕府生涯，他的一生充满了入世精神的痕迹。首先是科举制度在唐代的兴盛。孟浩然的诗歌中不仅有在题目中直接表明科举的诗歌，如开元二十二年《送丁大凤进士举》、先天元年《送张子容进士赴举》、《送洗然弟进士举》、《送张参明经举兼向泾州觐省》等。还有一些送别诗诗句中涉及科举问题，如《送从弟邕下第后寻会稽》"落羽更分飞，谁能不惊骨。"就是在从弟科举落第以后回乡之时对从弟的安慰，感叹落第之人的心情"谁能不惊骨"。其次是实行军功授官制。孟浩然送别诗中有四首送亲友从军类诗歌，《送莫甥兼诸昆弟从韩司马入西军》、《送王宣从军》、《送告八从军》、《送陈七赴西军》。这四首诗都是开元十五年所作，此年九月吐蕃入侵，"九月丙子，吐蕃寇瓜州，执刺史田元献"。① 此时，孟浩然正值壮年，在送友人从军之时整体的态度还是慷慨激昂的。在这一类诗歌中孟浩然肯定了从军报国的行为"余亦赴京国，何当献凯还"，"饰装辞故里，谋策赴边庭"。同时，几乎每首诗中都提到了诗人对于从文还是从武的看法。在《送莫甥兼诸昆弟从韩司马入西军》"所从文且武，不战自应宁"中对于这位莫氏外甥从军，诗人细细叮嘱不仅要参军报国，还教授从军、治军之法，提出期望文武兼有、不战而胜。在《送告八从军》"男儿一片气，何必五车书"和《送陈七赴西军》"君负鸿鹄志，蹉跎书剑年"中十分肯定军功成就男儿事

① （宋）欧阳修等撰：《新唐书》卷五《玄宗纪》，中华书局1975年版，第76页。

业的途径。开元十五年冬赴长安第一次参加进士举。此时，孟浩然对于能够得到统治者的重用，进入仕途是充满期待的，所以在亲友选择从军之时他的态度是积极认可的，并且不仅仅是从军报国，抵挡吐蕃等外族的侵扰，还希望他们能够在军营里一展才能，成就功名。最后是唐代的贬谪之风。在交通不便的唐代，地处偏远的岭南地区距离唐朝时政治、经济、文化的中心即长安非常之远，岭南也成了官吏贬谪的一个"热点"。在孟诗送别诗中关于贬谪诗也涉及岭南。开元十五年春，遇见被流放岭南的官员，同是漂泊异乡而又仕途渺茫的天涯之人，诗人不免心中感慨"分飞黄鹤楼，流落苍梧野"（《江上别流人》）。开元十六年春，孟浩然在长安应试未中，在京城遇见了上年曾贬谪岭南的袁太祝。孟浩然作《送袁太祝尉豫章》诗送行，对于离开岭南蛮荒之地的袁太祝，诗人为其感到欣慰"随牒牵黄绶，离群会墨卿"。开元二十七年，晚年的孟浩然在《送昌龄王君之岭南》中讲述了对于友人王昌龄被贬岭南的同情，肯定王昌龄的才华，回忆二人曾经的友谊。

　　第二是孟浩然个人丰富经历的独特性。从孟浩然一生的经历来看可以分为三个阶段。第一个阶段是开元十五年及以前。这是孟浩然第一次参加科举考试之前。青年时期隐居鹿门山，结识张子容、王迥等人。而在其送别诗中数次提到这些一起隐居的朋友。如《永嘉上浦馆送张子容》、《送张子容进士赴举》、《永嘉别张子容》、《送张郎中迁京》、《鹦鹉洲送王九之江左》。开元五年以后数年，孟浩然漫游洞庭、襄阳、扬州、宣城等地，结识了不少当地官员、文人。如《送贾升主簿之荆府》、《送卢少府使入秦》、《洛下送奚三还扬州》、《送袁十岭南寻弟》、《送辛大不及》。此时的孟浩然在隐居和漫游山水中生活，在与这些文人雅士、地方官员交往的过程中开始了送别诗的创作。第二阶段是在第一次科举求仕失败以后，孟浩然离开长安往洛阳登天台山，与张子容会于乐城，然后北归襄阳写下《留别王维》、《送袁太祝尉豫章》、《都下送辛大之鄂》、《送从弟邕下第后寻会稽》、《适越留别谯县张主簿申屠少府》、《早春润州送从弟还乡》、《将适天台留别临安李主簿》等送别亲友的诗歌。沉浸在科举失意之中的孟浩然虽饱览河山秀丽，但是却难扫心中之霾，诗歌中充满了愁绪。第三阶段是在晚年隐居家乡以后，在第二次科举未果的情况下，孟浩然归乡，曾经短暂进入张九龄的幕府之下，大部分时间依旧隐居。此时的诗人被科举失意的云翳笼罩，想要归隐但又摇摆不定。在《和卢明府送郑十三还京兼寄之什》中道："寄语朝廷当世人，何时重见长安道。"希望得到朝廷的重用。在《送张郎中迁京》对于友人得到赏识而感到欣慰，回忆一同隐居的生活之时不免也有对于仕途的渴望之情流露出来。

二、送别诗意象选用的偏向

孟浩然送别诗中既有唐代送别诗常用的"柳"意象、"水"意象、"月"意象、"酒"意象、"泪"意象，也有一些他自己偏爱的意象如"黄昏"意象、"鸟"意象和"山"意象等。本文主要选取孟浩然送别诗中主要的"山"、"水"、"孤帆"、"黄昏"意象、进行重点分析，从孟浩然送别诗的意象选用和意象的组合看其在送别诗中表现的对亲人和友人的关切之情以及在亲友失意之时的劝慰疏导之语。

（一）"黄昏"意象：日暮闻悲音

黄昏在中国的语境中也称为"暮"和"昏"。"暮"本作"莫"。《说文解字》解释"莫"字云："日且冥也，从日在茻中。"即指日落时分。"昏"字的初始形态是"用人俯身以提日之状表示日已落地下"。"黄昏"一词在《词源》中的解释是"天将黑时"。在唐代诗人的诗歌中"黄昏"意象并不少见，据统计，杜甫诗歌中出现了 217 次，此时黄昏包括暮、晚、夕、黄昏等词①。孟浩然 50 首左右送别诗中出现了 14 次。为何在送别诗中常见"黄昏"意象呢？作为自然意象的"黄昏"在送别诗中大量使用大抵有两个原因。首先是古人离别行路不似今天交通工具便捷，清早或者傍晚出发天气比较凉爽，更重要的是夕阳西下，在生物钟和光线的影响下独特生理感受会让人有萧瑟悲凉之感，这与送别时双方的心境是吻合的。太阳从升起到落下与人的相聚到离别相对应，黄昏时刻意味着白天的结束，黄昏时刻的送别也意味着相聚的美好时光的流逝。在孟浩然的诗歌中无论是送别亲人还是友人，无论是归乡还是贬谪，诗人都是满怀着不舍与牵挂，这也大抵是孟浩然选用黄昏意象的原因了。

在孟浩然送别诗中，"黄昏"意象用的词有"日暮"、"日夕"、"斜日"、"日落"等。《鹦鹉洲送王九之江左》："滩头日落沙碛长，金沙熠熠动飙光。"其中诗人开元二十一年于鹦鹉洲送曾经一同隐居鹿门山的友人王迥，全诗尽在写景，昔日登楼之景到眼前滩头之景，落日的余晖下江水一片金色的波光粼粼。这里的黄昏之景也不尽是纯悲剧的绝望。屈原开启日暮求索的主题。"朝发轫于苍梧

---

① 陈植锷：《诗歌意象论》，中国社会科学出版社 1990 年版，第 230 页。

兮，夕余至乎县圃。欲少留此灵琐兮，日忽忽其将暮。吾令羲和弭
节兮，望崦嵫而勿迫。路漫漫其修远兮，吾将上下而求索。"本诗
的后两句"风起遥闻杜若香，君行采采莫相忘"中，"杜若"是香
草，《楚辞·九歌·湘君》"采芳洲兮杜若，将以遗兮下女"。诗人
与一同归隐的友人分别之时更多的是对于仕途的期盼，在作此诗的
后一年孟浩然又进长安求仕，可惜未果。"日暮征帆何处泊，天涯
一望断人肠"（《送杜十四之江南》）与"斜日催乌鸟，清江照彩衣"
（《送王吾昆季省觐》）表达了行走异乡的游子在众鸟归飞、牛羊下
山的日暮之时引发家乡之念，日暮之时，诗人感时光之流逝，而自
己理想的达成却遥遥无期，引发日暮途穷的感叹。而日暮与"征
帆"、"飞鸟"的意象两两组合形成了一幅新的画面。作为唐代山水
田园诗人的代表，孟浩然写景状物的能力在送别诗中体现得淋漓尽
致。梅尧臣提出"状难写之景，如在目前，含不尽之意，见于言
外"，虽然是普通的眼前日落、孤帆、飞鸟之景，读者却能从中看
到隐藏在这些物象背后的主观意图和感情色彩，日暮之时远去的征
帆代表着分离和飘摇，光线渐渐变得微弱，送君千里，远去的征帆
依旧会消失在视野之中。黄昏时刻飞鸟归巢，然而诗人却要与友人
分别，眼前之景与分离之景形成强烈的对比，无奈愁怨之情溢于纸
上，这就是所谓的"含不尽之意，见于言外"吧。《送辛大不及》"送
君不相见，日暮独愁绪"中的"黄昏"意象所体现出来的羁旅愁怨
之情更是直接明了，"独愁绪"表明了诗人此时的心情，离别本是
悲伤的事情，然而最大的遗憾却是离别之时没有赶得及送别，在古
代交通不便利的情况下，再次相逢实在是个未知数和变数。

（二）"水"意象

在孟浩然的诗歌中常常出现"水"、"山"、"帆"意象三个一同出现或者是两两组合出现。其中"水"意象是三个意象的结合点。水，是别离主题赖以生发的又一意象。这一方面是由于古代地理、交通环境造成水陆交通比较发达，离别经常发生在水边。同时，从水的形象来看。流水的一去不返正像离人远去的背影，同时它的无边无际、澄澈清明又像离人之间深厚的情谊和牵挂，有"共饮长江水"之意。水既是带着亲友离开的方式，又是与亲友之间的纽带，相思看不见，水却可以看、可以触。伴随"水"意象的是"山"和"帆"意象。"山"与"水"是相对的意象，与流水的奔流不息相反，山是永远伫立在水边，任凭斗转星移。"孤帆"则是与"流水"一般，随着水流不息带着亲友消失在视野之中。

据笔者的不完全统计，孟浩然送别诗中有 20 余首诗中出现了"山"、"水"、"帆"。这些诗歌一方面借"孤山、孤水、孤帆"表达离别的忧伤之情，另一方面也有一些是对山水描写的清词丽句。另外离别并不一定都是满怀忧愁的，在一些送亲友赴任、归乡的送别诗中，奔流的水、远去的帆是对亲友能够顺利、迅速到达目的地的期盼。如《送从弟邕下第后寻会稽》："疾风吹征帆，倏尔向空没。千里在俄顷，三江坐超忽。"《送张参明经举兼向泾州觐省亲》："泛舟江上别，谁不仰神仙。"《送王昌昆季省觐》："水乘舟楫去，亲望老莱归。"在这些诗歌中流水的节奏是欢快而明朗的。水的流动性也暗示着人事的转变。在这些送别诗中他们对目的地是愉悦而充满希望的。在《送王昌昆季省觐》中，水的流动带友人快速回到家乡见父母亲人，对于此时离别的友人诗人只有满怀的祝福，感伤之情几乎寻不见。作为描画山水的高手，在送别诗中也不难发现孟浩然描绘的一幅幅波澜壮阔的山水图。如《将适天台留别临安李主簿》"泛泛随波澜，行行任舻枻。故林日已远，群木坐成翳。"《鹦鹉洲送王九之江左》"昔登江上黄鹤楼，遥爱江中鹦鹉洲。洲势逶迤绕碧流，鸳鸯鸂鶒满滩头。滩头日落沙碛长，金沙熠熠动飚光。舟人牵锦缆，浣女结罗裳。"诗中用大量的诗句描画离别之地的风景，舟船远去，水波粼粼中，飞鸟和周围的树木形成一动一静的对比，画面充实而又生动。

当然，更多的还是以"水"意象为中心的表示离别之悲的送别诗。《送杜十四之江南》"日暮征帆何处泊，天涯一望断人肠。"《送谢录事之越》"清旦江天迥，凉风西北吹。白云向吴会，征帆亦相随。"《送张舍人之江东》"张翰江东去，正值秋风时。天清一雁远，海阔孤帆迟。白日行欲暮，沧波杳难期。吴洲如见月，千里幸相思。"这种深情述之于流水，正是作者自身惜别之情的外射和物化。"江东"、"秋风"、"雁"、"孤帆"、"暮"、"月"这些自然意象的组合和杜甫的《春望》的意象组合有异曲同工之妙，堪称唐诗意象组合的典范，是对《诗经》中的赋比兴的延伸。将这些意象排列在一起，通过画面的重新排列组合形成美感，让人在画面之外体会到诗人对于老友张子容离开的不舍之情。

（金甜甜，安徽师范大学文学院）

论孟浩然的家训诗及其与盛唐家训文化的关系

相明霏

中国文化的传承发展，在一定程度上得益于古时家族对其家风家训的发扬，而这些家训的流传也成为中华民族灿烂文化中十分宝贵的一部分。中国的家训文化源起于家庭观念的产生，早在先秦就已存在，如"曾子杀猪"、"孟母断机"、"孔鲤过庭"等故事，都体现了先秦时期以立德好学为内容的家训文化。从先秦至中古，家训文化得到了极大的发展，到了中古时期，世家大族的兴盛与前朝的积累，士大夫们纷纷标榜家风，规定家法，这种风气一直延续到唐代。而到了盛唐，家训文化不仅在内容上有新的特点，在形式上，随着诗歌的定型与发展。士人们将家训文化与诗歌结合，兴起了家训诗的书写，与魏晋时期相比，有更多的诗人自觉开始用诗歌的形式来传承家风，促使家训诗无论是数量上还是内容上，都较前代有了进一步的发展。唐代现存家训诗，除《王梵志诗集》中存在的近百首外，其余诗人的家训诗共约五十余首，且从初唐至晚唐，家训诗歌的数量呈上升趋势，这也一直影响到了宋代家训诗，在这样的环境中成长起来的田园诗人孟浩然，也偶有家训诗的创作，其家训诗虽存数不多，但基本与盛唐时期的家训文化相符，甚至可以作为此期家训文化的典范。

有关孟浩然家世情况今已难考，但从他的诗歌中却可窥见。他的《书怀贻京邑同好》中较为详细的记载了他的家风家学。

> 维先自邹鲁，家世重儒风。诗礼袭遗训，趋庭沾末躬。昼夜常自强，词翰颇亦工。三十既成立，嗟吁命不通。慈亲向羸老，喜惧在深衷。甘脆朝不足，箪瓢夕屡空。执鞭慕夫子，捧檄怀毛公。感激遂弹冠，安能守固穷。当途诉知己，投刺匪求蒙。秦楚邈离异，翻飞何日同。①

他自称是孟子的后代，家风以儒学为主"维先自邹鲁，家世重儒风"，从诗中可以看出孟家以诗礼传家，子承父教，重视苦读，"诗礼袭遗训，趋庭沾末躬。昼夜常自强，词翰颇亦工"。此外他还将孝顺父母铭记在心，愿为给父母一个好的生活而"执鞭慕夫子，捧檄怀毛公"。而从"感激遂弹冠，安能守固穷。当途诉知己，投刺匪求蒙"中又可以看出，他很希望可以遇到一个赏识他的人，从而走上仕途。因此，受到以儒家思想为主的家风影响，"修身，齐家，治国"就占据了孟浩然思想的主导地位，在他的家训诗中，这

---

① （唐）孟浩然著，佟培基笺注：《孟浩然诗集笺注》，上海古籍出版社 2013 年版，第 212 页。本文所引孟诗皆选自此书。

种传统儒学观念的传承显得尤为浓重，这正是他注重家风传承的一种表现。

一、儒风浓厚：孟浩然家训诗的内容特点

现存孟浩然的家训诗数量并不多，只有不到十首，这些诗中既包括那些直接劝诫或寄寓希望之作，如《寄弟声》和《送莫甥兼诸昆弟从韩司马入西军》；亦包括诸多在送别兄弟时，情感强烈而又含蓄的说理之作，如《送从弟邕下第后寻会稽》、《早春润州送从弟还乡》，孟浩然的家训诗较为清晰地反映了他对儒学的传承与践行，具体看来主要包括以下两个方面的内容。

首先是孝亲悌兄的齐家观念。"孝悌"是儒家思想中德与仁的根本，《孝经》中记载"子曰：'夫孝，德之本也，教之所由生也。'"而《论语》中则有"孝弟也者，其为仁之本与！"可见"孝悌"在庞大的儒家思想系统中的重要性。而到了初盛唐时期，儒家思想得到了更广泛的传承，而孝道教育也得到了推崇，高宗朝，武则天的"建言十二事"中，就提到"请王公百僚皆习《老子》，每岁明经一准《孝经》、《论语》例试于有司。又请子父在为母服三年"①。将《孝经》归入明经科，在很大程度上传播了儒家的孝道文化。而到了盛唐，玄宗亲注《孝经》，上行下效，更指导了广大士子的日常行为，形成了良好的践行孝悌的文化氛围。而初盛唐时期大量思家念亲诗

---

① （后晋）刘昫等撰：《旧唐书》，中华书局 1975 年版，第 99 页。

歌的出现，正是士子们孝悌思想的反映。

而孟浩然这位深受儒家思想影响的文人，在诗歌中也多次反映出"孝悌"思想。既有登高怀亲之作"茱萸正可佩，折取寄情亲"（《九日得新字》），亦有渴望尽孝之心"忠欲事明主，孝思侍老亲"（《仲夏归汉南园寄京邑耆旧》），还有兄弟情深之义"早闻牛渚咏，今见鹡鸰心"（《送袁十岭南寻弟》）。孟浩然之所以有如此深厚的孝亲悌兄观念，与其家风是分不开的。依前文所述，在《书怀贻京邑同好》中已然表现出孟浩然深受以儒学为主的家风影响，父母之年，是他所关心之事；父母温饱，可成为他出仕之由。在这样的家风中成长起来的孟浩然，在其家训诗中常教导其亲要孝顺父母，如在《寄弟声》中就告诫弟弟不忘孝顺父母：

> 献策金门去，承欢彩服违。以吾一日长，念尔聚星稀。昏定须温席，寒多未授衣。桂枝如已擢，早逐雁南飞。

唐时士人送中举或上任的亲友赴京时常有的嘱托是什么呢？王维的《送邢桂州》寄托了他对友人成功为官的希望"明珠归合浦，应逐使臣星"；丘为的《冬至下寄舍弟时应赴入京》给予了他对弟弟勤奋治学的教诲"男儿出门事四海，立身世业文章在"；杜甫的《送从弟亚赴安西判官》表达了他对堂弟临危受命的夸赞。那么再反观孟浩然这首《寄弟声》，此诗作于其弟中举将赴京城之时，同是送别亲友入仕之作，孟浩然在诗中重点想要表达的不是他对兄弟的赞美，也不是寄托他对兄弟将来的期望，而是先为其远离家乡，无法尽孝感到遗憾："献策金门去，承欢彩服违"。接着再告诫兄弟，不要忘了父母还在家中等人孝敬"昏定须温席，寒多未授衣"。中举后应当早日归乡孝敬父母"桂枝如已擢，早逐雁南飞"。这反映了他在传承家风时对儒家"孝"思想的重视。

此外，他笔下更多的家训诗表现了他与兄弟的手足情深。如他的《入峡寄舍弟》，诗中先是回顾了与兄弟的青年时光"吾昔与尔辈，读书常闭门"。可见青年时期的孟浩然就常常与兄弟待在一起，也难怪有如此深厚的感情了。接着一句"泪沾明月峡，心断鹡鸰原。离阔星难聚，秋深露已繁"深刻地表达出了他对兄弟的思念之情，自知难以相聚的孟浩然不得不"因君下南楚，书此示乡园"。诗中虽没有直白的训诫之语，但一封家书相寄，就是用切身行动在告诉弟弟，无论身处何处，不当忘却"鹡鸰之情"，这样定能感染到弟弟。又如《送从弟邕下第后寻会稽》中，一句"落羽更分飞，谁能不惊骨"不仅体现出对堂弟孟邕落第后的遗憾，更表现了即将兄弟分离的悲痛，足以表现孟家兄弟和睦之风。

其次是忠君治国的豪情壮志。儒家思想中另一个十分重要的方面就是入仕思想。千百年来，中国的文人士子接受儒家思想的洗礼，他们始终把"学而优则仕"当作一生的奋斗目标。而随着唐代科举制度的完善，加上初盛唐时期社会的安定繁荣，更大大激起了士子们的入仕愿望，孟浩然也是其中的一员。孟浩然存世的两百六十多首诗歌中，山水田园一类占了绝大多数，但近现代以来，早就有学者提出，孟浩然绝非一个纯粹的隐者，他约四十岁才上京求仕，绝不是单纯的为了隐居，他"苦学三十载，闭门江汉阴"就是为了有一天能够"用贤遭圣日"（《答秦中苦雨思归赠袁左丞贺侍郎》），他或许想过，"去诈人无谄，除邪吏息奸"（《赠萧少府》）。将会成为他入仕成功后的目标之一。无奈的是，他辗转求仕，空有一身才华，到晚年却只能"坐观垂钓者，徒有羡鱼情"（《望洞庭湖赠张丞相》）。他的许多诗歌都体现了他的这种十分强烈的入仕愿望与求官不得的绝望心情。一生未仕的孟浩然，始终把忠君放在心中，"忠欲事明主"（《仲夏归汉南园寄京邑耆旧》）是他的人生追求，而在经历了入仕无门的遗憾之后，他也表达出了自己的无奈"不才明主弃，多病故人疏"（《岁暮归南山》）。而根据《唐才子传》的记载，孟浩然的这一抱怨，却成了断送他前程的罪魁祸首，这恐怕更会让他在无奈中平添了几分愤慨。而在孟浩然的家训诗中，也体现出了他忠君治国的思想。如《送莫甥兼诸昆弟从韩司马入西军》就表现出了作为文人的孟浩然的报国豪情。

　　念尔习诗礼，未曾违户庭。平生早偏露，万里更飘零。坐弃三牲养，行观八阵形。饰装辞故里，谋策赴边庭。壮志吞鸿鹄，遥心伴鹡鸰。所从文且武，不战自应宁。

这首诗一韵到底，一气呵成，称赞了从小遵守家风，苦"习诗礼"，而今弃笔从戎的外甥与兄弟的鸿鹄之志，寄托了对他们"不战而屈人之兵"的期望，抒发了对他们的遥想与思念。这首诗与孟浩然平淡诗风完全不同，显示出了在那个一切都充满力量的时代，每一个文人士子的蓬勃精神。不论是孟浩然还是他的弟、甥，可以说都深受儒家思想影响，而在出仕道路上的失败者，在那个时代，仕途上的不得志往往会激起文人的归隐之心，孟浩然是这样，王维也是这样。与王维不同的是，孟浩然从不会在家训诗中表现出他的这种心理。王维在《赠从弟司库员外絿》中，就劝诫堂弟早日与他一同归隐"惠连素清赏，夙语尘外事。欲缓携手期，流年一何驶"。但孟浩然在这首诗中却鼓励弟、甥积极建功立业，报效国家。在他的另一首家训诗《送从弟邕下第后寻会稽》中，表现出的也是对堂弟落第的悲伤和即将分别的苦痛，丝毫没有劝其归隐之意。根据孟浩然家训诗的内容，我们可以说，孟浩然是一个纯粹的儒者，儒家思想始终贯穿他的一生，虽然他的很多诗作表现出了他仕与隐的矛盾，但至少在家风传承上，孟浩然很好地践行了儒家的入仕观，归隐绝不是他的主要思想，那只是他在求仕不能时的调味剂罢了。

二、一脉相承：孟浩然家训诗与盛唐家训文化的关系

陈延斌、徐少锦在《中国家训史》一书中曾经说："唐朝是我国古代诗歌发展的鼎盛时期，而唐代又是中国传统家训成熟时期，把这两者结合起来，便成为脍炙人口的家训诗。"①之所以家训文化会在唐代成熟，与前代传承、士族转型和科举之制都有关系。秦汉以来，随着家族观念的加强，家训文化也得到一定的发展，较之先秦，不仅家训内容由简至繁，且传承方式也从口头告诫到文字流传，出现了如刘向的《戒子歆书》、马援的《戒兄子严敦书》和诸葛亮的《诫子书》等名篇。魏晋南北朝以来，门阀士族的形成更是

---

① 陈延斌、徐少锦：《中国家训史》，陕西人民出版社 2003 年版，第 340 页。

推动了家训文化的发展，陈寅恪在《唐代政治史述论稿》中说"山东士族之所以兴起，实用儒素德业以自矜异，而不因官禄高厚见重于人。"① 又在《崔浩与寇谦之》中提到，儒生与大族是世家大族的必备条件，可见传承儒学始终是中国家训文化中的重要部分，如颜之推的《颜氏家训》那样宏大完整的家训著作，其中涉及修身治国、处世治学、仁爱孝悌等各个方面，都反映了对儒家思想的传承，这也让它成为后世家训的典范。有唐以降，尤其到了盛唐，中国家训文化有了一些新变化。赵小华在《论唐代家训文化及其文学意义——以初盛唐士大夫为中心的考察》一文中提到："初盛唐士大夫家训通过规范儒学基本理念、构建社会道德以及对为官以德的要求来传播和普及儒学，为儒学的社会化提供了有利条件。"② 确实在这个时期，传播儒学仍是家训文化的主要内容。如在太宗的《帝范》中提到的"夫功成设乐，治定制礼。礼乐之兴，以儒为本。"③ 就是告诫子孙要遵循儒家的礼乐文化。但是由于士族的转型，中国家训文化在文化内容和文学形式方面都有了自己的侧重点。非门阀士族出身的李唐王室，为了巩固统治提升地位，开始重建士族秩序，他们采取的主要手段一是编写士族志，二是完善科举制。尤其是打破魏晋以来"九品中正制"的科举制度的完善，使得盛唐时期的家训文化有自己的特点：一方面，为迎合科举，以读书治国，积极入仕

---

① 陈寅恪：《唐代政治史述论稿》，商务印书馆 2012 年版，第 267 页。

② 赵小华：《论唐代家训文化及其文学意义——以初盛唐士大夫为中心的考察》，《贵州社会科学》2010 年第 7 期。

③ （唐）李世民：《帝范》，《影印文渊阁四库全书》第 696 册，商务印书馆 1983 年版，第 616 页。

为内容的家训数量增多；另一方面，科举制度在唐代重进士，轻明经，诗赋取士使得许多尝到了科举制度甜头的新兴士族更重视对子女读书治学的教育，开始产生尚文倾向，滋生出了家训文化中极富艺术性的一面。那么具体说来，盛唐家训文化主要包括哪些内容艺术特点，孟浩然在其中又扮演着怎样的角色呢？

从内容上看，盛唐的家训文化中，最重要的部分就是劝诫子孙读书治学，建功立业。这除了是受到成熟儒家普世价值的影响外，还与初盛唐时期边境战争频繁有一定关系，武则天以来的"武举"为许多知识分子开创了另一种建功立业的道路，因此文人士大夫在家训中往往对子孙寄予了从军卫国的期望，盛唐的家训文化中也因而偏向于教子从军报国，积极入仕。如高适的《别从甥万盈》是劝诫从甥要苦读治学，如李白的《送族弟绾从军安西》是激励族弟要从军卫国，如陈元光的《示珦》是教子要积极建功立业。这一观念也体现在孟浩然的家训诗中，他的《送莫甥兼诸昆弟从韩司马入西军》就是一个典型，作为一个山水田园诗人，他的这类家训诗却体现出了盛唐风骨，写出了一些一反往常清新平淡风格的家训诗，可见盛唐家训文化中积极向上的精神对他产生了影响。

盛唐家训文化的另一个较为重要部分则是劝诫子孙孝顺父母，友爱兄弟。如作为僧人的王梵志，他大量的家训诗中也多次宣扬孝顺父母，和睦兄弟的内容，如"你若是好儿，孝心看父母。五更床前立，即问安稳不。"① 是告诫子孙要孝敬父母。又如姚崇在《遗令诫子孙文》中教导子孙要常怀忠孝之心，张九龄的《和苏侍郎小

---

① （唐）王梵志著，项楚校注：《王梵志诗校注》，上海古籍出版社 1991 年版，第 168 页。

园夕霁寄诸弟》也告诫诸弟要做忠孝之人。但实际上在现存盛唐诸多家训诗中，表现孝悌思想的却十分罕见，盛唐时期的大诗人高适、李白、杜甫等笔下的家训诗，都基本不见这一部分内容。这主要也与这个时期士族观念的转型有关，诗赋取士以及家族崇文观念的增强，让传统的以孝悌思想为主的治家观念居于下风。孟浩然则不同，他先是早年受到儒学家风的影响，又受到了盛唐时期以儒家思想为主的家训文化的熏陶，加之长期离乡漫游，却又无入仕机会时，都促使他孝亲悌兄的思想倍增，致使他笔下的家训诗有很大一部分都表现了其孝亲悌兄的思想，如前文提到的《寄弟声》中的教导，还有在《早春润州送从弟还乡》、《送王吾昆季省觐》等中喜用"庭闱"一词来提醒自己和弟兄，要始终把父母放在心上，在这一点上，孟浩然与同时代的其他诗人不同，孟浩然很好地跟随了盛唐时期的这种家训文化。

此外在艺术上，与前代家训相比，盛唐家训的文学性增强，突出表现在艺术性和情感性方面。此前的家训诗不讲求声律辞藻，仅是换了一种形式来进行说教，而从盛唐开始，随着律诗的进一步发展，家训诗的艺术性大大提升。孟浩然的家训诗也有这样的特点。纵观其家训诗，皆以五言为主，对仗工整，讲求韵律，读起来朗朗上口，此外说理方式多样，或寓理于典，如《送洗然弟进士举》中"昏定须温席，寒多未授衣"。用了《礼记》中的"昏定"典故以及《搜神记》中"温席"来教导弟兄要孝顺父母；或情景理相互交融，如《入峡寄舍弟》中先描绘漫游中所见之景"壁立千峰峻，溪流万壑奔"。而后表思弟之情"泪沾明月峡，心断鹡鸰原"。最后一封家书，不仅表露出兄弟情深，也含蓄地告诉弟弟，不要忘记"鹡鸰之情"、"因君下南楚，书此示乡园"。又如《送莫甥兼诸昆弟从韩司马入西军》，也是先回忆过去生活，后表露兄弟之情"壮志吞鸿鹄，遥心伴鹡鸰"。最后鼓励积极报国"所从文且武，不战自应宁"。这样富有艺术性，说理委婉的家训诗影响了中唐以后家训诗的创作，宋代的诸多家训诗也沿着这样的创作道路走了下去。

　　总之，作为在盛唐时期成长起来的诗人，孟浩然的家训诗与盛唐的家训文化一脉相承，尽管数量不多，但是在内容上很好地表现了盛唐家训文化重视治家与治国的儒风；在艺术上，注重诗歌的艺术性，与盛唐的家训诗一起为后世家训诗创作做了示范。值得一提的是，尽管家训文化在唐代成熟，但盛唐时期的家训诗创作仍处于上升阶段，数量远不及中唐以后，内容也不够丰富，这或许是因为初盛唐时期对门阀士族的打压，使得家族门第观念淡薄。而随着科举制度的完善，新兴士族的兴起，加上如孟浩然这样的诗人一直以来的偶尔书写，才为中唐以后迎来家训诗创作的高潮以及家训文化的繁荣做了充足的准备，盛唐的家训文化与孟浩然的家训诗创作都是中国家训发展史上不可忽略的一部分。

（相明霏，广西师范大学文学院）

佛寺与孟浩然的诗歌创作

——兼论孟浩然佛寺诗的地位

贾晓峰

佛寺是宗教空间、自然空间，还是艺术空间，与世间普通建筑相比，它是较独特的空间存在。丹纳《艺术哲学》指出环境是影响和制约艺术创作的三大因素之一。佛寺理所当然会对身处其中的诗人产生独特的影响，进而影响到他们的诗歌创作。孟浩然的诗歌有26首与佛寺相关，占其现存诗歌总量的近12%，可见孟浩然诗歌与佛寺有比较密切的关联。

当前学界已经注意到佛寺在孟浩然诗歌中的意义，王辉斌先生的《孟浩然研究》称孟浩然诗歌描写了大量的佛寺，形成与自然山水融为一体的静态之美，具有方外之情与清静幽深的艺术境界。[①]《论孟浩然与佛教及其佛教诗——兼与王维的同类诗比较》称孟浩

---

① 王辉斌:《孟浩然研究》，甘肃人民出版社 2002 年版，第 151 页。

然雅好登游各种佛寺禅居，其诗歌对佛寺景观有诸多的描写，或浓或淡地抒发着对佛家生活的向往之情。[①] 高人雄的《孟浩然诗中的鹿门山寺与山僧》指出寺院景观在孟浩然诗歌中得到不同程度的书写，与寺中大德的交游影响着他的诗歌创作，促进了他对隐逸生活的选择。[②] 上述研究的关注点可归结为三个方面，一是佛寺景观是孟浩然诗歌的重要描写对象；二是孟浩然的佛寺诗具有清幽的艺术格调；三是佛寺促进了孟浩然隐逸思想的生成，所论皆颇有见地。

　　本文在已有观点的基础上，将探讨孟浩然前往佛寺的缘由，佛寺在孟浩然诗歌创作中的作用，佛寺作为孟浩然的行止地，佛寺空间又如何反映了他的情感历程？再从整个佛寺诗的发展史而言，孟浩然的创作又有怎样的贡献？

一、悦目、闲适与安心：孟浩然游寺之缘由

　　据《孟浩然集校注》和当前的研究成果，孟浩然游历过的有名可考的佛寺共 12 处，见下表：

表 1　孟浩然游历名寺表

寺名	今址	相关诗歌
凤林寺	湖北襄樊市襄阳城东南十里	《游凤林寺西岭》

---

① 王辉斌：《论孟浩然与佛教及其佛教诗——兼与王维的同类诗比较》，《江汉大学学报》（人文科学版）2009 年第 4 期。

② 高人雄：《孟浩然诗中的鹿门山寺与山僧》，《阅江学刊》2015 年第 1 期。

续表

寺名	今址	相关诗歌
玉泉寺	湖北省当阳县西南玉泉山	《陪张丞相祠紫盖山途经玉泉寺》
龙泉寺	湖北襄樊襄城区	《疾愈过龙泉寺精舍呈易业二公》、《宿业师山房期丁大不至》
景空寺	湖北襄樊	《过景空寺故融公兰若》、《过融上人兰若》、《题融公兰若》、《游景空寺兰若》
耆阇寺	湖北松滋县	《与张折冲游耆阇寺》
香山寺	湖北襄阳香山	《寻香山湛上人》、《还山贻湛法师》
总持	长安永阳坊	《登总持寺浮图》
翠微寺	长安终南山太和谷	《宿终南翠微寺》
石城寺	浙江剡县石城山	《腊月八日于剡县石城寺礼拜》
龙兴寺	疑在扬州	《登龙兴寺阁》
大禹寺	浙江绍兴会稽山	《题大禹寺义公禅房》
云门寺	浙江绍兴云门山	《云门寺西六七里闻符公兰若最幽与薛八同往》、《游云门寺寄越府包户曹徐起居》

从上表可见，孟浩然游历过的佛寺中，在荆襄一带的有凤林寺、玉泉寺、龙泉寺、景空寺、耆阇寺，在长安的有总持寺、翠微寺，在吴越一带的有大禹寺、石城寺、龙兴寺、云门寺。这三个地域，恰是佛教的兴盛地，佛寺众多，当远不止 12 处。就长安而言，经孙昌武《唐长安佛寺考》①和介永强《〈唐长安佛寺考〉补苴》②考证，唐代长安共有佛寺一百八十九座。据宋敏求《长安志》载天宝前长安有僧寺六十四座，尼寺二十七座，共九十一座。开元十一年(723)，孟浩然到长安，此时唐长安的佛寺保守估计也应有八十座

---

① 孙昌武：《唐长安佛寺考》，《唐研究》第 2 卷，北京大学出版社 1996 年版。

② 介永强：《〈唐长安佛寺考〉补苴》，《中国历史地理论丛》2009 年第 3 期。

左右，而他诗歌中反映出所到过的佛寺不过总持寺和翠微寺两座。长安的诸多佛寺是佛教诸派的祖庭，如法相宗祖庭慈恩寺、密宗祖庭大兴善寺、三论宗祖庭草堂寺、律宗祖庭净业寺、净土宗祖庭香积寺等，如果孟浩然对佛教颇为倾心，他当去的佛寺何止总持寺和翠微寺这两座？再就荆襄、吴越而言，"唐以前的襄阳，不仅佛寺禅院，随处可见……襄阳成为了当时著名的佛教圣地，并可与慧远驻锡之地庐山比美。"① 吴越一带佛教向来兴盛，杜牧诗中还称："南朝四百八十寺，多少楼台烟雨中。"这两个地域的佛寺当有惊人的数量。孟浩然诗歌中反映出他到过荆襄一带的佛寺仅有五座、吴越一带的佛寺不过四处。当然，诗歌中不可能把他到过的佛寺一一反映出来，但荆襄、长安、吴越三个地域的庞大佛寺数量和孟浩然诗歌中反映出的 12 处佛寺数量相较，巨大的差异至少能说明孟浩然游寺不过是偶一为之，王辉斌先生称："其所到之处，凡有佛寺者几乎无不以登游为乐。"② 当非如此。孟浩然前往佛寺也不是抱有佛教徒式的信仰。

那么孟浩然到佛寺的缘由何在呢？当主要有以下三个方面的原因：

一是为悦目。佛寺营建时，常选址在云山烟水、林木蓊郁之地，幽谧的气息、秀丽的山水便于僧侣修持和体悟佛法大意。诸多佛寺既有外在的层峦叠嶂、翠色萦绕，本身内部也常有澄潭碧水、参天古木，再加以峥嵘殿宇、清雅亭台，佛寺表现出明显的园

---

① 任继愈：《中国佛教史》第二卷，中国社会科学出版社 1985 年版，第 149—196 页。

② 王辉斌：《论孟浩然与佛教及其佛教诗——兼与王维的同类诗比较》，《江汉大学学报》（人文科学版）2009 年第 4 期。

林化特征，许多佛寺与自然实已融为一体。自南北朝始，文士对自然山水之美有了自觉的认知，游览山水也成了广大文士生活的重要内容，游赏自然时常常游佛寺，游佛寺也是游自然。来到佛寺的文士，多数不是出于对佛教信奉的原因，更多的是游赏悦目的需要，正如李芳民先生所言："对于大多数文士而言，他们长期受儒家思想熏陶，前往佛寺，很少带有笃信者狂热的宗教情绪，更多是游览的需要。"①这种情形同样适用于孟浩然。他到过的佛寺大多处于山水环境优美之地，荆襄、吴越一带的佛寺拥有天然优美的自然风光，长安的翠微寺在长安县南五十里之终南山太和谷，自然环境亦不待言。总持寺在长安永阳坊，《登总持寺浮图》中称："半空跻宝塔，晴望尽京华。竹绕渭川遍，山连上苑斜。"也表现的是游寺登塔，赏阅周边的景物。他创作的与佛寺相关的诗歌，绝大多数篇章中都咏写了佛寺的优美自然，《游凤林寺西岭》中还明确地称："共喜年华好，来游水石间。"完全可以说他游寺多是为了游景悦目。

二是为闲适。佛寺环境清幽，生活闲雅，孟浩然来到寺中许多时候是为了追求闲适的生活。《疾愈过龙泉寺精舍呈易业二公》中称："停午闻山钟，起行散愁疾。"说明他到佛寺是为了追求身心的适意。《宿立公房》中称："何如石岩趣，自入户庭间。苔涧春泉满，萝轩夜月闲。"细腻呈现了寺中的景物，特别是"闲"字赋予了景物人格化的色彩，突显了诗人在寺中的闲适情怀。最后称："能令许玄度，吟卧不知还。"这样的佛寺景观和生活自然会使文士流连忘返，

---

① 李芳民：《佛宫南院独游频——唐代诗人游居寺院习尚探赜》，《文学遗产》2002年第3期。

表现了孟浩然对佛寺闲适生活的钟爱。

三是为安心。孟浩然"家世重儒风"（《书怀贻京邑同好》），早有"鸿鹄志"（《洗然弟竹亭》），他长期隐居鹿门山，亦不是真正彻底的隐退，未尝不是走类似"终南捷径"的一种策略。长期的"隐居"生活并没有给他带来预想的结果，求仕长安的失败更使他倍感失落。他对佛寺的游赏有助于身心放松，与寺僧的交往有助于体悟佛理，安放不平的内心。孟浩然"幼闻无生理"，自幼便受佛教的熏染，但他又并非对佛教倾心接受，并未形成佛教徒般的宗教信仰，更多的是对佛寺恬淡生活的喜爱，以及在仕进受挫时找到精神的寄托。如王辉斌先生所称："孟浩然崇尚佛教，就其一生的经历与行事而言，主要是对于佛教人物生活的向往，以及在求仕不果或者遭受挫折的情况后，欲借以求得思想与精神方面的某种解脱。"①孟浩然前往佛寺和他对佛教的接受相同，许多情况下是舒缓因仕进失意带来的郁闷，安抚痛苦没落的内心。

二、佛寺与诗歌的生成

（一）佛学义理对诗歌的渗透

任何个人的思考和行为都必须在一个具体的空间中才能得以进行，空间可以说是行动和意识的定位之所。佛寺作为供奉佛像、僧徒持戒

---

① 王辉斌：《论孟浩然与佛教及其佛教诗——兼与王维的同类诗比较》，《江汉大学学报》（人文科学版）2009 年第 4 期。

安禅、信众焚香膜拜的佛教活动场所，其最大的特征就是浓郁的佛教气息。由此，身处其中的每个人，都极易受到佛教理念的感染。

诗歌作为一个开放的系统，其审美取向、文化姿态，无不受空间文化的影响。孟浩然在佛寺这样一个宗教气息浓郁的文化空间里，佛教理念必然会对他产生影响，诗歌中也或多或少地体现出对佛理的体悟。如《陪姚使君题惠上人房》中称："来窥童子偈，得听法王经。"指明到佛寺是为了感知佛理，"会理知无我，观空厌有形。"表明诗人体悟佛教"无我"的思想，还由佛教"空观"产生"厌有形"的感悟。佛教中的"空"，不是"无"，是不可住、不可得，是超越一切逻辑思维的"空"性。尽管孟浩然"幼闻无生理"（《还山贻湛法师》），长期受佛教的熏染，但诗中把"空"与"有"相对，表明他对佛理的认识尚有一定的局限，至少也说明在本诗中的表述并不确切。

佛学义理对诗歌的渗透还表现在诗歌中的避世情怀上。佛教学说的根本旨趣在于通过修身和修心，断尽世间烦恼，以求得人生的解脱，而仕途坎坷的孟浩然常处于退隐和事功的矛盾心态中。他来到佛寺，受到佛理的影响，更易产生避世的心绪。如《寻香山湛上人》中称："愿言投此山，身世两相弃。"《题云门山寄越府包户曹徐起居》中称："迟尔同携手，何时方挂冠。"《腊月八日于剡县石城寺礼拜》中称："下生弥勒见，回向一心归。""愿承功德水，从此濯尘机。"这些诗句中皆表露出摆脱纷杂世事的情怀。

（二）佛寺景观成为诗歌创作的素材

诗歌创作作为一种审美活动，感性直观是其重要的心理活动形式。诗歌创作的客体对象始终是以具体的形象来呈现自身，成为诗歌吟咏的素材。佛寺处于风景旖旎的自然环境中，当孟浩然来到佛寺，优美的自然景观便成为他书写的对象。

高人雄在《孟浩然诗中的鹿门山寺与山僧》中指出孟浩然的佛寺诗："有的则完全将寺庙景观作为主要的描写对象，进行精工细笔的描绘，这类数量最多。"所言不虚。如具体而言，孟浩然对佛寺景观的书写，大体可分为两类：

一是佛寺内外的自然"幽"境。如《游凤林寺西岭》中称："烟容开远树，春色满幽山。"《题大禹寺义公禅房》中称："户外一峰秀，阶前众壑深。夕阳连雨足，空翠落庭阴。"《同王九题就师山房》中称："竹蔽檐前日，雨随阶下云。周游清荫遍，吟卧夕阳曛。江静棹歌歇，溪深樵语闻。"等等。这些诗句中的"烟"、"夕阳"、"峰"、"竹"、"雨"等意象，呈现出佛寺所处的自然山水环境。还应当指出，这些意象宁静深幽，显现的不仅是"清"境，更是"幽"境，是诗人在静寂佛寺中体味出的物象静幽之感。这种"幽"境的形成，是佛寺所处的山林环境使然，也是诗人身处浓郁佛教氛围时的心境超脱的结果，正如王辉斌所称："这一风物图的构成，其实是诗人以及禅道精神的眼光，对自然风光赏玩与审视的一种必然结果。"[①]

二是佛寺中可居、可望、可怀的建筑。唐代的多数佛寺是廊院式的建筑格局，以中轴线贯穿，左右对称，主要殿堂建在中轴线上，前低后高，主次分明。一般情况下，在佛寺的中轴线上，依次

---

① 王辉斌：《论孟浩然与佛教及其佛教诗——兼与王维的同类诗比较》，《江汉大学学报》（人文科学版）2009 年第 4 期。

排列着山门、天王殿、塔院、大雄宝殿、法堂、藏经阁等。这些建筑可以身居其中，可以于其中穿行，也可以被观赏，高耸的楼阁、佛塔等还可以登临望远，并生发诸种感怀。特别是寺中这些高耸的建筑气势雄峻，于风烟浩荡、云气舒卷中展现出天地间的生生之韵，常为古代诗人所关注，也成为孟浩然吟咏的对象。如《登龙兴寺阁》中称登阁而"远目开"，"逶迤见江势，客至屡缘回。兹郡何填委，遥山复几哉。苍苍皆草木，处处尽楼台。骤雨一阳散，行舟四海来。鸟归馀兴远，周览更裴回。"逶迤江水、苍苍草木、处处楼台、归鸟、"遥山"、"骤雨"、"行舟"等展现在诗人的眼前，体现出龙兴寺阁的高峻气势，使人产生吞吐大荒之感，诗人因此周览徘徊，不忍离去。再如《登总持寺浮图》前六句写孟浩然登上寺塔，可以"望尽京华"，见翠竹绕渭川，青山连上苑，京城情形、民众生活等皆历历在目，后六句则抒发了诗人登塔产生的佛理感怀。

孟浩然的佛寺诗中，有些并不能体现出佛寺的空间特性，正如高人雄在《孟浩然诗中的鹿门山寺与山僧》中所称："这些寺庙景观，在孟浩然的诗笔下，有的看似作为一个陪衬，一笔带过。""有的因为充当他谈话与相聚的场合，在诗作中占有一定的篇幅。"① 这些概括与事实相符，同时有必要指出，无论佛寺在诗歌中充当的是"一个陪衬"，还是仅仅"充当他谈话与相聚的场合"，都表现出孟浩然对佛寺空间的偏爱或选取，反映了孟浩然的生活状态和情志。并且在一般情况下，诗人的创作也需要一个较为具体的、熟悉的空间，即使佛寺是诗歌创作的背景，这样的空间性元素对诗人的生活

---

① 高人雄：《孟浩然诗中的鹿门山寺与山僧》，《阅江学刊》2015 年第 1 期。

方式、情感表达都有难以磨灭的痕迹，尽管有时显得非常隐微，难以捕捉。从这层意义上讲，佛寺是孟浩然诗歌创作的实质基础。

（三）静寂氛围使物象细腻呈现、情怀超脱

"静"是作家在进入审美活动之前，需要保持的审美心境。苏轼称"欲令诗语妙，无厌空且静。静故了群动，空故纳万境"（《送参寥师》）。宗白华称："静穆的观照和飞跃的生命，是中国艺术的两元。"① 诗人在进入审美活动之前，必须去物去我，使纷杂定于一，躁竞归于静，造成一种静态的心理定势，而佛寺正有助于这种审美心境的形成。佛教主张修持者要以虚静之内心、超越之精神来体察世界。佛教的"禅"意即静虑，是在静寂中凝神思虑，心神澄澈，回归本真。佛教的修持方式决定了佛寺应力求静寂。

孟浩然来到佛寺，静谧的氛围无疑有利于他审美心境的形成，由此神情专注，感知从容自适，体味细微，佛寺的秀丽山水、蓊郁花木等物象在诗歌中便得以细腻呈现。如《宿业师山房期丁大不至》中称："夕阳度西岭，群壑倏已暝。松月生夜凉，风泉满清听。樵人归欲尽，烟鸟栖初定。"六句诗中描写了"夕阳"、"西岭"、"群壑"、"松月"、"风泉"、"樵人"、"烟鸟"七个意象，可谓细腻，促使诗歌形成"经纬绵密"② 的特点。再如《过融上人兰若》："山头禅室挂僧衣，窗外无人水鸟飞。黄昏半在下山路，却听钟声连翠微。"诗人观察到寂静的窗外有水鸟飞翔，下山路上听到泉水的淙淙之声，

---

① 宗白华：《中国艺术意境之诞生》，《美学散步》，上海人民出版社 1981 年版，第 76 页。

② 王克让：《河岳英灵集注》，巴蜀书社 2006 年版，第 259 页。

在幽静中品味到"动",显现出跳跃的生命动势,体现出幽静氛围对物象呈现的积极意义。

佛寺的静寂氛围还有助于孟浩然心境的平静,尤其在佛寺这样宣扬超脱理念的独特空间中,使诗歌表现出超脱尘俗的情怀。如《云门寺西六七里闻符公兰若最幽与薛八同往》中称:"所居最幽绝,所住皆静者。"指明了佛寺的"幽"和生活于其中的符公的"静"。由此,诗人称:"上人亦何闻,尘念都已舍。四禅合真如,一切是虚假。"赞赏符公超脱尘念,已入真如之境,流露出诗人的超脱情怀。再如《题终南翠微寺空上人房》中称:"遂造幽人室,始知静者妙。"由此,可以与寺僧"毕景共谈笑",可以享受清闲的生活:"暝还高窗眠,时见远山烧。"进而联想到高士的情趣:"风泉有清音,何必苏门啸。"高远超然,不落凡尘。

三、佛寺成为生命情感的印迹

文学是一种生命现象,文学作品无不体现了文学家对于生命状态的种种观察、体验和感受。孟浩然隐居荆襄,求仕长安,游历吴越,所到过的诸多佛寺是诗人生命流动的标识物,与这些佛寺相关的诗歌也表现出他生命情感的流程。

入京求仕前,孟浩然漫游于荆襄,他在这一时期的佛寺生活是其山野田园生活的一种表征。佛寺的山林野趣,生活节奏的舒缓,成为他佛寺诗表现的主要内容。此时的佛寺就是一个映现的场所,绿荫修篁、夕阳薄暮、禅定僧侣等映现出孟浩然相对淡泊的心态。

如《夜归鹿门歌》：

> 山寺钟鸣昼已昏，渔梁渡头争渡喧。人随沙岸向江村，余亦乘舟归鹿门。鹿门月照开烟树，忽到庞公栖隐处。岩扉松径长寂寥，惟有幽人夜来去。

诗中写在傍晚时分，寺钟响起，诗人乘舟回到鹿门，见到皓月当空、烟树婆娑及岩扉松径构成的寂寥之境。诗人由幽景想到这个庞德公隐居的地方，且只有诗人自己在夜间来往穿行。全诗呈现的是佛寺云淡风轻之寂境，表现出诗人宁静淡远的心志。再如《游明禅师西山兰若》：

> 西山多奇状，秀出倚前楹。停午收彩翠，夕阳照分明。吾师住其下，禅坐证无生。结庐就嵌窟，剪苔通往行。谈空对樵叟，授法与山精。日暮方辞去，田园归冶城。

诗中描写了西山、夕阳、寺僧情态，最后称日暮时分离开佛寺，回归家园。诗中的佛寺空间与诗人的内心空间相互接触，相互融合，使内心深处的淡泊志趣向无限延伸，形成邈远悠长的诗歌情调，反映了诗人淡远超然的情态。

长安求仕期间，孟浩然有两首佛寺诗。《登总持寺浮图》当是诗人初到长安时所作，诗中称："半空跻宝塔，晴望尽京华。竹绕渭川遍，山连上苑斜。四门开帝宅，阡陌俯人家。"写出帝都境象的高远和非凡气势。后六句写对佛理的感触："累劫从初地，为童忆聚沙。"从初地累劫成佛，童子聚沙为塔，说明成佛须经无量努力。"一窥功德见，弥益道心加。"称初地菩萨初窥心性功德现前，进而更加精进，以期圆满成佛果。最后再次切题，既是因身在高塔而"坐觉诸天近"，同时也因为心系佛法，能感悟诸天欢喜，自觉相近。末句"空香送落花"暗用散花典故，凸显自己心合佛法，更使诗歌呈现出幻美的气氛。全诗写景境象阔大，所用佛典皆蕴含着奋发精进的志趣，表现出孟浩然在初到长安求仕时自信昂扬的心态。

《题终南翠微寺空上人房》当是孟浩然在长安求仕受挫后的诗作。诗中称："翠微终南里，雨后宜返照。闭关久沈冥，杖策一登眺。遂造幽人室，始知静者妙。儒道虽异门，云林颇同调。两心相喜得，毕景共谈笑。"主要写与寺僧欢快的交往。"暝还高窗眠，时见远山烧。缅怀赤城标，更忆临海峤。"则表现了诗人在寺中悠然的生活情态，以及对吴越之游的追忆。最后一句"风泉有清音，何必苏门啸。"用孙登的典故表现高士的情趣。诗中表现的不是初到长安求仕时的进取心态，明显有了退隐情怀，反映了孟浩然在求仕受挫后，佛寺成了他心灵的一处栖息地，昭示了一种内心的反省，一种人生意气未得到张扬退而求次的生命形式，显现出他此时想摆脱痛苦心境的期待。

孟浩然创作的最后一首佛寺诗，是他入张九龄幕后所作的《陪张丞相祠紫盖山途经玉泉寺》。诗中称："欲就终焉志，恭闻智者名。"表现出诗人尚有遁隐之思，但最后"谢公还欲卧，谁与济苍生"，表现出的是济世之情，反映了孟浩然在仕进和隐居之间的矛盾心态。孟浩然在盛唐恢宏的时代氛围中，本就有强烈的仕进之心。他在入长安前的隐居生活并不是心如止水般地彻底隐居，而是积极寻找着仕进的机会。开元五年（717），孟浩然所作的《望洞庭湖赠张丞相》中称："坐观垂钓者，徒有羡鱼情。"表明他希望张说能够对他予以引荐。他前期的隐居，确实是"在'隐居'的名义下"，"努力在为科举，为入仕作准备"。① 开元二十一年（733），四十五岁的孟浩然还有入长安求仕之意："寄语朝廷当世人，何时重见长安道？"（《和卢明府送郑十三还京兼寄之什》）开元二十六年（738），五十岁的孟浩然还到荆州入张九龄幕，此时创作的《陪张丞相祠紫盖山途经玉泉寺》中的玉泉寺是他人生后期的一处行止地，在流连玉泉寺之际，所作诗歌倾注了他对社会、人生的思索，显现出他内心得到一定满足时的昂扬风貌，也反映了仕进志趣是他始终难以割舍的情怀。

四、孟浩然佛寺诗的地位

中国古代诗歌中有大量的篇章与佛寺相关，那么孟浩然在佛寺诗的发展史上有什么贡献呢？

第一，大力创作，开风气之先。中国诗歌史上首位进行佛寺诗创作的是谢灵运，共有 3 首诗，唐前佛寺诗创作数量最多的是南朝

---

① 陈贻焮：《谈孟浩然的"隐逸"》，载《隋唐五代文学研究》（下），北京出版社2001年版，第697页。

梁简文帝，共 5 首。[①] 笔者据《全唐诗》初步统计，初唐至盛唐前期知名诗人创作的佛寺诗数量情况是：王勃 2 首，卢照邻 1 首，骆宾王 3 首，杨炯 0 首，陈子昂 1 首，苏颋 3 首，张说 7 首，张九龄 3 首，贺知章 0 首，沈佺期 8 首，宋之问 18 首（其中有 6 首应制诗），李峤 4 首，而孟浩然是 26 首。由此可见，孟浩然是中国古代诗歌发展史上较早大力创作佛寺诗的诗人。从他之后，佛寺诗创作的数量渐多，王维 12 首，高适 8 首，岑参 19 首，李白 18 首，杜甫 24 首，韦应物 29 首。这些统计数据表明孟浩然在佛寺诗的创作上有开风气之先的意义。

第二，格调清幽，显佛寺之境。孟浩然之前的佛寺诗基本上有两种格调：一是有较浓厚的宗教气。如卢照邻《石镜寺》："古墓芙蓉塔，神铭松柏烟。鸾沉仙镜底，花没梵轮前。铢衣千古佛，宝月两重圆。隐隐香台夜，钟声彻九天。"苏颋《武担山寺》："武檐独苍然，坟山下玉泉。鳌灵时共尽，龙女事同迁。松柏衔哀处，幡花种福田。讵知留镜石，长与法轮圆。"这些诗篇中的"神铭"、"仙镜"、"梵轮"、"宝月"、"香台"、"幡花"、"福田"、"法轮"等，有明显的佛教气息。二是佛寺多是作为诗歌创作的背景存在，诗歌对佛寺场景及氛围缺少真切的体现。如骆宾王《称心寺》："征帆恣远寻，逶迤过称心。凝滞蘅灌岸，沿洄楂柚林。穿溆不厌曲，舣潭惟爱深。为乐凡几许，听取舟中琴。"宋之问《登禅定寺阁》："梵宇出三天，登临望八川。开襟坐霄汉，挥手拂云烟。函谷青山外，昆池落日边。东京杨柳陌，少别已经年。"这些诗篇中描写的景象、

---

① 笔者据逯钦立《先秦汉魏晋南北朝诗》统计，中华书局 1983 年版。

抒发的情感和佛寺没有太大的关联。即使有些诗能体现出佛寺的幽寂气息，如王勃《游梵宇三觉寺》："杏阁披青磴，雕台控紫岑。叶齐山路狭，花积野坛深。萝幌栖禅影，松门听梵音。遽忻陪妙躅，延赏涤烦襟。"但数量甚少。孟浩然的佛寺诗中也有类似的情形，如《与张折冲游耆阇寺》、《云门兰若与友人同游》、《陪姚使君题惠上人房》等，但大多数佛寺诗则营造出佛寺本有的清幽之境，如《还山贻湛法师》、《过融上人兰若》、《题融公兰若》、《游景空寺兰若》、《题大禹寺义公禅公房》、《题终南翠微寺空上人房》、《宿立公房》、《题明禅师西山兰若》、《同王九题就师山房》等，通过对寺景的描写和对与寺僧交往情形的呈现，营构出空寂清幽的山寺氛围。翁方纲称："读孟公诗，且毋论怀抱，毋论格调，只其清空幽冷，如月中闻磬，石上听泉，举唐初以来诸人笔虚笔实，一洗而空之，真一快也。"①"清空幽冷"是孟浩然之前佛寺诗较少出现的格调，是超越佛寺建筑表层，真切体悟佛寺空间意蕴的呈现，在佛寺诗发展史上有积极的意义。

第三，以文为诗，创结构之新。"以文为诗"作为诗歌的创作方式，一般认为始于韩愈，赵翼《瓯北诗话》就称："以文为诗，自昌黎始；至东坡益大放厥词，别开生面，成一代之大观。"②就中国古代佛寺诗而言，"以文为诗"并不鲜见，如韩愈《山石》、苏轼《游金山寺》和《二十七日自阳平至斜谷宿于南山中蟠龙寺》、文同《苍溪山寺》等，皆以游寺活动的时间为序，展现了途中所见、寺

---

① （清）翁方纲：《石洲诗话》卷一，人民文学出版社1981年版，第28页。
② （清）赵翼著，霍松林、胡主佑校点：《瓯北诗话》卷五，人民文学出版社1963年版，第56页。

中所见及晨起所见，表现出明显的散文化结构。如向前追溯佛寺诗的这种结构方式，最早当是孟浩然的两首诗。《寻香山湛上人》中先写诗人在傍晚时分来到佛寺："氛氲亘百里，日入行始至。"然后下马寻人："杖策寻故人，解鞭暂停骑。"再写寺中所见："石门殊豁险，篁径转森邃。"后写与寺僧交往的情形："法侣欣相逢，清谈晓不寐。"这一部分的描写完全是以时间为序展开，表现出明显的叙事性。《疾愈过龙泉寺精舍呈易业二公》云："停午闻山钟，起行散愁疾。寻林采芝去，转谷松翠密。傍见精舍开，长廊饭僧毕。石渠流雪水，金子耀霜橘。竹房思旧游，过憩终永日。入洞窥石髓，傍崖采蜂蜜。日暮辞远公，虎溪相送出。"诗中写到时间是"停午"，诗人"寻林"、"转谷"，见到龙泉寺。入寺后，见到"寺僧"、"流水"、"霜橘"。又来到寺中的石洞看钟乳石，到旁边的山崖上采蜂蜜。傍晚时分，离开寺院。全诗呈现出游寺的过程，其结构可谓"以文为诗"。诗歌的这种章法结构，体现了佛寺建筑的空间层次性，也是诗人在寺中的具体活动轨迹使然，而这种结构在之前的佛寺诗中从未出现，当是孟浩然的创新之举。这种写法很难说是孟浩然有意为之，但在客观上无疑是佛寺诗风貌的一种创新。

综上所述，本文探讨了孟浩然前往佛寺的缘由、佛寺对孟浩然诗歌的生成意义、佛寺作为孟浩然生命情感的投射，以及孟浩然佛寺诗的独特贡献。孟浩然作为唐前期的重要诗人，诗歌受到当时及后人的广泛关注。他创作的佛寺诗内涵丰富、情感充实、格调清幽，建立起较成熟的创作范式，这对认识其后的佛寺诗创作有重要意义。

（贾晓峰，太原师范学院文学院）

论孟浩然诗歌的视角转换艺术

张君华

孟浩然是盛唐山水田园诗人的代表之一，他的诗歌艺术水平高下至今仍有争议。[①] 自《后山诗话》引苏轼"韵高而才短"[②] 之语后，历代评家推演生发，未能出此范畴。严羽云："且孟襄阳学力下韩退之远甚，而其诗独出退之之上者，一味妙悟而已。"[③] 正与苏轼异曲同工。所谓"学力"，与苏轼见解相似而范围更加狭窄，是宋人"以学问为诗"之惯性思维所致。而唐代诸诗人皆对孟浩然极尽褒扬，可见时代诗风好尚不同。后人评论纷纭，推陈出新者少，重复

[①] 参见杜晓勤：《20 世纪孟浩然研究》，《唐代文学研究》2000 年第 8 辑；周相录：《没有必要为孟浩然回护——孟浩然"韵高而才短"评议》，《河南师范大学学报》2008 年第 4 期；张震英：《2011 年孟浩然研究国际学术研讨会综述》，《吉林师范大学学报》2012 年第 1 期。

[②] （宋）陈师道：《后山诗话》，（清）何文焕辑：《历代诗话》上册，中华书局 1981 年版，第 308 页。

[③] （宋）严羽：《沧浪诗话》，（清）何文焕辑：《历代诗话》下册，中华书局 1981 年版，第 686 页。

前调者多。纵览《孟浩然集》，可知孟浩然纪行写景之作篇幅最重。笔者钩索归纳，发现孟浩然写景纪事的视角转换有着浓厚的个人特色与超妙的艺术高度，而目前尚未有专题论文从此角度论述。简要归结，诗人的视角转换有三大特征。从这三大特征出发，可以一窥孟浩然的诗歌表现艺术和内心世界。

一

孟浩然诗歌中，有相当数量的舟行纪事之作："叠障数百里，沿洄非一趣。彩翠相氛氲，别流乱奔注"[①]（《经七里滩》），"沙禽近方识，浦树遥莫辨"（《登鹿门山怀古》）。他经常以在舟中不断变动的视角来描绘景象。《武陵泛舟》诗云："水迥青嶂合"。诗人在山涧中行舟游赏，触目皆是青山。随着小舟前行，水势迥转，诗人转身回看时，刚刚驶过的相对山峦仿佛合在一起，不分你我了。这种视觉体验，非动态视角不能捕捉。记录舟行的诗歌如此，记录山行之诗亦是如此。仔细体会孟浩然的纪行诗作，就会发现他笔下的景观本身就是行者眼中之景。这些景观只有在移动视角中展现，方能体现出"孟浩然"式的描述之妙。譬如"桥崩卧槎拥，路险垂藤接"（《采樵作》），诗人在行走时视角变动，前后探查，才能描绘出这般景象。若诗人伫立不动，全凭想象造景，则无法写得如此细致

---

① （唐）孟浩然著，徐鹏校注：《孟浩然集校注》，人民文学出版社1989年版，文中所引孟浩然诗歌均选自本书。

精准。又如"迢递秦京道，苍茫岁暮天"（《赴京途中遇雪》）、"日暮马行疾，城荒人住稀"（《夕次蔡阳馆》），景语呈现出的是诗人移动视角下的情境，使读者极易以主人公视角进入诗之情境。

较强的叙事性是孟浩然诗的一大特色。他的纪行诗，往往将来龙去脉交代得非常清楚。这种手法无疑冲淡了作品的诗意，但由于孟浩然的个人气质与艺术造诣，反而显示出一种平淡中独有的魅力。"停午闻山钟，起行散愁疾。寻林采芝去，转谷松萝密。"（《疾愈过龙泉精舍呈易业二公》）"我行适诸越，梦寐怀所欢。久负独往愿，今来恣游盘。台岭践嶝石，耶溪溯林湍。舍舟入香界，登阁憩旃檀。"（《游云门寺寄越府包户曹徐起居》）这些诗句非常平淡，但揭示出了孟浩然诗作一贯的动态视角。

更多的时候，孟诗中的写景与叙事相互勾连，难分彼此。"山水观形胜，襄阳美会稽。最高唯望楚，曾未一攀跻。石壁疑削成，众山比全低。晴明试登陟，目极无端倪。云梦掌中小，武陵花处迷。暝还归骑下，萝月映深溪。"（《登望楚山最高顶》）此诗融写景叙事于一炉，是一首语调轻快的游赏之作，从中可以看出，孟浩然叙事的主体往往隐于自己所见之后。他仿佛一个前行的镜头摄录者，用文字将所见所感一一记录，而主观色彩不浓厚。这种叙事方式是孟浩然纪行纪事诗中常用的手法。"赣石三百里，沿洄千嶂间。沸声常活活，洊势亦潺潺。跳沫鱼龙沸，垂藤猿狖攀。"（《下灨石》）"石逢罗刹碍，山泊敬亭幽。火炽梅根冶，烟迷杨叶洲。"（《夜泊宣城界》）他择取路途中的片段，这些片段或连续，或有一定的时间差，但总是在变动的视角中逐帧展开的。

这种动态视角，与孟浩然"泛泛随波澜，行行任舻枻"（《将适天台留别临安李主簿》），随性而为，崇尚老庄和魏晋遗风的心态与行事作风不无关系。行旅生涯是孟浩然人生的重要构成，旅行是他的生活方式。这种生活方式镌刻在他的骨子里。"挂席几千里，名山都未逢。泊舟浔阳郭，始见香炉峰。"（《晚泊浔阳望庐山》）"挂席"在他的笔下反复出现，"泊舟"、"移舟"，他的行旅生涯总是沿江涉水，江水是他诗中的重要意象。他在江边赏景，在江边入眠，在江边惆怅："送君不相见，日暮独愁绪。江上久徘徊，天边迷处所。"（《送辛大不及》）正如他诗中所云："外事情都远，中流性所便"（《冬至后过吴张二子檀溪别业》），舟是他的家，人生是他的逆旅。他想要辅佐帝王，但并不坚持，于长安滞留不久便断然放弃，经由旅途去追寻他理想的人生境界。[①] 他对事物并不十分执着，景观也好，壮志雄心也罢，每每"求之不可得，沿月棹歌还"（《万山潭》）。

孟浩然的行旅生涯充满艰辛："吾昔与汝辈，读书常闭门。未尝冒湍险，岂顾垂堂言。自此历江湖，辛勤难具论。往来行旅弊，开凿禹功存。"（《入峡寄弟》）比起读书闭门，江湖游历增长了他的见识，润泽了他的审美。他探访高僧隐者之居，与僧人、道士、隐者来往密切，这使他的心总是超脱于凡尘之外。同时，他也干谒清流权贵，以求一展宏图。他广泛的交游无疑给了他审视世界的多重视角，而他的性格最终促使他向宦途之外的方向求取人生的自在。李白称赏韩朝宗"生不用封万户侯，但愿一识韩荆州"（《与韩荆州

---

① 陈贻焮：《孟浩然事迹考辨》，《陈贻焮文选》，北京大学出版社 2010 年版，第 1—46 页。

书》），而孟浩然却因醉饮恣肆，不赴韩朝宗之约，将入世的道路砍断，宁做一个山林之客了。他在《自洛之越》中吟道："遑遑三十载，书剑两无成。山水寻吴越，风尘厌洛京。扁舟泛湖海，长揖谢公卿。且乐杯中酒，谁论世上名！"他的性格是难以媚世的。这样的诗句，无异于弃世求诸山林的声明了。

从孟浩然的一生来看，与其说他是一个隐者，不如说他是一个行者，一个探寻者，一个人生的远游者。对孟浩然来说，游历已经内化为他的生命核心。他游历在出世与入世之间，游历在儒释道之间。他的内心与他的诗作一样，是以一个游览者的视角来观察、来体悟人事景观的。李白云："吾爱孟夫子，风流天下闻。红颜弃轩冕，白首卧松云。"（《赠孟浩然》）孟浩然的风流，正体现在这种不为外物所扰的潇洒心态上。

二

孟浩然与王维诗歌艺术的重要区别，在于摄取景物方式的不同。孟诗往往通过视线的推远、拉近，俯瞰、仰视，构造出静中有动的微妙境界；而王维写景的视角则比较固定，营造出的是明净单纯的意象，即便是"竹喧归浣女，莲动下渔舟"（《山居秋暝》）这样的动态景象，也有一种凝固静止的画面感。如果说王维创造了"诗中有画"的境界，那么孟浩然的景语则可类比于影视艺术。试看《秋登万山寄张五》这首小诗中的几句："时见归村人，平沙渡头歇。天边树若荠，江畔洲如月。"诗人登山眺望，乡人们陆续归村，在渡头歇息。诗人的视线很快向地平线推移，远远望去，天尽头的树渺小得如同细小的荠菜；视线再回转，江畔的小洲似月亮一般印在大地上。诗中的境界非常静谧，但诗人的描写则伴随着镜头的推移，显示出一种静寂中的微妙动感。单纯的画笔无法体现出这样复杂的观感。这种手法在孟浩然笔下十分常见："晴山秦望近，春水镜湖宽"（《游云门寺寄越府包户曹徐起居》）、"野旷天低树，江清月近人"（《宿建德江》）、"照日秋云迥，浮天渤澥宽"（《与颜钱塘登樟亭望潮作》），孟浩然诗中镜头的推移与角度的摄取，往往能营造出一种空间的开阔感。"淼弥江树没，合沓海湖连"（《洞庭湖寄阎九》）、"驿使乘云去，征帆沿溜下"（《江上别流人》），他的视线在江海上推得极远，视角大开大阖。他的天地是开阔的，诗的境界是明豁的。

孟浩然的登高眺望之作中，镜头推移之规律也是可循的。"高标回落日，平楚压芳烟"（《从张丞相游南纪城猎戏赠裴迪张参军》），远望落日西沉于高树枝头，黄昏登高俯瞰，平林漠漠，暮烟如织，仿佛被林木压低一般。这种沉郁壮阔的景象在孟浩然笔下，是以镜头上下推移，目光左右环视的顺序展开的。《登总持寺浮图》云："半空跻宝塔，晴望尽京华。竹绕渭川遍，山连上苑斜。四门开帝宅，阡陌俯人家。"《行出竹东山望汉川》则写道："平田出郭少，盘垄入云长。万壑归于海，千峰划彼苍。"这些诗句气势阔大，但宏阔中又带有孟浩然特有的疏俊。之所以能带给读者这种独特的阅读感受，正是由于孟浩然不喜欢意象的堆垛，直书即目，又以自身独有的观察方式抒怀写景之故。刘辰翁在《孟浩然诗集·跋》中云："浩然诗高处不刻画，只似乘兴，苏州远在其后，而澹复过之。"①"乘兴"二字，正可概括孟浩然择象下笔之妙。又如"竹闭窗里日，雨随阶下云"（《同王九题就师山房》），僧舍高居山上，竹林蔽日，室内阴凉不受阳光侵袭。随着诗人的脚步，镜头转至室外。孟浩然极言山之高，云在阶下，雨随云播，更在云之下。禅房之不染尘俗，高标出世，通过景物的衬托，显得具体可感了。这句未必全为实写，但视角的推移方法是孟浩然习用的。即使是在比较小的空间中，诗人的视角也总是习惯推移的。《秋宵月下有怀》正体现了这一点。"秋空明月悬，光彩露沾湿。惊鹊栖不定，飞萤卷帘入。庭槐寒影疏，邻杵夜声急。"秋宵月下是非常静美的情境，诗人观月的视角则是一句一换，在静止中显示出一种画面切换的动态感。

　　另外，孟浩然还经常使用外界视角和内在视角的切换，来满足自己的叙事写景需要。"人随沙岸向江村，余亦乘舟归鹿门"（《夜归鹿门歌》）就是从自己的视角，跳转到客观视角。值得注意的是，无论是诗人自身的视角，还是外界的视角，都处在一种动态、灵活转换的状态中。譬如脍炙人口的《宿桐庐江寄广陵旧游》："山暝听猿愁，沧江急夜流。风鸣两岸叶，月照一孤舟。建德非吾土，维扬忆旧游。还将数行泪，遥寄海西头。"沧江夜流，一"急"字就将自然的威力显示无遗。夜色沉黯，猿声断肠；疾风卷叶，林木鸣响。这些都是诗人目之所见，耳之所闻，而"月照一孤舟"则将视角跳出个人的视线之外，使读者获得了一个从空中俯视的视角。大

---

①　（唐）孟浩然著，刘辰翁、李梦阳评：《孟浩然诗集》下卷，明代凌濛初刻套印本，第45页。

江、急流、夜月、孤舟，此诗的意象组合，无疑给人强烈的震撼。自身视角与客观视角的切换，会让读者体会到个人体验与客观自然之间的差异。而这种差异，使得时空的永恒无垠与个人的短暂渺小形成一种无形的对照。这种独特的视觉体验，是孟浩然的视角转换给阅读者带来的独有感受。

这种镜头推移的描写方式，或许与孟浩然内在的心态相关。他始终在出世与入世之间摇荡。正如他在诗中所写，他的心态是游移的："久废南山田，谬陪东阁贤，欲随平子去，犹未献甘泉"（《题长安主人壁》），"归来卧青山，常梦游清都。漆园有傲吏，惠我在招呼"（《与王昌龄宴黄道士房》）。一方面，他满怀济世壮志，渴望一飞冲天，一展鸿鹄之志："粤余任推迁，三十犹未遇。书剑时将晚，丘园日空暮。晨兴自多怀，昼坐常寡悟。冲天羡鸿鹄，争食羞鸡鹜。望断金马门，劳歌采樵路。乡曲无知己，朝端乏亲故。谁能为扬雄，一荐甘泉赋"（《田园作》）。另一方面，他本身不汲汲于名利，追慕隐士高僧的人品与境界："书取幽栖事，还寻静者言"（《涧南园即事贻皎上人》），"跃马非吾事，狎鸥真我心"（《秦中苦雨思归赠袁左丞贺侍郎》）。长安米贵，壮志消磨，他慨叹"黄金燃桂尽，壮志逐年衰"（《秦中感秋寄远上人》），最终决意隐居。《与黄侍御北津泛舟》一诗就婉拒对方的推荐："自顾躬耕者，才非管乐俦。闻君荐草泽，从此泛沧洲。"他甚至在王迥拜访时这样写道："闻道鹤书徵，临流还洗耳"（《白云先生王迥见访》）。孟浩然的心态前后有所变化，但总的基调并没有改变。出世的心态使他喜欢旁观，入世的渴望又使他始终不能完全平静。即便是写景的时候，这种动荡与宁静并存的矛盾也微妙地通过文字传递了出来。他笔下很少有固定镜头下不动的景象，镜头的转移、视线的拉远，都为他的景语增加了厚度与意蕴。他的隐逸之境里永远有一股不宁静、不甘心的活力，这种活力是盛唐气象带给诗人的豪情壮志，使他区别于陶渊明、谢灵运这样的山水诗人，展示出自己独特的风貌。

三

描绘自然人文景观光线明暗转换带来的奇妙感受，亦为孟浩然所擅长。"日出气象分，始知江路阔"（《早发渔浦潭》），旭日初升，阳光将江面弥漫的雾气驱开，水面的浩大、江路的开阔才逐渐铺展在诗人面前。"山光忽西落，池月渐东上"（《夏日南亭怀辛大》）区区十字中，不仅有镜头的推移，更有黄昏日色渐昏至暗，而清月渐渐高悬的过程。这种光线逐渐地改变转换给读者带来一种时间流逝之感，因而能更准确地再现诗人的视觉感受。孟浩然捕捉景色的方式往往不是画面式的，而是电影式的。前者时间呈点状，描绘的是一瞬间的景象，如王维的"大漠孤烟直，长河落日圆"就是一个典型的例子；后者的时间却是线性的，呈现的是一段时间内的影像转换。孟浩然诗歌中光线转换的准确捕捉，充分体现了这一点。"明发览群物，万木何阴森。凝霜渐渐水，庭橘似悬金。"（《庭橘》）晨曦未出，东方微明之时，树木暗暗沉沉，一片阴翳。而随着阳光普照，凝霜消融，橘子的颜色在林叶之间犹如金子一般。这种色彩因光线变化而彰显的过程，在孟浩然笔下，十分简练传神。

《闲园怀苏子》云："向夕开帘坐，庭阴落影微。鸟从烟树宿，萤傍水轩飞。"孟浩然用笔精练,寥寥二十字,将诗人独坐怀人,寂寥幽独之情通过景语传达于读者面前。庭院黄昏天色里,建筑的影子渐渐地拉长,消逝在逐渐昏暗的光线中。暮烟绕树,倦鸟归巢;天色完全暗下来,萤虫在水轩旁飞舞。正是因为光线的变化,读者才能意识到诗中未直接点明的时间的流逝,才更能体会到孟浩然"林园虽少事,幽独自多违"(《闲园怀苏子》)之心绪。"鹿门月照开烟树"一句用语更加凝练。鹿门山为隐士所居,本就有一种与世隔绝的象征意味,在孟浩然笔下,此处几乎并非人界,为重重雾色冷烟所锁,随着视角逼近,月色转明,森森树木之烟气方才随月光缓缓散开,鹿门山之真容才得以展现眼前。这种光线的转变塑造的鹿门山之意象,可谓不食烟火极矣。又如"云渡绿谿阴"(《武陵泛舟》)五字,云过则光线转暗,为绿水投下阴凉,而一"渡"字,则为这幅画面增加了更多的时间感。天晴风朗,白云不时飞渡,光线随云之来去而变。若读者将这样的情景与前句"水迴青嶂合"同看,简直是一部优美的风景纪录片了。

类似的描绘在《孟浩然诗集》中并不少见:"雪余春未暖,岚解昼初阳"(《行出竹东山望汉川》)、"天开斜景遍,山出晚云低"(《途中遇晴》)、"夕曛山照灭,送客出柴门"(《送张子容赴举》)。又如"永怀愁不寐,松月夜窗虚"(《岁暮归南山》)一句,"虚"字灵动清空,然颇难解释。《孟浩然集校注》解作"空明",但若以孟浩然一贯注重光线变化的习惯,"虚"字或可揭示诗人精微的视觉感受。诗人愁怀满腹,无法入眠,松月照窗,留下树影月色,而随着时间流逝,夜色由浓转薄,天色渐从漆黑转成铅灰,月光的力量变得薄弱,而树影月色自然由实转虚。这样的解释,或许能够贴合孟浩然的诗境。《初出关旅亭夜坐怀王大校书》一诗中的光线变化比重更大："向夕槐烟起，葱茏池馆曛。客中无偶坐，关外惜离群。烛至萤光灭，荷枯雨滴闻。永怀芸阁友，寂寞滞扬云。"由夕至晚，落日西下，槐烟四起。池馆在葱茏的树木中愈发暗曛曛、阴沉沉，诗人在这样的环境下静坐怀友，到夜深落雨，萤虫都尽，烛光还燃着。夜色杳沉，人声都尽，只听得雨滴敲打枯荷之音。这是何等的寂寞——如果没有光线变化来暗示诗人心情的变化，没有明暗交接来揭示流逝的时间，寂寞是无法这样形象地传递到读者眼前的。

四

无论以动态视角抒写景物，还是描写环境时镜头推移的习惯，或是对光线明暗转变的准确捕捉，都与孟浩然长年行旅生涯形成的观察方式有关。郦道元《水经注》著名的三峡选段，与孟浩然写景时的动态视角不谋而合："自三峡七百里中，两岸连山，略无阙处。重岩叠嶂，隐天蔽日。自非亭午夜分，不见曦月。"①而旅行者观景赏物，往往是要以广阔的视野辨别方位，从不同的视角观察景物之特色："云物吟孤屿，江山辨四维"（《陪张丞相自松滋江东泊渚宫》），这是一个行旅之人的本能。观《徐霞客游记》，读者亦可发现这种视角的推移与对光线天气的重视。当然，纵使都是纪行题材，诗歌

---

① （北魏）郦道元著，陈桥驿校释：《水经注校释》，杭州大学出版社1999年版，第593页。

与散文也是不同的，诗歌更加凝练，对语言的要求也更加精细。

孟浩然写景的艺术手法并不止如上几种。他也有融主体于客体的抒发，境界与陶渊明相近："相望试登高，心随雁飞灭。愁因薄暮起，兴是清秋发。"（《秋登万山寄张五》）他亦作规矩的景语，神韵似大谢："回潭石下深，绿筱岸傍密。"（《登江中孤屿赠白云先生王迥》）诗集中亦有如王维笔下静止画一般的诗句，如"孤烟村际起，归雁天边去"（《南阳北阻雪》）、"竹露闲夜滴，松风清昼吹"（《齿坐呈山南诸隐》）等，颇有禅意。他还有"疾风吹征帆，倏尔向空没。千里在俄顷，三江坐超忽"（《送从弟邕下第后寻会稽》）。这般意兴横溢，下笔恣肆如太白之笔。但这些都不是孟浩然诗作的主旋律。他的诗歌平淡而有逸气，往往将纪事、遣怀、写景混杂，于不经意间将独属于孟浩然的气质散逸出来：

> 龙沙豫章北，九日挂帆过。风俗因时见，湖山发兴多。
> 客中谁送酒？棹里自成歌。歌竟乘流去，滔滔任夕波。
>
> ——《九日龙沙作寄刘大昚虚》
>
> 我行穷水国，君使入京华。相去日千里，孤帆天一涯。
> 卧闻海潮至，起视江月斜。借问同舟客，何时到永嘉？
>
> ——《宿永嘉江寄山阴崔少府国辅》

闻一多道："真孟浩然不是将诗紧紧地筑在一联或一句里，而是将他冲淡了，平均的分散在全篇中"[1]。上文论及的视角转换艺

---

[1] 闻一多：《唐诗杂论》，江苏文艺出版社 2007 年版，第 35 页。

术，恰恰是孟浩然将诗意"冲淡"的具体手法之一。他的作诗手法，正与他自身的个性、经历和心志紧密相关。孟浩然的七言诗不如五言诗艺术成就高，酬唱应和之作写得不如他的纪行怀人送别之作。这是很自然的，孟诗的魅力，正在于他的任情。比起五言诗，七言诗对结构的整饬、语言的冲击力要求更高，这与孟浩然本身的性情是不符的。正如李白古体造诣远超近体，是因为李白豪宕超逸、不可把控的性格一样，孟浩然更擅长五言，是因为他的生活与他的诗是合一的。从这个角度讲，孟浩然与李白都是性格主导型的诗人，技巧的排布在他们笔下往往服从退让于性格的调度。他们诗歌最动人之处，与其说是语言的魅力，不如说是人格的魅力。闻一多所言再确切不过："淡到看不见诗了，才是真正的孟浩然的诗，不，说是孟浩然的诗，倒不如说是诗的孟浩然，更为准确。"[1] 司空图云："象外之象，景外之景，岂容易可谭哉？然题记之作，目击可图，体势自别，不可废也。"[2]（《与极浦书》）从辨体的角度看，孟浩然的大部分诗作，恰恰属于司空图所谓"题记之作"。孟浩然的高明在于，通过奇巧的视角转换，既保持了景象的真实性，使读者睹之如在目前；又展示了"象外之象，景外之景"，用景语传达出言外之境。没有这种高超的艺术表现力，只一味平淡，又如何能赢得杜甫"赋诗何必多，往往凌鲍谢"（《遣兴五首》之五）的美誉呢！

（张君华，三辰影视出版社）

---

[1] 闻一多：《唐诗杂论》，江苏文艺出版社 2007 年版，第 35 页。

[2] （唐）司空图著，祖保泉、陶礼天笺校：《司空表圣诗文集笺校》，安徽大学出版社 2002 年版，第 215 页。

孟浩然田园诗欣赏漫笔

梁超然

初唐诗人王绩写了一些优美的田园诗，但由于他处于隋唐之交，文学史没有把他归入唐代田园山水诗派。唐代田园山水诗派是指以孟浩然、王维为代表的一派。孟浩然一生没有做过官，虽然他也有过出仕的想法。他在《望洞庭湖赠张丞相》一诗中就希望张九龄提携他进入仕途，但始终没有结果。于是回农村过归隐的生活。他的田园诗不是很多，但却很有特色，代表了盛唐时代的田园诗。他的《过故人庄》就很受人喜爱：

> 故人具鸡黍，邀我至田家。绿树村边合，青山郭外斜。开轩面场圃，把酒话桑麻。待到重阳日，还来就菊花。

这是对唐代农家生活的典型描写。诗人突出了农村生活的朴素、感情的真挚纯洁，令人回味不已。诗人在农村的老朋友，准备了一桌酒宴，邀请诗人到农村家里做客。朋友准备的宴席没有山珍海味，只有自己家养的一只鸡，外加一锅小黄米饭，菜肴简单到不能再简单，普通得再普通不过了，从这里突出了农家本色，令人感到亲切。菜肴是那么朴素，酒呢？诗人没说，和这么简单的菜肴相匹配的，肯定不会是琼浆玉液，也不会是今天那种价格高的国酒茅台、五粮液，应该是农家自酿的如同今天所饮的米酒之类"土茅台"吧。农村的景色是秀美的，村子里到处是绿树葱茏，城墙的外郭在远处若隐若现，青山绵延起伏，像是一幅画的背景，点染成远近相衬的画面。宴会的场景也是农家氛围，宴席正对着宽宽的场圃，不远处是茂盛的菜园。在这种氛围下把酒交谈，没有"高堂明镜悲白发"的慨叹，没有"天生我材必有用"的激昂，也没有"唯有饮者留其名"的牢骚，更没有上天入地的狂想……只轻声细语的一句"把酒话桑麻"，把读者引进一个散发着纯朴生活芳香的境界里。两位知心的朋友一边啜着酒，一边交谈着蚕桑生长得怎样，苎麻、黄麻收刈了没有？粮食呢？自然是朋友关注的，这里只说桑麻就够了。"相见语依依"是令人向往的朴素农家生活，令人向往的纯净情怀。诗人从当时的情景里感受到自然纯朴之美，把他感受到的用自然清纯的笔墨抒写出来，打动了读者，感染了读者。由于感受到农村生活纯朴的美，所以尾联诗人提出"待到重阳日，还来就菊花"的直率朴素的要求，一点不感突兀，反而显出朴素真挚的感情，显出交谊之深沉。读者会联想到，到了九九重阳节，菊花盛开之时，两位知心的隐士，手拉着手，喝着自酿的黄桂稠酒，漫步在一丛丛黄菊白菊之间，该又是一番怎样的情趣了。

上面说了，孟浩然曾经想进入仕途，但并不积极，可说只是浅尝辄止，像前人所说"不汲汲于仕途"，这是很准确的。诗人回到农村后，对农村纯朴恬淡的生活是喜爱的，以真诚的态度投入农村的生活，和农人交朋友，在一片和谐富足的乡村生活里，没有官场上黑暗的斗争，没有尔虞我诈，这使诗人感到满足。特别是经过初唐到盛唐的发展生产，经济发展到较高水平，贞观、开元年间可说是盛世，隐士们过着纯朴的生活，无疑是精神的解脱与愉悦。李白说孟浩然"红颜弃轩冕，白首卧松云"，是深知孟浩然的。诗人闻一多以为"唐代的士子都有登第狂，独（孟）浩然超然物外"，闻先生说得很对。我以为孟浩然曾有登第之想，而无登第之狂。孟浩然曾希望大官提携，但不汲汲于仕途，及早归隐，"红颜弃轩冕，白首卧松云"即此之谓也。孟浩然也不像唐代另一类士子的"归隐"，即所谓"终南捷径"，这一类士子借归隐而走仕途，实际上通过隐居在社会上打造"名气"，然后获得达官贵人的赏识，被推荐进入官场。他们打着归隐田园归隐山林的名号，走的是仕进之路，应该说是"假隐士"。孟浩然归隐后是全身心投入，而且还参加劳动，同农村、同大自然融合无间。在活动中对农村、对大自然产生了感情，发现了田园山林的美，把它抒写出来，丰富了中华民族的诗学美感。

孟浩然的田园诗的艺术风格，人们只注意他跟陶渊明的平淡有相似之处，但孟浩然毕竟与陶潜不同，与前面谈到的王绩也不同。王绩做过小官，自视颇高，自以为"才高位下"，归隐后仍感到郁郁，放纵于酒。所以王绩的田园诗中常在平淡中流露抑郁与惆怅的情调。孟浩然以更旷达舒坦的心情融入农村生活，尽情享受着农村恬静纯朴的生活，情感是开朗的，语言是朴素清新的，形成了既有陶潜、王绩的平淡又有自己独特的清朗的艺术风格，同盛唐的农村生活很契合。由于诗人的感情同所描绘的景物高度融合在一起，所以诗人的自我形象常能凸显在诗中。这首《过故人庄》就很典型：诗中的"我"应田家的朋友邀请，欣然而至，在纯朴的农村里，远眺青山城郭，迈步绿荫之下，面对宽阔的晒场、青葱的菜圃，主客之间融洽开怀，把酒话桑麻。宴罢没有繁文缛节，没有虚意客套，只是情真意切地留下一句："菊花盛开的重阳时节，还来赏菊喝酒啊"，飘然而别。这是一位多么开朗潇洒的诗人啊！

诗人孟浩然在田园诗中的形象是开朗潇洒的，田园诗中的朋友也是坦荡、可爱的。他的《戏赠主人》可以看作《过故人庄》的续篇：

> 客醉眠未起，主人呼解醒。已言鸡黍熟，复道瓮头清。

这是多么有趣的一幅生活情景，多么有趣的两位人物：诗人在上一场宴会喝醉了，正呼呼长睡不起，主人毫无顾忌地大喊：该起来醒醒酒了！鸡也蒸好了，小米饭也煮熟了，还开了一瓮刚熟的新酒呢（瓮头清，刚酿出来的新酒）。快起来我们继续喝。这首诗写一睡一呼，几句普通生活的话语，却刻画了一幅富有生活情趣的小景，两位朴实可爱的人物。

孟浩然的田园诗中的农村生活场景大都是这样充满朴素明亮的景致，令人向往。例如他的《田家元日》写农村元日（即今之春节）

到来时，还忙着同农民、牧童为春耕做准备，其中"桑野就耕父，荷锄随牧童。田家占气候，共说此年丰"，田家元日时还为农事忙碌的生活情景跃然纸上，活画出农村生活小景。

（梁超然，广西壮族自治区政协）

功力与学问

——评王辉斌先生《孟浩然新论》

张　海　余心月

2002 年，王辉斌先生出版了第一本研究孟浩然的专著——《孟浩然研究》，一经推出，广受好评；2017 年，集大成的《孟浩然新论》再次与我们见面。对于孟浩然的研究，自 20 世纪 80 年代以来便逐渐受到学者关注，业已取得了不少重要的成果。但是，想要在其中脱颖而出并不容易。而王辉斌先生不仅在孟浩然研究这一路途上坚持了 34 年，而且还不断推出新的研究成果，其间还主编了《孟浩然大辞典》，这不得不令人深感佩服。王辉斌先生是在研究李白的时候才慢慢关注孟浩然研究的，这种将"研究的对象放在'盛唐诗人圈'这一大背景下，对其予以多元透视与立体观照"的研究视角值得我们借鉴。《孟浩然新论》由三个部分组成，即"孟浩然年谱"、"孟浩然评传"与"孟浩然论丛"。上编"孟浩然年谱"作者在"自序"中介绍道："初稿于 1985—1986 年间，并曾连载于《荆门大学学报》

1987 年第 2 期至 1988 年第 1 期，此次则几乎是对其进行了全面修改，而使之成为现在的这种年谱面目"。"孟浩然年谱"最能反映先生扎实的考据功底，材料翔实，旁征博引，考证严谨，叙述简练，真可见其大家风度！中编"孟浩然评传"是"大陆学界迄今为止唯一的一种学术性孟浩然评传"，全篇采用叙述性语言，真实可信，在"尊重历史，尊重文献，尊重事实"的原则下不仅最大程度地还原了一个真实的孟浩然，而且将孟浩然放在盛唐前期这一历史环境中考察有助于更好地突出其历史贡献与研究价值。下编"孟浩然论丛"是先生十篇论文的结集，这些论文涉及"孟浩然的人格魅力、平生交结、作品个案、孟集版本，以及孟浩然画像的真伪，历代的孟王优劣论等，并借材料对其进行了具体讨论与辨识，其中，部分论文曾在《唐代文学研究》、《孟浩然研究论丛》、《吉林师范大学学报》、《江汉大学学报》等刊物上发表过"。这一部分有理有据，论证有力，且切实解决了一些学界争论的问题，充分展现了作者的学者风范。

章学诚先生曾在《又与正甫论文》中论及功力与学问："学问文章，古人本一事，后乃分为二途。近人则不解文章，但言学问，而所谓学问者，乃是功力，非学问也。功力之与学问，实相似而不同。记诵名数，搜剔遗逸，排纂门类，考订异同，途辙多端，实皆学者求知所用之功力尔。即于数者之中，能得其所以然，因而上阐古人精微，下启后人津逮，其中隐微可独喻，而难为他人言者，乃学问也。"王辉斌先生的这部《孟浩然新论》，就可见其深厚的功力与广博的学问。

所谓"记诵名数，搜剔遗逸"者，不正是我们研究的第一步——

搜集文献与使用文献吗？众所周知，文献搜集越全越好，只有最大限度地占领资料，研究才有广度和深度。使用文献却相反，需沙里淘金，才有"一夫当关，万夫莫开"的效力。王辉斌先生在"自序"中提到："全书所引材料之多，乃为他书所罕见，如《四库全书》、《四部丛刊》、《全唐文》、《全唐诗》等大型或特大型丛书，就曾多次出现于本书之中。而一些元、明、清刊本，如十二家本《孟浩然集》等，亦如是。"如"孟浩然年谱"中释"排行为六"一条：

> 赵殿成《王右丞集笺注》（以下简称"赵注本王维集"）卷十五《送孟六归襄阳》、《全唐诗》卷二五六刘眘虚《寄江滔求孟六遗文》、宋蜀刻本《李太白文集》（以下简称"宋本李白集"）卷十二《春日归山寄孟六浩然》三诗题中之"孟六"，均指孟浩然。其中，刘眘虚所"寄"之江滔，一作韦滔，曾于天宝九年正月初三日为《孟浩然诗集》写过一篇《重序》，其与王维、李白皆称孟浩然为"孟六"者，最为可信。张子容有《送孟八浩然归襄阳》二首（《全唐诗》卷一一六），诗题中"八"字，岑仲勉《唐人行第录》认为乃"六"之讹，参之王、刘、李三诗之题，知岑说为是。又陶翰《送孟大入蜀序》（《全唐文》卷三三四）题中之"孟大"，岑仲勉《唐人行第录》亦认为乃"孟六"之讹，良是。

这则不足三百字的论述征引了六种典籍，几乎每句一种，文献类型多种多样，既有当前学界的研究成果，还有唐宋以来的诗文总集与诗文别集等。这恰证明了先生"自序"所言甚是。在这些繁多的材料中，王辉斌先生提到"刘眘虚所'寄'之江滔，一作韦滔，曾于天宝九年正月初三日为《孟浩然诗集》写过一篇《重序》，其与王维、李白皆称孟浩然为'孟六'者，最为可信"一语，是最具分量的核心材料，因为王维、李白等人不仅与孟浩然处于同一时代而且互有交集，其余材料皆为旁证。

又如唐开元三年，《孟浩然年谱》称："是年春，张说自相州刺史徙岳州刺史。"作者引用《新唐书》中的记载证明张说确自相州为岳州刺史。又引《全唐诗·张说集》中《巴丘春作》与《四月一日过江赴荆州》二诗证实张说曾在岳州三年。据此，范致明《岳阳风土记》、王象之《舆地纪胜》、祝穆《方舆胜览》皆记：开元四年，张说"自中书令为岳州刺史"。然王辉斌考《全唐文》卷二三三，张说《祭城隍文》，方知其在任时间为三个年头而非三整年。这些材料中以《祭城隍文》最具效力，而范致明、王象之、祝穆皆因误解"三年"致误。在这一段论述中，王辉斌先生不仅考证出了张说的任职时间，而且纠正了宋代三位文人的错误；每一条材料都用得恰到好处，无堆积之嫌，可见清晰简洁地阐述问题是王辉斌先生治学的标准。这部《孟浩然新论》展示的不仅仅是孟浩然的生平事迹、研究状况，可以说与其相关的文人、地理、历史事件等都囊括在内，几无遗漏。

"排纂门类"则深刻地体现在《孟浩然新论》的谋篇布局之中。本书的三个部分既各自独立又相互照应，"故所研究的对象与所获得的结论，都能自成体系，合则纵横与广博相映，考证与述论并行，内容既丰富，特色亦鲜明"。"孟浩然评传"以先生数年前写的一首小诗《夜读孟浩然集》为章目。诗为："家居沔水廿八春，有声江楚天下闻。南国北都江湖苦，紫服褐衣情义深。儒道佛隐皆所好，律古排绝辄自清。高下优劣代相品，襄阳千载一书生。"这不得不说是一段特别的缘分。

释疑解难，归其真正，历来是我们研究的目的所在，要想达成这一目标必须依靠"考订异同"，因此，"考订异同"是我们研究的主体。如《新唐书·孟浩然传》所载孟浩然在长安会见唐玄宗一事，由于孟浩然的"风流"事迹与个人魅力，历代诗话往往引用，流传颇广。会见一事，前者据王士源《孟浩然诗集序》所为，后者以王定保《唐摭言》所载而改易。王辉斌先生考证之后认为这颇不合史实："唐代金銮殿与集贤殿均在中书省之北，即长乐殿（一作长安殿）附近"。王维不曾"待诏"金銮殿，更不曾"召"孟浩然"商校风雅"；唐玄宗也不曾"幸维所"。王辉斌不仅对相关史书进行考察，也一直关注着学界的研究成果。就李白《黄鹤楼送孟浩然之广陵》一诗的时间而言，认为刘文刚《孟浩然年谱》的开元十三年、詹锳《李白诗文系年》的开元十六年前、郁贤皓《李白丛考·李白与孟浩然交游考》的开元十六年、黄锡珪《李太白年谱》的开元二十五年、李嘉言《李嘉言古典文学论文集·孟浩然简谱》的开元二十五年左右的这些说法均误，并予以一一指正。而在开元二十六年，各书虽无记载孟浩然晚年"以婴疾"回"襄阳养病"之事，王辉斌认为当从谭优学《唐诗人行年考·王昌龄行年考》之说，并以孟集卷一《家园卧疾毕太祝曜见寻》一诗为其佐证。可以说，王辉斌的孟浩然研究几乎一网打尽了所有相关的问题。

要想达到"考订异同"、归其真正的目的，只使用单一的研究方法是不够的，必须采用多种方法，也就是章学诚先生所说的"途辙多端"。王辉斌先生在本书中就采用了数种研究方法。如考开元十二年冬末，孟浩然"由襄阳至南阳，与王昌龄初识于南阳石门山，并度岁于南阳"一条。王辉斌先生先以李白《邺中王大劝入高凤石门山幽居》一诗表明王昌龄在开元十四年及以前隐居于南阳高凤石门山；又以孟浩然《与王昌龄宴王道士房》诗句探得王昌龄与道教关系密切；联系南阳、襄阳的地理位置与诗中信息，便可得出此条信息。又如开元十五年，孟浩然三十九岁时写作的《云门寺西六七里闻符公兰若最幽与薛八同往》中有"谁能效丘也"一句，表明"孟浩然写此诗时尚无'就禅'之意念"；至开元十九年，孟浩然四十三岁时写作《还山贻湛法师》，诗中"晚途归旧壑，偶与支公邻"、"朝来问疑义，夕话得清真"诸句，可以看出此时孟浩然已"颇具奉佛之心"。再如孟浩然第二次"赴京国"，因"应进士不第"而产生了向朝廷献赋的想法。王辉斌先生从三个方面考证后得出"未付诸实践"。这三方面是：翻查"现所存见之各种版本的孟浩然诗集"均无文、赋之作；考察与孟浩然交往的唐代诗人之诗或文均无言及孟赋的存在；以现存唐人赋考之，皆以"颂"为主，曾当着唐玄宗面吟诵过"不才明主弃"之诗的孟浩然不太可能写出一篇"颂"赋以献的。这种以纵为经，以横为纬，纵横交错的考察手法与先生多层次、多维度的研究视角是一脉相承的；无论是侧面考证、直接论述，还是推导演绎、归纳罗列等手法，只要能得出结论，先生都是一视同仁的，有时还将几个方法结合在一起使用。不说《孟浩然诗集》有一卷本、二卷本、三卷本、四卷本，单就与孟浩然有过交往的、能说得出名字的文人就有几十位。短短几百字的论述，背后支撑着的是无数典籍与先生常泛书海的身影。

　　王辉斌先生的"功力"自不消说，其"学问"就更是高人一等，尤擅长"于数者之中，能得其所以然"。如"风流天下闻"的孟夫子在第二次"赴京国"时"应进士不第"，但史书却未载原因。王辉斌认为这是"颇有讨论之必要的，因为其对认识这一时期孟浩然思想的发展，以及把握唐代科举考试制度的变化等，乃是大具助益的"。后考徐松《登科记考》得知，孟浩然的"应进士不第"主要与"朝廷自开元十六年始试《左传》、《周礼》等'平文'的考试改革相关"。两次失败的长安之行对渴望及第的孟浩然来说影响是十分巨大的。又如王辉斌反驳研究者们认为张九龄与孟浩然初识在开元十七年前后的长安这一看法：从《曲江集·附录·诰命》中《授洪州刺史制》与《转授桂州刺史兼岭南按察使制》两文末尾知张九龄开元十五年三月至十八年七月并不在长安而是在洪州任刺史。又据《曲江集·附录·诰命》之《加朝请大夫敕》、《加守中书舍人敕》二文，知"在孟浩然奉诏入京的开元十一年冬至十二年七月期间，张九龄虽然任职于长安，但其所官之中书舍人，乃隶属于门下省"，不可能去"秘省"参加"赋诗作会"，自然也不可能与孟浩然相识。经过一番缜密考证后，先生终于考出孟浩然与张九龄的相识缘于两人共同的朋友宋鼎。再如下编《明清四卷本孟浩然集考论》一文中，首次梳理校考明清两朝具有代表性的几种四卷本《孟浩然集》的嬗变与发展状况，并得出其皆"源出一途，即其母本乃'十二家本'《孟浩然集》之属"的结论。先生缜密的思维，严谨的逻辑，往往能发人所不能发之言，考人所不能考之事；于故纸堆中翻检材料，抽丝剥茧，梳理脉络，还原真相，每一段考证真可谓精彩至极。

　　读先生之书不仅了解历史，增长知识，更重要的是学习先生刻苦治学的精神与研究考证之法。王辉斌先生正如章先生说的那样能"上阐古人精微，下启后人津逮"。很多人感慨古代文学研究走到今天，已无路可走。前人的研究成果已经很多了，想继续研究有所突破堪称难上加难。而先生却总能找到新的论题，不是对已有材料进行更深入细致的挖掘，就是用新的视角看待旧问题。如《关于孟浩然〈春晓〉的思考——兼及宋本〈孟浩然诗集〉的有关问题》就对《春晓》这一首广为人知而又历来无人涉笔的"孟诗问题"进行了探讨；而《孟浩然〈岁暮归南山〉诗辨识——兼论"自诵所为"的真实性及其广为流传的原因》一文则对《孟浩然诗集》中"最具争议者"与"最难说清楚"的《岁暮归南山》一诗进行考证，并首次探讨"自诵所为"这一"本事"广为流传的原因。他的《读〈孟浩然诗集〉札记》借材料提出了一些新的认识和看法：如认为《从张丞相游纪南城猎，戏赠裴迪张参军》中的"张丞相"不是张说而是张九龄；《秋登张明府海亭》中的"张明府"为张子容（张愿）等。好的文章不仅可以丰富学识，有时还会启发我们发现新的问题。如叙述孟浩然五言律诗的影响时，王辉斌引胡应麟《诗薮·外编》道："太白五言律多类浩然，子美虽有气骨，不足贵也。"这表明"李白之于孟浩然的交游，既表现在兄弟般的情谊方面，也表现在诗歌的创作方面，这是颇值得研究李白者所注意的"。再如先生写道："在盛唐诗人中，据《全唐诗》统计可知，有诗文与孟浩然相涉或者孟浩然有诗与之相涉者，乃有近三十人之多。其具体为：王迥、张子容、张说、陶翰、唐玄宗、李白、王昌龄、王维、刘眘虚、裴迪、阎防、包融、贺朝、薛业、袁瓘、祝曜、崔国辅、储光羲、张九龄、卢僎、綦毋潜、卢鸿一、房琯、崔宗之、宋鼎。这些人虽然均与孟浩然有过不同程度之交往，有的还甚为笃密，但以诗（或文）对孟浩然其人进行品评者，则只有陶翰与李白，这是颇可注意的。"所以，王辉斌先生不仅是一名严谨的学者，也是一位真正的老师。

王辉斌自从 1983 年发表第一篇研究孟浩然的文章至 2017 年 4月《孟浩然新论》付梓已历经 34 个春秋。其扎实的功底、翔实的考证、独创的研究视角一直以来受到学界的赞扬："他给我印象最深刻的是治学勤勉，笔耕不辍，学术个性鲜明，学术成果丰硕，真'不知老之将至云尔'"（朱光立）；"多年来，王辉斌先生孜孜矻矻，面壁数十载，取得了一系列丰硕的成果"（魏景波）；"本着'板凳要坐十年冷，文章不写一字空'的治学精神，王先生在充满艰辛的学术道路上，已经孜孜不倦地探索了近 40 年"（郗韬）；等等。这部具有总结意义的《孟浩然新论》正是王辉斌先生 34 年来坚持不懈地研究孟浩然的成果；从 90 年代孟浩然研究慢慢火起来到今天已近三十年，孟浩然研究已相对成熟，无论从哪方面看《孟浩然新论》的出现都是必然的。这部雅俗共赏的《孟浩然新论》不仅对初学者有很好的启蒙作用，相信对专家学者也会有所助益。

（张海、余心月，四川师范大学文学院）

专人研究的专门功夫

——《孟浩然新论》读后

朱光立

    孟浩然是中国历史上一位伟大的文学家，他布衣一生，未获寸禄，算得上是一个纯粹的诗人。尽管古代典籍里关于他的生平记载极为简略，然而他却能独领风骚，在开李唐一代的诗风方面有着不可磨灭的功勋；其诗歌趣味、艺术品位，都是值得古今称道的。他善于描写山水，与王维等人形成了盛唐山水田园诗派，使得我国的山水田园诗一时蔚为大观，在中国诗歌史上留下了颇为光辉的一页。

    湖北文理学院文学院教授王辉斌先生对孟浩然研究的这数十春秋，特别是其作为中国孟浩然研究会会长的这段岁月，无疑推动了学术界对于唐代文学，特别是孟浩然研究的深入与发展。2017 年 4 月，其《孟浩然新论》由武汉大学出版社印行。该书共分为"孟浩然年谱"、"孟浩然评传"、"孟浩然论丛"三大板块，充分显示出作者积累多年的专门功夫，不仅对孟浩然研究展开了较为全面而深入的探讨，并且为如何进行专人研究的宏观述论与微观考证指出了门径、作出了示范。

一、宏观述论：立体观照下的综合解读

关于孟浩然的生平，唐代正史虽然都有专门的记载，但是都十分简略——《旧唐书》卷一九〇下《文苑传下》"孟浩然"条只有44字，《新唐书》卷二〇三《文艺传下》"孟浩然"条扩大至355字，然所述经历不过为其早年隐居鹿门，中年求仕京城，晚年供职幕府等三事而已。实际上，孟浩然这位所谓的"隐逸诗人"，不仅在其青年时代就具有很强的进取意识，并且终其一生的行迹既纷繁又复杂。对此，目前的学术界已经予以了高度的重视，对其专人研究也构成了唐代文学研究中的一个热门话题。这一点，仅从王辉斌先生的个人著述即可见一斑。三十多年来，王先生围绕着孟浩然生平事迹的专人研究（《孟浩然年谱》（上）[①]、《孟浩然年谱》（下）[②]、《孟浩然生平研究综述》[③]、《一种非大于是的孟浩然年谱——徐鹏〈孟浩然作品系年〉辩误》[④]、《孟浩然生平事迹考辨》[⑤]、《孟浩然生平中的

---

① 《荆门大学学报》1987年第1期。
② 《荆门大学学报》1988年第1期。
③ 《四川大学学报》1995年第1期。
④ 《漳州师范学院学报》（哲学社会科学版）2000年第3期。
⑤ 《山西大学学报》（哲学社会科学版）2002年第1期。

几个问题——曹永东〈孟浩然年谱〉考辨》①），特别是针对孟浩然的行止、交游等具体专题的反复剖析（《孟浩然入京新考》②、《孟浩然入京与下江东问题辨说》③、《孟浩然入蜀新考》④、《孟浩然三游湖湘始末考》⑤、《孟浩然越剡之旅考实》⑥、《孟浩然"滞洛"探究》⑦、《孟浩然入京考实》⑧、《孟浩然集中之卢明府探考》⑨、《李白与孟浩然交游考异》⑩、《孟浩然结"忘形之交"考》⑪、《孟浩然与袁瓘交游考略》⑫、《孟浩然与李白交游索考》⑬、《孟浩然交游补笺》⑭），以及对其诗歌作品的辨伪与系年等文献考据方面的一再探析（《孟浩然诗歌辨伪》⑮、《孟浩然诗歌编年》⑯），先后发表了数十篇论文，可谓对于孟浩然其人其事的专人研究，持之以恒、一以贯之，进行了立体观照下的综合解读。

---

① 《绵阳师范学院学报》2003 年第 1 期。

② 《长沙水电师范学院学报》1988 年第 1 期。

③ 《青海民族学院学报》1995 年第 1 期。

④ 《襄樊学院学报》1999 年第 1 期。

⑤ 《襄樊学院学报》2000 年第 1 期。

⑥ 《山西大学师范学院学报》2000 年第 3 期。

⑦ 《襄樊学院学报》2000 年第 6 期。

⑧ 《唐都学刊》2003 年第 1 期。

⑨ 《湖北师范学院学报》（哲学社会科学版）1986 年第 3 期。

⑩ 《荆门大学学报》1987 年第 2 期。

⑪ 《襄樊学院学报》1999 年第 6 期。

⑫ 《乐山师范学院学报》2001 年第 1 期。

⑬ 《襄樊学院学报》2001 年第 3 期。

⑭ 《襄樊学院学报》2001 年第 6 期。

⑮ 《襄樊学院学报》2001 年第 1 期。

⑯ 《山西大学师范学院学报》2001 年第 3 期。

（一）编纂年谱——承前启后、精益求精的积累

年谱是按年月记载专人生平事迹的编年体著作，其以个人为核心，以时序为经纬，根据谱主的著述以及相关文献所载事迹将其一生的行实编次成书。具体到对孟浩然的专人研究，《孟浩然年谱》初稿于1985年至1986年间，曾以上下两部分的形式先后刊载于《荆门大学学报》1987年第1期与1988年第1期。因此，"这是孟浩然研究史上的第一部年谱"（"作者题记"，第3页），之前有陈贻焮先生的《孟浩然事迹考辨》①、谭优学先生的《孟浩然行止考实》②，同期有王达津先生的《孟浩然的生平和他的诗》与《孟浩然生平续考》③、李嘉言先生的《孟浩然年谱略稿》④、陈铁民先生的《唐才子传校笺·孟浩然》⑤，其后有曹永东、刘文刚等先生的《孟浩然年谱》⑥、徐鹏先生的《孟浩然作品系年》⑦等。如前所述，王先生几十年如一日地对孟浩然的生平进行考察，既有研究综述、事迹考辨这样的宏论，又有针对同类著作具体问题的质疑，此次还特别利用该书付梓的机会，对其昔日的旧作进行了全面的修改。一言以蔽之，《孟浩然年谱》是作者承前启后、精益求精的积累，是其专人研究的历史性、动态化的呈现。

---

① 《文史》1965年第4辑。

② 谭优学：《唐诗人行年考》，四川人民出版社1981年版。

③ 王达津：《唐诗丛考》，上海古籍出版社1986年版。

④ 《李嘉言古典文学论集》，上海古籍出版社1987年版。

⑤ 傅璇琮主编：《唐才子传校笺》，中华书局1995年版。

⑥ 曹永东笺注：《孟浩然诗集笺注·附录三》，天津古籍出版社1989年版；刘文刚：《孟浩然年谱》，人民文学出版社1995年版。

⑦ 徐鹏校注：《孟浩然集校注》，人民文学出版社1989年版。

（二）研撰评传——审时度势、开拓创新的眼光

评传是指带有评论的传记，属于传记文学的一支，不仅叙述传主的生平，而且阐发作者对传主的见解。该书中的"孟浩然评传"是"大陆学界迄今为止唯一的一种学术性《孟浩然评传》"（"自序"，第 1 页）。在此之前的民国十四年（1925），国立广东大学文科学院季刊第一期上发表了詹安泰先生的《孟浩然评传》一文（此后收入其《古典文学论集》，广东人民出版社 1984 年版），该篇以文言写成，对孟浩然的生平、作品、性格、思想、评价等，一一作了论述，见解新颖、独到。而王先生的这部《评传》，以其审时度势、开拓创新的眼光，用所作《夜读孟浩然集》的七言诗句为标题，通过篇目编排上的外在形式美引人入胜，增强了作品的可视性与读者的阅读欲。具体到内容的品评与撰述，所涉孟浩然其人其事其诗，都源自先生的专门研究。如对《孟浩然集》中的佛教诗的论述，就有《孟浩然与佛教及其佛教诗——兼与王维的同类诗比较》一文（第 86、152 页注释二）；针对孟浩然与襄阳张氏的交往情况，有《读〈孟浩然诗集〉札记》（第 94 页注释二）；关于王维所画孟浩然像乃伪造一事，有《王维画孟浩然像真伪考述》（第 204 页注释一）。这些专论亦见该书"孟浩然论丛"部分，可以互相参看，无形之中组成了一个有机的整体。特别是本书融年谱、评传为一体，这样既保留了年谱较为客观的记录、描述，又于评传中不乏作者主观的评论、分析，从而较好地体现了学术进步之轨迹。

二、微观考证：多元视角中的个案分析

所谓《论丛》，即论文丛书。《孟浩然新论》所收 10 篇论文，皆为王辉斌先生近年来对孟浩然进行微观考证的最新成果，分别涉及了孟浩然的交游状况、作品文本、别集版本、后世评价，特别还论及其接受史中的画像真伪问题等，可谓是多元视角中的个案分析，相关结论既有对学术界传统观点的再认识，又有对王先生旧时看法的新补正。

（一）文本辨识

文学作品经过多次传抄、刻印或者以其他方式而形成各种不同的版本，看似无伤大雅，其实问题复杂。如王先生关于孟浩然《春晓》诗的思考，既能以小见大，通过讨论这首小诗的版本、诗题、作年等基本问题，辨识出孟浩然作品在宋代的文本差异性，而且也道出了自己这些年研究孟浩然的心路历程："近 30 年来，特别是近 10 年来，我虽然不以《孟浩然年谱》（生平）为研究对象了，但于孟诗的编年，却从不曾放弃过，且时时都在思考着，而《春晚》即属于我所思考的具体对象之一。"

辨析性的文字要做到考证精严，论述透辟，结论信然，必须遵循"有一份材料说一份话"的学术原则。如关于尤袤卒年，前人大多采信元代尤玘所编《万柳溪边旧话》的说法，推定其生于靖康丁未（1127），庆元二年（1196）七十岁致仕归梁溪，八年后卒，即嘉泰四年（1204）；今人于北山先生经过缜密分析，提出尤袤卒于绍熙五年(1194) 的新解。① 笔者在访学英伦之际，经由师友襄助，获睹绍熙二年 (1191) 尤袤所撰的《〈西塞渔社图卷〉跋》，其在文中径称"予生甲辰，与公同岁而衰病特甚"②，"甲辰"，即宣和六年(1124)。像王先生的多年积累一样，经过一番细致的考订辨伪，笔者最终完成了《尤袤生卒新考》③：尤袤出生年月，当据其《〈西塞渔社图卷〉跋》、佚名所编《绍兴十八年同年小录》，定为宣和六年 (甲辰 1124) 二月十四日；去世年月，则据陈傅良《缴奏张子仁除节度使状》，定为绍熙四年 (癸丑 1193) 六月；享年，应如《宋史·尤袤传》所载，是为七十岁。从而"纠正了长期以来学术界对尤袤生卒年界定的谬误"④。

(二) 文艺讨论

梳理了作家的生平，辨析了作品的文本，在此基础之上，专人研究的工作可以针对文学艺术的内外部规律以及发展概况进行动态性的探讨。就该文艺讨论的方面，王先生认为本书"切切实实地解决了几个问题"（"自序"），其中特别提及了陆游对于孟浩然的学习，笔者因为曾经发表过《我似骑驴孟浩然——论中兴四大家对孟浩然的接受》⑤一文，故而感触颇多——作为南宋前期诗坛的代表人物，中兴四大家主张广泛学习前代，特别是盛唐大家的诗歌创作经验，

---

① 于北山：《尤袤卒年考辨》，《南开学报》（哲学社会科学版）1980 年第 5 期。
② （宋）李结：《西塞渔社图卷》，绢本（现藏美国纽约大都会艺术博物馆）。
③ 《古籍整理研究学刊》2014 年第 2 期。
④ 曲鸣丽：《2014 年宋史研究综述》，《中国史研究动态》2015 年第 4 期。
⑤ 王辉斌主编：《孟浩然研究论丛》，黄山书社 2011 年版。

其中对于山水田园等自然题材的描摹，无不受到孟浩然的影响。笔者就此问题，从文艺学与文献学相结合的角度，比较早地发表了一点个人粗浅的看法。王辉斌先生则更进一步，对陆游师学孟浩然问题形成了专论。笔者的文章在《文献上的研究——考论诗篇》部分就陆游曾先后三次题跋其家藏的《孟浩然诗集》一事，条分缕析，依次梳理。王先生则总结为"陆游对孟集的雅好"一章，关于陆游对"孟郊"的解释，征引《东泉诗话》一书，乃笔者所未及；对于"五律"的解读与"吴会"的解析，与笔者所见略同，可成定论。笔者在《文艺上的学习——模拟诗作》部分比较分析了陆游《小舟湖中夜归追和孟浩然〈夜归鹿门歌〉》对孟浩然《夜归鹿门歌》的模拟，重点阐述了陆游一次泛舟耶溪，因为在舟中吟咏了孟浩然《耶溪泛舟》里"落景余清晖，轻桡弄溪渚"一句，触景生情，产生了创作冲动与灵感，遂以该句为韵，一口气赋诗十首（《舟中咏"落景余清晖，轻桡弄溪渚"之句，盖孟浩然〈耶溪泛舟〉诗也，因以其句为韵赋诗》）。王辉斌先生在"陆游对孟诗的师学"部分中也进行了类似的探讨，还特意在引用陆游该组诗时以黑体字标示出孟诗原句，较笔者引文更为清晰。至于陆游《览镜》、《夜闻雨声》两诗与孟浩然的关系，王先生则用力更勤，以"陆游对孟像的误信"专章论述，对"骑驴孟浩然"的所谓画像进行了具体剖析。

另外，该书还有一些笔误及排印错误。王先生在"自序"中说其《孟浩然年谱》"曾连载于《荆门大学学报》1987年第2期至1988年第1期"，今据笔者统计，《孟浩然年谱（上）》发表于《荆门大学学报》1987年第1期，《孟浩然年谱（下）》则见于《荆门大学学报》1988年第1期。又如"一个说'孟爱孟夫子'"（"自序"），当作"吾爱孟夫子";"春鸣不觉晓"(上编"孟浩然年谱",第12页),当作"春眠不觉晓";"如李嘉言《李嘉言古典文学论文集·孟浩然简谱》"(第53页)、"李嘉言《孟浩然年谱略谱》"(第361页),该书当作"《孟浩然年谱略稿》",载《李嘉言古典文学论集》(上海古籍出版社1987年版);"有子曰仪甫。,"(第71页),句号后面的逗号衍;"王应麟《通监地理通释》"(第110页),当作"王应麟《通鉴地理通释》";"胡振亨《唐音癸签》"(第117页正文及注释二),当作"胡震亨《唐音癸签》";"刘昫《旧唐书·玄宗纪上》"(第144页注释二),"闻一多《孟浩然》,《唐诗杂论》"(第291页注释一),作者与书名之间当有冒号;"《四库全书》本《孟浩然然》"(第161页注释三),当作"《四库全书》本《孟浩然集》";"五言(古诗)如孟浩然,刘长卿、韦苏州,柳子厚等"(第169页),孟浩然与刘长卿、韦苏州与柳子厚之间的逗号均应为顿号;"陈贻焮:《孟浩然事迹考辨》,《唐诗论丛》岳麓书社1980年版,第36—37页"(第278页注释一),该书出版社当为"湖南人民出版社";"此即《剑南诗稿》中之《舟中咏'落景余清晖,轻桡弄溪渚'之句,盖孟浩然《耶溪泛舟》诗也,因以其句为韵赋诗》组诗"(第334页),其中"《耶溪泛舟》"当作"〈耶溪泛舟〉";"李东阳:《麓堂诗话》、《历代诗话续编》本"(第347页注释二),两个书名号之间当用逗号。

综上所述,王辉斌教授的《孟浩然新论》既是以往学术成果的全面展示,又是新兴学术发展的良好指示。

(朱光立,中国人民解放军国防大学政治学院)

读王辉斌先生《孟浩然新论》

刘朝元

　　孟浩然是盛唐前期的重要诗人，其家乡襄阳又具有汉唐文化交汇的地域色彩，这种深厚的文化传统与盛唐特有的历史氛围交融，成就了孟浩然传承历史文化与诗歌艺术的过渡性特征。其独特的诗歌风格与其同样独特的人生经历，成为历代学者们研究的热门话题。当代学者王辉斌先生，工作、寓居襄阳几十年，长期沉潜耽玩于孟浩然诗歌，自 1983 年至 2018 年，36 年来从未停止过对孟浩然的研究。其代表作《孟浩然新论》（武汉大学出版社 2017 年版），不受单一研究对象的局限，将孟浩然放在总体的时代背景之下进行立体的考察，通过研究当时社会环境及跟孟浩然有交集的重要人物，深入解读孟浩然诗歌，并最大限度地还原孟浩然的人生。这是王辉斌先生研究孟浩然的一部带有总结性的集大成著作。

一、独具匠心的行文谋篇

《孟浩然新论》分上中下三编。上编为"孟浩然年谱"，主要考辨孟浩然生平与一些重要经历。从永昌元年（689）孟浩然出生到开元二十八年（740）孟浩然去世，按照时间的先后，详细载录每年发生的历史大事件，并载录与孟浩然相关者的重要信息及孟浩然的主要活动情况。在行文过程中每一句看似简短的叙述后都有大量的分析与甄别，如开元十五年（727）"秋在襄阳，与新任襄州太守独孤册等相过从"这一简短的结论下面，作者详细考述了独孤册的生平以及与孟浩然相识的时间和经过，并通过《旧唐书》、《金石录》、《集古录》等证实孟浩然与独孤册相过从为是年。最后于"附识"中，虽然也列出了有关研究者的观点，但重点是有理有据的辩驳。作者在考证孟浩然生平时，不仅分析孟浩然从出生到去世这一时间线，而且还以孟浩然交游之同时人群为坐标，通过具体的横向考析而得出孟浩然具体的一个生平脉络，使全书纵横交错、脉络清晰，让读者能够更立体感受和了解孟浩然的生平实况，这种布局，实属生面别开，只眼独具。

中编为"孟浩然评传"，偏重对孟浩然生平事迹的评价，按照孟浩然的生平顺序梳理，在叙述过程中常常插入作者的评论。此编别出心裁之处在于以自己数年前所写的《夜读孟浩然诗集》诗入题，"由于诗为八句，所以《孟浩然评传》也就只安排了八章"（《孟浩然新论·自序》）。该诗的前三句以"家居沔水廿八春"、"有声江楚天下闻"、"南国北都江湖苦"来概括孟浩然坎坷的入仕之路；而后又用"紫服褐衣情义深"、"儒道佛隐皆所好"、"律古排绝辄自清"来阐述孟浩然一生好结交、喜隐士与擅律绝；最后则以"高下优劣代论品"、"襄阳千载一书生"对孟浩然其人作出整体评价。以诗入题，按诗排列使文章前后粘连紧密、浑然一体。此外每小节的标题均为五言与大标题的七言相应和，相互交错，单单读这一编的目录就让人有一种错落有致的美感。而且每个章节篇幅几乎相当，即均在10到15页之间，这种整齐划一的美又使全文显得分外别致。

下编《孟浩然论丛》，共收论文十篇，是对孟浩然其人其作相关问题的研究。"这些论文分别涉及了孟浩然的人格魅力、生平交结、作品个案、孟集版本，以及孟浩然画像的真伪，历代的孟王优劣论等，并借材料对其进行了具体讨论与辨识。"（《孟浩然新论·自序》）这十篇论文，结构大致有三类：总分式、中心发散式和线性式。论述孟浩然人格魅力和生平结交时用的是总分式，先分别论述几种相互独立但又属于"平生重交结"的品格，然后再总结概括孟浩然的人格魅力；而对孟浩然作品个案分析论述时则主要采用中心发散式，因为这些著作都是以孟浩然某一篇或一部分作品为研究对象，然后以这一对象为原点向周围发散探究；线性式则是用在论述版本以及孟浩然画像真伪，因为版本与画像具有时间的延续性和历史的继承性，以线性的方式进行论述，行文流畅、思路清晰。从这一编不难看出作者在文章构思方面所下功夫之深、所用心思之多。

纵观全书，每一部分均各自独立，所研究的对象与所获得的结论都自成体系；然而全书合为一体，则"纵横与广博相映，考证与论述并行，内容丰富，特色亦鲜明"。从年谱到评传再到论丛，由记叙到论述，由浅入深，层次分明、浑然一体。

二、严谨务实的研究态度

该书的研究态度，主要表现在三个方面，即对待文章材料的态度、对待自己观点的态度、对待他人观点的态度。

对于材料的选择和运用，作者是颇费心思的，这主要体现在材料选择的范围之广、数量之多。"是因为本书所遵循的，乃是'有一分材料说一分话'的学术原则"，"故而，全书所引材料之多，乃为他书所罕见"。书中所引用的材料涉及广泛，有《新唐书》、《旧唐书》等史书，有《四库全书》、《四部丛刊》等大型丛书，还有一些元、明、清诗集刊本，更有王象之《舆地纪胜》、郦道元《水经注》等地理专著。由此观之，王辉斌不仅善于引经据典、筛选材料而且平时涉猎也相当广泛。更值得一提的是，王辉斌先生在引用这些材料的时候并不是简单的拿来直接论证自己的观点，而是将相关材料放到一起进行甄别、筛选，然后取其中最为合适、最有价值的，如在考察张说"以右羽林将军检校幽州都督"一事时，作者所引用者，为两《唐书》中的《张说传》与陈思《宝刻丛编》，并于比较论证后指出，《新唐书·张说传》对此事之载为误。其对材料的选用与甄别，由此可见一斑。

再有则是王辉斌先生对于自己观点的态度。在该书后面的附录中，作者全文列出了自己以前的两篇旧文：《孟浩然入京新考》、《孟浩然入京与下江东问题辨说》。这两篇文章所考察的，主要是孟浩然入京与南游吴越的问题。通过细读，不难发现其中有些结论，与《孟浩然新论》存在着一定的差异。故此，在"自序"中作者这样写道："此二文代表的，是我早期对孟浩然生平研究的一种认识，由于其先后为中国人民大学《中国古代、近代文学研究》、《唐代文学研究年鉴》等全文转载或摘载，而使得当时的我颇为自信。但随着对孟浩然生平研究的深入与对有关材料的发现，表明我在此二文中所提出的一些看法，实际上是无法经受住材料的检验的，因而，我即对二文中所考察的一些问题进行了再考察，并提出了更加接近孟浩然生平真实的再认识。"这完全是一种对自我的超越，而这种超越，则成为《孟浩然新论》一种"新"高度的见证。坦荡地指出自己过去观点的不足，并加以补充，这正是一种学者风骨之所在，由此不难获知，王辉斌先生对待学术研究的态度与对待自己研究的态度，是何等的苛刻与严谨！

此外，王辉斌先生对于他人的观点亦是如此。对于和自己不同的声音，或者反对自己的观点，王先生并不是一味否决，而是具体分析他人观点与自己认识差异之所在，并且在指出错误的同时，还为对方揭示出错误的原因所在，以希冀助其改正。如下编"孟浩然论丛"中的《再论孟浩然诗集的版本问题》一文，即属这方面的一篇代表作。此文是对吕正惠教授非议王先生关于孟集版本研究所做出的应答。吕文认为"事实上，宋蜀刻本是分类的"，其依据是在顾洪道于其"校刊"本所附"凡例"中有"意以类编，初不显立名目"的记载，故以之断定王先生关于宋蜀刻本并不分类的说法是错误的。王先生则从版本发展、国家图书馆所藏宋蜀刻本孟集之实况等多个方面，对吕文的非议进行了反驳。同时，还指出吕正惠对孟集"吴下十二家本"及其源头，以及关于"宋蜀刻本"孟集中《从张丞相游纪南城猎戏赠裴迥张参军》中的"裴迥"等问题分析、论述中出现的错误，凭借材料具体地论证分析了吕教授出现这些错误的原因，并指出了一些前人的错误，"由于清人劳格、赵钺《劳考》之误，而导致了佟培基《笺注》之误，而佟培基《笺注》之误，则又导致了吕文之再误"（《再论孟浩然诗集的版本问题》）。

因为王辉斌先生有这种对真理的执着、对问题的深究、对错误的追根究底和对材料的细心甄别的韧性精神，才有了这一部部充满理性与智慧的著作，而这部《孟浩然新论》，则因之而具有了更为新鲜的学术活力。

三、别具一格的解读语言

王辉斌先生是一位颇具才华的学者，他的著作中不仅有学者的睿智，更有类似于作家的文采。而这一特长在本书中也多有体现。作为考论型著作，这部《孟浩然新论》，既有考有论，又兼具词章、义理，因而在其学术语言中，使之呈现出了两个明显的特征：一是严谨性；一是简洁性。这两个特征，在本书的上编和下编中体现得尤为突出。王先生语言用词的简洁性，在《孟浩然年谱》中体现得较为明显，如"开元十二年"一条乃如是写道："是年八月前在长安。适逢袁瓘任赣县尉，以诗相送。"短短的两句话概括了三件事：孟浩然在开元十二年八月前旅居长安，袁瓘出任赣县尉，孟浩然在长安以诗送袁瓘。再如同年"辛之谔自长安还襄阳，以诗送之。闻友人裴朏除豫州司户，乃写诗投寄之"一段文字，亦属如此。作者在这一编即《孟浩然年谱》中，以多用文言文进行叙述，因而巧妙地利用了文言文高度概括性这一优势，寥寥几笔即将孟浩然的一生勾勒得活灵活现。但涉及论证性的叙述时，作者便一改简练的作风，每论述一事不厌其烦，将所有相关之材料具列其下，以供读者和自己比较分析，如年谱"开元二十一年"条之"舟行彭蠡湖，作《彭蠡湖中望庐山》诗以纪之"，即颇具这方面的典范性。对于这首诗中的"淮海途将半"中的"淮海"和经过"淮海"的时间进行考证时，作者引用了王琦注本李白集卷九《淮海对雪赠傅霭》注引的《禹贡》来解释"淮海"为何地，然后又根据孟诗《游江西留别富阳裴刘二少府》来证明孟浩然到"淮海"的时间，以及"淮海"在孟浩然旅程中的地位，同时于其面则设置"附识"，用以说明傅璇琮先生在《唐才子传校笺·孟浩然》中关于《彭蠡湖中望庐山》等诗之作年系于开元二十五年或二十六年者，实则为误。由此观之，此书虽用笔简练却不失严谨，应当详细叙述的绝不会一笔带过。

而还应指出的是，作为人文学者的王辉斌先生，其文章著作，不单单是冰冷的考证与理论分析，还有柔情细腻的一面，这在中编的"孟浩然评传"中显得较为明显。究其原因，大概有三个：一是评传相对于论文和年谱，本身就具有较强的叙事性和故事性；二是作者别具匠心地将自己写孟浩然的一首小诗变作《孟浩然评传》的章节目录，这便使得全编多了些许的"人情味"，而下编的论丛则更是如此；三是同为湖北人的王先生，在论及孟浩然及其家乡时难免会想到自己故乡，而两地又相距不远，故有些思乡柔情夹杂其间，也是自在情理之中的。据说20世纪40年代，闻一多写《孟浩然》等文时，即是如此。要而言之，王先生的这种人文情怀，主要体现在中编的章节题目和内容描述方面。从题目来看，作者以自己所作之诗为章目，概括与评价孟浩然一生甚为准确，再加上作者言及孟浩然时更多的是崇敬与钦佩，因而既使得文中情义深厚，又为评传染上了一层浓厚的人文色彩。而各个小节的题目也多出于诗歌之中，中编评传共三十二个小节，其中有二十个小节的题目是源于诗歌（有十七个源自孟浩然诗歌，一个源于杜甫，一个源于李白，一个源于皮日休），如"维先自邹鲁"（孟浩然：《抒怀贻京邑故人》）、"风流天下闻"（李白：《赠孟浩然》）等。王先生以孟诗为题解说孟浩然，并引他人之诗为策应，使得全篇在富有柔情的同时，更平添一抹自然与清新。而从内容上看则更为明显，如第三章"南国北都江湖苦"中第三节"从剡越归来的孟浩然，虽然在永嘉与张子容暂聚一时，且曾度岁于斯，但他一想到此行功名毫无收获，心里便不禁平添了几许无奈与苦涩"。王先生并未单纯对孟浩然的诗集去做简单的评论，而是尝试着去把握孟浩然在当时情境下的心境与感受，若非如此，诗人心中的那几许无奈与苦涩是无法体会到的。诸如此类，评传中不胜枚举，此则表明，王辉斌先生撰《孟浩然评传》不是以墨勾勒，而是在以心感悟。而更值一提的是，《孟浩然评传》具有较强的学术性，"为大陆学界迄今为止唯一的一种学术性《孟浩然评传》"。虽然近年来，坊间诸如《孟浩然》、《孟浩然传》、《孟浩然新传》等书籍层出不穷，但大多为小说一类的读物，缺乏事实根据的论证，娱乐性高于学术性，有些甚至与学术毫无关联，在这种"孟浩然文化"之背景下，《孟浩然评传》之鹤立鸡群，独标高格，也就自不待言。

总之，王辉斌先生以独特的视角解读孟浩然，以多维的思路分析孟浩然，并将自己多年对孟浩然其人其作的情怀注入到字里行间，因而使这部《孟浩然新论》在追求学术性的同时，也充满了"人情味"和艺术美感。王先生在解读中新见迭出，并不时提醒读者进行比较性探究，带有启发之意，因此，《孟浩然新论》的出版，对于推进时下之孟浩然研究，无疑具有里程碑意义。

（刘朝元，安徽师范大学文学院）

责任编辑：王怡石

装帧设计：木　辛

图书在版编目（CIP）数据

孟浩然研究论丛 .2018 ／ 张震英，王辉斌 主编 . —北京：人民出版社，2019.10

ISBN 978 - 7 - 01 - 020620 - 2

I. ①孟… II. ①张… ②王… III. ①孟浩然（686 - 740）- 人物研究 - 文集

IV. ① K825.6-53

中国版本图书馆 CIP 数据核字（2019）第 059269 号

孟浩然研究论丛（2018）

MENGHAORAN YANJIU LUNCONG

张震英　王辉斌　主编

人民出版社 出版发行

（100706　北京市东城区隆福寺街 99 号）

北京盛通印刷股份有限公司印刷　新华书店经销

2019 年 10 月第 1 版　2019 年 10 月北京第 1 次印刷

开本：710 毫米 ×1000 毫米 1/16　印张：20.25

字数：290 千字

ISBN 978 - 7 - 01 - 020620 - 2　定价：79.00 元

邮购地址 100706　北京市东城区隆福寺街 99 号

人民东方图书销售中心　电话（010）65250042　65289539